地獄事典

草野巧／著
シブヤユウジ／畫
林祥榮／譯

作者◎草野巧

1956年出生於日本栃木縣。畢業於早稻田大學文學系文藝學科。在擔任雜誌、書籍的編輯後，
成為自由作家。著作：《圖解錬金術》、《幻獸事典》、《圖說怪獸天地》、《妖精事典》、
《地獄事典》、《水滸傳一百零八將的簡介》等。

譯者◎林祥榮

臺北人。大學主修工業設計。目前自組個人工作室，以文字翻譯工作為主，涉獵英、日、韓文
之遊戲與奇幻類作品，亦包含如高爾夫運動等專業領域。近年熱衷傳統中醫藥學研究，曾策劃
《中醫典籍精讀叢書》系列。部落格：http://vitacillin.blogspot.com/
譯作：《圖說中世紀都市》、《地獄事典》。

奇幻基地

序

　　本書以全世界的地獄、冥界、陰間為主體，將其個別內容逐項提出，並對不同的世界觀進行介紹，形式上相當接近於事典的模樣，但是卻和一般事典從頭至尾按照順序排列的呈現方式有所不同，所以，或許稱不上是一本真正完整的事典。

　　全書共分為六大部分，從目錄便能一目瞭然。會如此編製的原因是希望讀者可以由各個章節中，任意抽出幾條項目加以組合，創造出屬於自己的地獄。我們認為，這本書若只是呆板的逐項以字母順序排列內容，便想要塑造出地獄或是冥界、陰間的形象，會是一件相當費神的事；若要個別提出世界各地不同的資訊，又會吃力不討好，無法成為一本使讀者朋友們能享受多彩多姿地獄的讀物。因此，本書就在討論過程中漸漸形成了這樣的結構，但是否確實妥切，只能有待各位讀者的批評與指教。

　　不過，以這樣的形式呈現地獄的書籍應該是不多的。本書的目的，不在於斷言「是否有死後的世界」，也並非要描述該處是一個讓人聞風喪膽之地。至今為止，世界上無數的人們對地獄存在著許許多多的描述，並如此相信著它們的存在，本書只能說是對這樣的事實做出一種確認而已。

　　當然，想如何閱讀是讀者諸君的自由，本書也並非必須依序閱讀不可，所以若各位能從隨意而至的書籍內頁，漫遊於世界上各式各樣地獄、冥界、陰間之中，對於作者而言，將是不勝欣慰之事。無論是否購買本書，對於由何處開始閱讀而感到無所適從的讀者，建議可以從第六篇「破地獄・下陰間」開始讀起，應該就能比較容易掌握地獄的整體印象，其後可以再到有興趣的事項上，翻閱各章節瀏覽。

12月吉日
草野巧

目次

【地獄導覽圖解】

■ **世界的地獄・陰間** 8

■ **地獄的構造** 10

■ 日本神話的陰間   10
■ 北歐神話的地獄   10
■ 希臘神話的地獄   11
■ 馬雅阿茲特克神話的冥界   12
■ 波斯神話的地獄   12
■ 美索不達米亞神話的冥界   12
■ 埃及神話的陰間   13

● **但丁的地獄** 14

● **但丁的煉獄** 16

■ 猶太教的冥府   16
■ 聖經的冥府   16

● **佛教的地獄** 18

■ 世界的構造   18
■ 八大地獄與八寒地獄   19

● **道教——羅酆山的地獄** 20

Ⅰ｜入口・邊界 21

Ⅱ｜世界・種類 35

Ⅲ｜神・裁判官 123

Ⅳ｜守衛・居民 159

Ⅴ｜責罰・道具 199

Ⅵ｜破地獄・下陰間 217

索引 259

・各篇索引   259
・出處索引   264
・中文筆劃排序索引   269
・英文字母排序索引   293

■本書閱讀方式

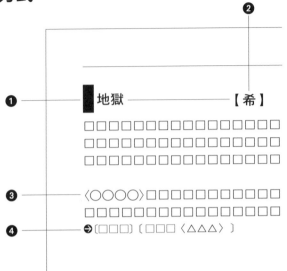

❶ 大項目

與地獄有關的各種關鍵字。

❷ 出處

右側所標示的記號為各項目出處的略稱，共有十七種。

略稱列表如下：

【日】……日本神話、傳說	【道】……道教	
【佛】……佛教	【中】……中國傳說	
【西】……西藏密教	【希】……希臘神話	
【猶】……猶太教	【羅】……羅馬神話	
【伊】……伊斯蘭教	【北】……北歐神話	
【基】……基督教	【埃】……埃及神話	
【但】……但丁	【美】……美索不達米亞神話	
【瑣】……瑣羅亞斯德教	【馬】……馬雅阿茲特克神話	
【印】……印度教		

❸ 小項目

屬於大項目的關鍵字。

❹ 參照項目

建議讀者朋友參照的項目名稱。

〔□□□□□〕………………………表示大項目。

〔□□□□□〈△△△〉〕……表示小項目，以及包含該項目之大項目。

※ **注釋：** 各篇注釋置於該篇之後。

地獄導覽圖解

世界的
地獄・陰間

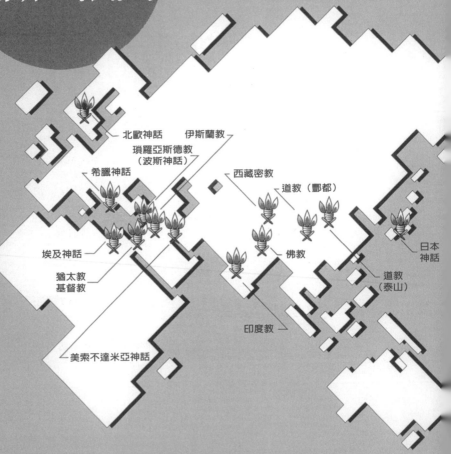

北歐神話　伊斯蘭教

瑣羅亞斯德教
（波斯神話）

希臘神話

西藏密教

道教（酆都）

埃及神話

日本
神話

猶太教
基督教

道教
（泰山）

佛教

印度教

美索不達米亞神話

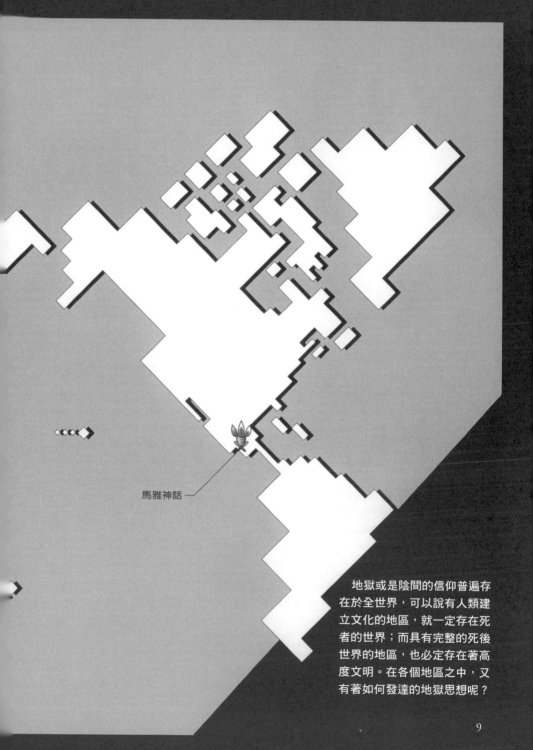

馬雅神話

地獄或是陰間的信仰普遍存
在於全世界，可以說有人類建
立文化的地區，就一定存在死
者的世界；而具有完整的死後
世界的地區，也必定存在著高
度文明。在各個地區之中，又
有著如何發達的地獄思想呢？

地獄的構造

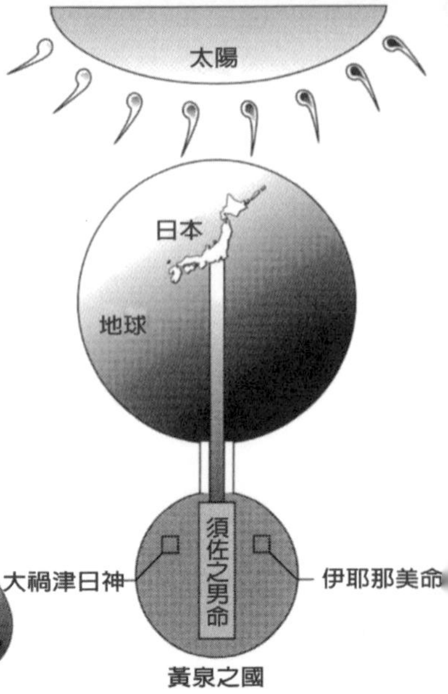

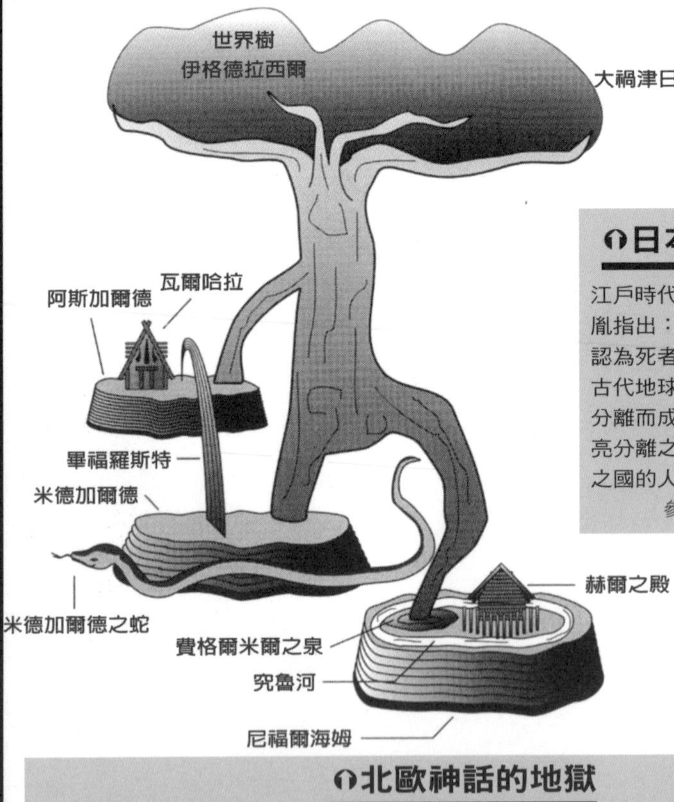

太陽

日本
地球

大禍津日神 — 須佐之男命 — 伊耶那美命

黃泉之國

世界樹
伊格德拉西爾

瓦爾哈拉
阿斯加爾德

畢福羅斯特

米德加爾德

米德加爾德之蛇

費格爾米爾之泉

究魯河

尼福爾海姆

赫爾之殿

○日本神話的陰間

江戶時代的日本國學者平田篤胤指出：「日本從古代起，便認為死者所前往的黃泉之國是古代地球的一部分，但後來卻分離而成為月亮。」地球與月亮分離之後，就沒有能去黃泉之國的人了。

參考〔黃泉之國〕〔幽冥界〕

○北歐神話的地獄

北歐人認為宇宙有三個分層：即眾神們所居住的阿斯加爾德、人類居住的米德加爾德，以及死者們駐留的尼福爾海姆。尼福爾海姆雖然並非是恐怖的地獄，但卻是一個由女怪赫爾所統治的黑暗世界。

參考〔尼福爾海姆〕

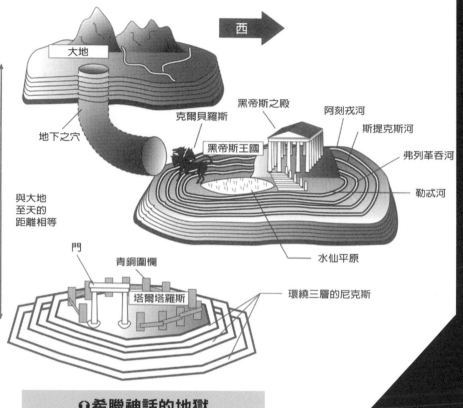

西

大地

地下之穴

與大地
至天的
距離相等

克爾貝羅斯

黑帝斯之殿

阿刻戎河

斯提克斯河

弗列革吞河

勒忒河

黑帝斯王國

水仙平原

門

青銅圍欄

塔爾塔羅斯

環繞三層的尼克斯

⋒希臘神話的地獄

古希臘人認為死者的國度有數個。最為普通的說
法就是黑帝斯王國,該處為數條冥界之河說法所
圍繞,並且有可怕的守門犬克爾貝羅斯看守。犯
下大罪的人會墮入底層的塔爾塔羅斯,受到永遠
的苦難。

參考〔黑帝斯王國〕〔塔爾塔羅斯〕

地獄或陰間的構造隨著地區
以及時代的發展而有著各種不
同的差異。有的單純簡潔,也
有十分複雜而發達的。但是,
即使是古老時代的思想,卻也
和宇宙觀結合在一起,而成為
偉大的產物。

➲馬雅阿茲特克神話的冥界

對於馬雅阿茲特克來說，一般的死者會前往叫做米克特蘭的冥界。那是個由男神米克特蘭特庫特利與女神米克特蘭詩瓦特露所統治、必須經過漫長而困難的道路始能抵達的國度。

參考〔米克特蘭〕

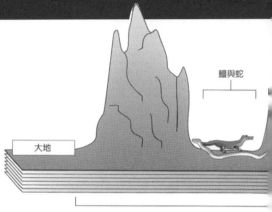

鱷與蛇

大地

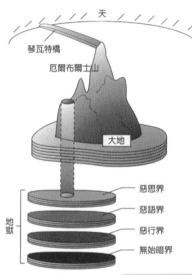

天

琴瓦特橋

厄爾布爾士山

大地

惡思界

惡語界

地獄

惡行界

無始暗界

↺波斯神話的地獄

在波斯神話裡，宇宙的正中央有一座厄爾布爾士山，山頂上架有一座通往天界的琴瓦特橋。越過這座橋後，死者就能進入天國。但是，罪人們將無法過這座橋，而是墮入地獄。

參考〔惡思界、惡語界、惡行界、無始暗界〕

↻美索不達米亞神話的冥界

在美索不達米亞，大地之下有一條名為弗布魯的河流，冥界就在它的更下一層。陰間之中有七道門，各別都有可怕的守門者，一旦進入，就再也無法歸回，所以被稱之為「不歸之國」。

參考〔不歸之國〕

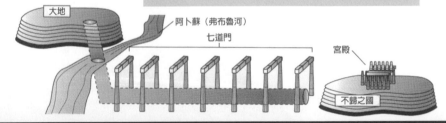

大地

阿卜蘇（弗布魯河）

七道門

宮殿

不歸之國

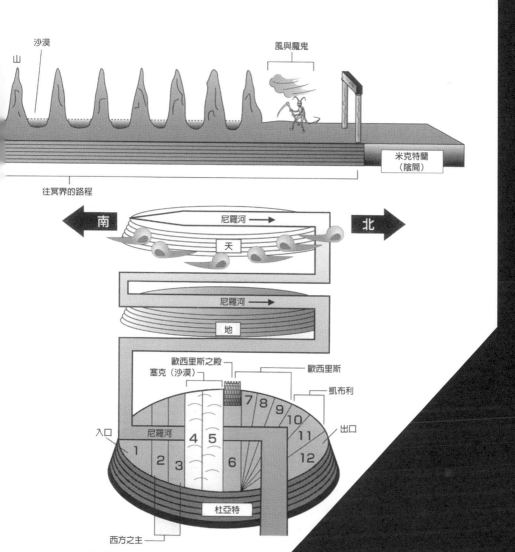

山
沙漠
風與魔鬼
米克特蘭
（陰間）
往冥界的路程

南　　尼羅河 →　　北
天

尼羅河 →
地

歐西里斯之殿
塞克（沙漠）　　歐西里斯
凱布利
入口
尼羅河
7 8 9
10
出口
11
1
4 5
12
2 3 6
杜亞特

西方之主

∩埃及神話的冥界

古埃及的人們夢想死後在天國生活能獲得永恆的生命。所謂的天國有拉的天國以及和睦平原等等。不過，死者之魂在前往天國之前，卻必須要在黑暗且危險的杜亞特之中旅行。

參考〔和睦平原〕〔杜亞特〕

但丁的地獄

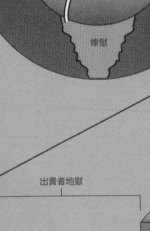

以色列

地獄

地球

煉獄

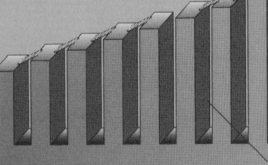

出賣者地獄

罪惡之裏

撒旦　　猶大界

多利梅界

該隱界

安忒諾爾界

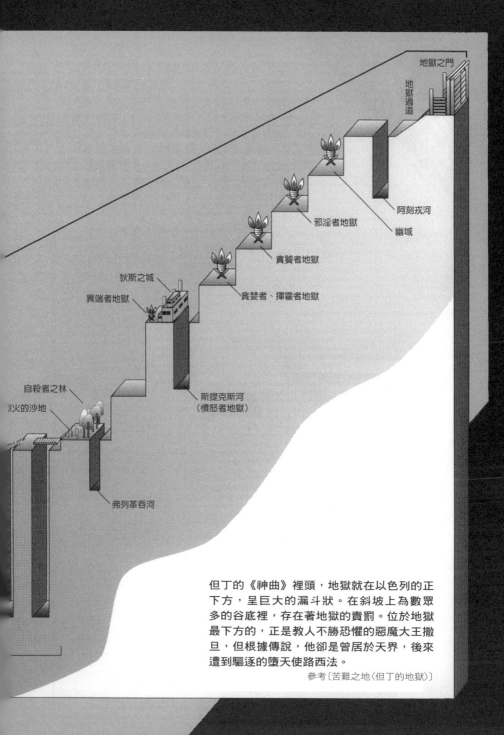

地獄之門

地獄過道

阿刻戎河

邪淫者地獄

幽域

貪饕者地獄

狄斯之城

貪婪者、揮霍者地獄

異端者地獄

斯提克斯河
（憤怒者地獄）

自殺者之林

炏火的沙地

弗列革吞河

但丁的《神曲》裡頭，地獄就在以色列的正
下方，呈巨大的漏斗狀。在斜坡上為數眾
多的谷底裡，存在著地獄的責罰。位於地獄
最下方的，正是教人不勝恐懼的惡魔大王撒
旦，但根據傳說，他卻是曾居於天界，後來
遭到驅逐的墮天使路西法。

參考〔苦難之地〈但丁的地獄〉〕

煉獄中雖然也有各式各樣的責罰，但是特性卻與地獄不同。墮入地獄者會受到永恆的苦難，但是墮入煉獄者卻能在淨化其罪之後，前往天國。在但丁的《神曲》中登場的煉獄，正充分展現了這般特質。往天上延伸的斜坡上，有七道平臺，在這平臺上洗清罪惡的人們，終將能經由在山頂的地上樂園前往天國。

參考〔煉獄〕

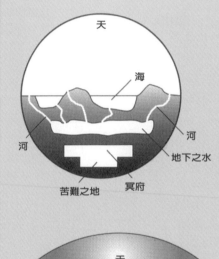

猶太教、基督教的冥府

在天國、地獄、煉獄等等誕生之前，猶太教的世界裡就已經有稱為「冥府」的陰間了。天國、地獄、煉獄，亦是由冥府所誕生。

☾猶太教的冥府

冥府在猶太教的宇宙觀裡，比大地之下的泉水（深淵）還要來得更為下層。冥府之中雖然平凡無趣，只是一般的黑暗陰間，但是其中有一處更為深沉的地方，該處就相當於地獄的所在。

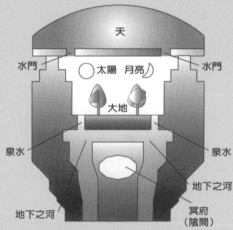

☾聖經的冥府

聖經的世界也和猶太教的世界相仿，冥府位於大地的下方，被泉水（深淵）所圍繞著。但是在聖經中，冥府有別於天國、煉獄、地獄，只是一般的死者前往的寂靜場所而已。這樣具有幽暗寂靜特質的陰間，與天國、煉獄、地獄之間有著清楚的劃分。

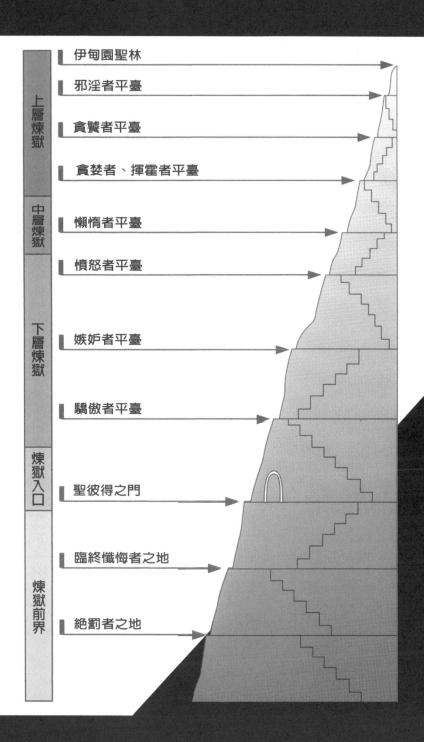

伊甸園聖林

邪淫者平臺

上層煉獄

貪饕者平臺

貪婪者、揮霍者平臺

中層煉獄

懶惰者平臺

憤怒者平臺

下層煉獄

嫉妒者平臺

驕傲者平臺

煉獄入口

聖彼得之門

臨終懺悔者之地

煉獄前界

絕罰者之地

佛教的地獄

佛教的地獄觀與宇宙觀相連結，比但丁的地獄有著更為壯闊的構造。佛教認為，這個世上的所有生物都會進行輪迴轉生，生物轉生的世界有天道、人道、阿修羅道、畜生道、餓鬼道、地獄這六道，這些世界存在於人類所居住的宇宙之中。

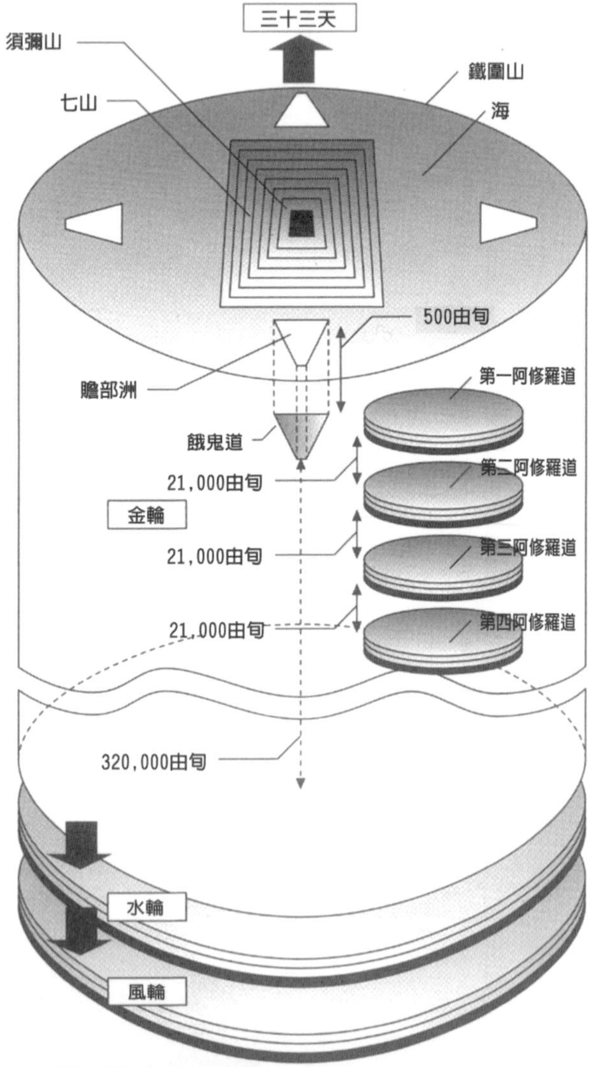

三十三天

須彌山

七山

鐵圍山

海

500由旬

贍部洲

餓鬼道

21,000由旬

第一阿修羅道

第二阿修羅道

金輪

21,000由旬

第三阿修羅道

21,000由旬

第四阿修羅道

320,000由旬

水輪

風輪

⊃世界的構造

在佛教思想中，人類所居住的宇宙幾乎相當於太陽系。這個宇宙是在呈圓筒狀的基盤上飄浮著，其上有人類居住的大陸與海洋。所謂六道亦在這個宇宙之中，位在世界中心的須彌山，其遙遠的上空有天道，人類所居住的人道為贍部洲，而餓鬼道或地獄道則在贍部洲下方。

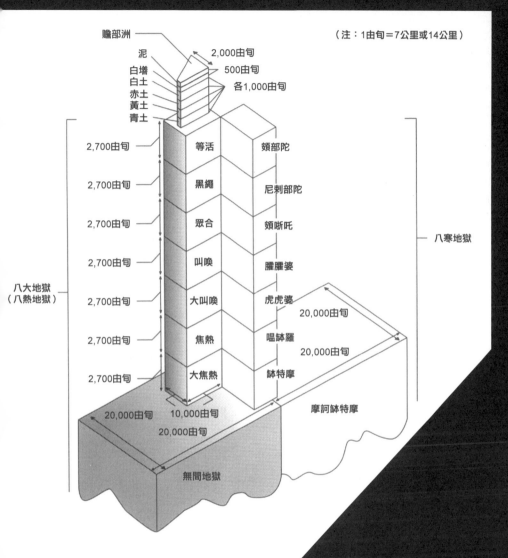

（注：1由旬＝7公里或14公里）

瞻部洲
泥
白墡
白土 ——— 2,000由旬
赤土 ——— 500由旬
黃土 ——— 各1,000由旬
青土

八大地獄
（八熱地獄）

2,700由旬	等活 頞部陀
2,700由旬	黑繩 尼剌部陀
2,700由旬	眾合 頞哳吒
2,700由旬	叫喚 臛臛婆
2,700由旬	大叫喚 虎虎婆
2,700由旬	焦熱 嗢缽羅
2,700由旬	大焦熱 缽特摩

八寒地獄

20,000由旬
20,000由旬

摩訶缽特摩

20,000由旬   10,000由旬
20,000由旬

無間地獄

⋂八大地獄與八寒地獄

佛教最大型的地獄為八大地獄（八熱地獄）。這個地方正如其
名，是以炎熱對罪人進行責罰的地獄，位在瞻部洲的遙遠下
方，成一縱列，八層重疊，是一個越往下越是恐怖的巨大地
獄。雖然不如八大地獄有名，但在其側邊並列的是八寒地獄，
傳說中，它是以可怕嚴寒使罪人受苦之地。

道教
—羅酆山的地獄—

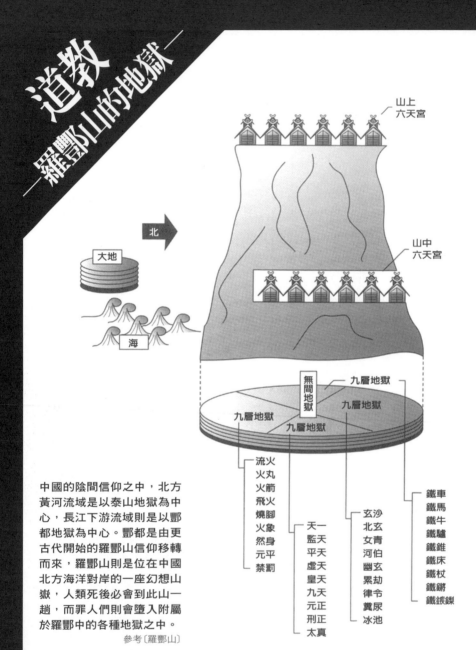

北

大地

海

山上
六天宮

山中
六天宮

無間地獄

九層地獄

九層地獄

九層地獄

九層地獄

流火
火丸
火箭
飛火
燒腳
火象
然身
元平
禁罰

天一
監天
平天
虛天
皇天
九天
元正
刑正
太真

玄沙
北玄
女青
河伯
幽玄
累劫
律令
糞尿
冰池

鐵車
鐵馬
鐵牛
鐵驢
鐵錐
鐵床
鐵杖
鐵鎗
鐵銼鑠

中國的陰間信仰之中，北方黃河流域是以泰山地獄為中心，長江下游流域則是以酆都地獄為中心。酆都是由更古代開始的羅酆山信仰移轉而來，羅酆山則是位在中國北方海洋對岸的一座幻想山獄，人類死後必會到此山一趟，而罪人們則會墮入附屬於羅酆中的各種地獄之中。

參考〔羅酆山〕

I

入口
邊界

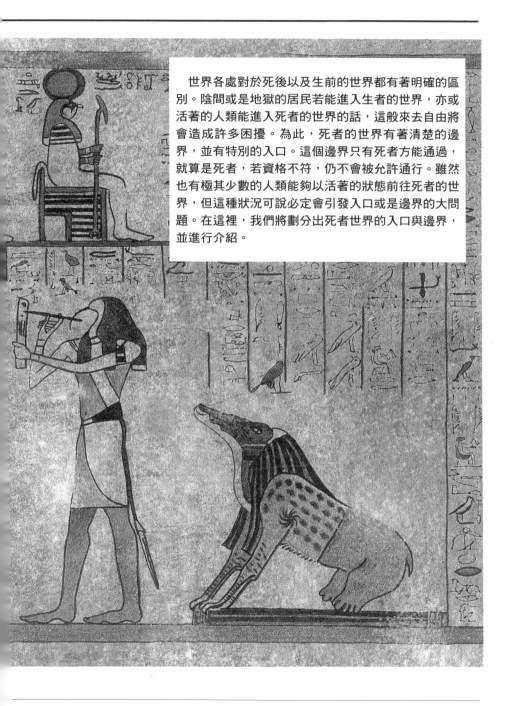

世界各處對於死後以及生前的世界都有著明確的區別。陰間或是地獄的居民若能進入生者的世界，亦或活著的人類能進入死者的世界的話，這般來去自由將會造成許多困擾。為此，死者的世界有著清楚的邊界，並有特別的入口。這個邊界只有死者方能通過，就算是死者，若資格不符，仍不會被允許通行。雖然也有極其少數的人類能夠以活著的狀態前往死者的世界，但這種狀況可說必定會引發入口或是邊界的大問題。在這裡，我們將劃分出死者世界的入口與邊界，並進行介紹。

阿佛納斯洞穴 ─────【希‧羅】

位在義大利庫邁[1]的火口湖──阿佛納斯[2]湖，該地有一個能通往陰間的洞穴。維吉爾的《埃涅阿斯紀》[3]記述希臘、羅馬神話英雄埃涅阿斯，在女預言者西比爾[4]的引導下由此洞穴下至冥界，因而聞名。此湖所升起的毒氣據說能讓飛經上空的鳥兒死亡，因此這個名字含有「沒有鳥」的意思。

→〔埃涅阿斯〕

阿刻戎河 ─────【希‧但】

位在希臘神話冥界邊界的冥河之一。它原本只是一般的冥河，所有的死者魄魂被認為都必須要渡過此河才行。河岸有冥河的擺渡者卡戎（Charon），在收取金錢後會讓亡者上船渡河。《奧德修紀》[5]中，巫女克爾凱告訴奧德修斯，可由科庫托斯河（冥河弗列革吞河與斯提克斯河的支流）流入阿刻戎河。但丁的《神曲》中，進入地獄之門後，阿刻戎河就盤繞在圓形的地獄四周，但丁與維吉爾便是搭卡戎的船橫越此河。

一刀橋[6] ─────【伊】

al-Sirat al-Mustaqeem，「筆直的道路」之意。伊斯蘭教中，接受最後審判的死者們所必須走過如劍刃一般寬的橋。在末日復活的死者們要在唯一的真神面前，將生前的善行與惡行以天秤測量多寡，之後再走過此橋。這時，根據此人為善人或惡人，四周的氛圍會為之驟變。善人在過橋時，四周有光芒包圍，此人宛如光一般能瞬間通過；但惡人過橋時周圍則是一片漆黑，並會墮入名為哲哈南木的地獄裡。

→〔哲哈南木〕

火車 ─────【日】

日本自古代便流傳火車為載運死者魂魄進入陰間的車輛。人死後要前往閻魔廳之時，會有數名牛頭、馬面之類的地獄之鬼前來迎接，一般的死者便跟在他們之後步行。有時這些鬼卒會領著正燃燒著火焰的車輛來迎接死者，這就是被稱為火車，或是火之車的車輛。火車的外觀看來如平安時代[7]的牛車，具有木製車輪，但卻被火焰包圍。

以車輛迎接並非侷限於具有高地位的死者。一般人也會有以火車迎接的狀況。

火車有許多樣式，通常前面會豎立起鐵製名牌，寫上死者應當前去的地獄名稱。《平家物語》[8]第六卷的「入道[9]（平清盛[10]）死去」之章中，清盛死時來迎的火車上，明白寫上目的地的名稱，即是最好的例子。雖然是在清盛之妻時子的夢中登場，但是燃著熊熊火焰的火車，便是由牛頭、馬面引領進入清盛宅邸，車前豎立著寫有「無」字的鐵牌。此時時子問起字意，「由閻魔廳迎接平家太政入道閣下而來。無字，為根據入道閣下其罪，須墮入無間地獄之底，故寫上無

間之無字。」鬼卒如此答道。

火車不只在夢中，現實之中亦可看得見。在這個狀況下出現的火車所尋找的人，家中必有死者，而搭上火車之人必定已死。寶曆年間（1751～63年）位於瀨戶內海的廣島縣御手洗港，便有實際的傳說。據說御手洗港附近的人們於舊曆八月二十三日晚間，有著等待月出而進行膜拜，叫作「月待」的習俗，大隊人馬習慣在能看見月亮之處據地一方，一面飲酒，一面賞月（非賞花），事情便發生在這樣的月待之夜。正當眾人千等萬盼下，月亮終於出來時，卻不知由何處傳來隆隆車輪聲；聲音逐漸逼近，眾人的目光便看向聲音來源，一輛燃燒著火焰的火車，於夜空中由東向西，正帶著巨響飛過。明明在空中飛行，車輪卻能發出隆隆聲響，此事雖然奇妙，但是或許火車是在人們所看不見如彩虹一般的通道上橫越天空也不一定。總之，火車的速度相當快速，轉眼間已從眾人的眼前飛奔而過；但是不知為何原因，只有引領火車的青鬼、赤鬼以及搭乘火車的男人模樣清晰可見。更令人驚訝的是，搭乘火車的人，正是眾人所熟知的梳髮店老闆。「怎麼可能有這種事，那傢伙不是到剛才都還好好的嗎？」某人如此說道。吃驚的眾人找去梳髮店時，便得知了該店老闆的確已經死亡的消息。

這裡的火之車是從西邊的夜空中飛過，但是，火車在空中飛行的狀況，並不罕見。《近代百物語》（1770年）中，在半夜丑時[11]要殺害男主人妻子的小妾，她的懲罰便是搭上牛頭、馬面所引領的火車，此處的火車也是在空中飛行。該故事附有插畫，但是其插畫中牛頭卻是在火車前引領，馬面在後方推行，搭車的小妾則是身在火燄之中。

但也有說法指出，該物並非燃燒的火之車，而是全身長毛絨絨，如鬼一般的妖怪。鳥山石燕的《畫圖百鬼夜行》所描繪的，即為此物抱著女性屍體，立於屋頂上的模樣。還有說法是此怪物會侵入葬儀的地點，出現時會捲起一陣暴風，掀開棺木、奪走死者。

➡〔牛頭、馬面〕

■ 究魯河 ─────【北】

Gioll，位在北歐神話冥界的冥河。北歐神話的冥界——尼福爾海姆，其中央有一名為費格爾米爾（Hvergelmir）的滾燙之泉，由此處流出了思維魯河、昆斯拉河、菲優魯姆河、芬布魯思路河、斯利茲河、弗利茲河、休路格河、優路格河、維茲河、究魯河[12]。其中究魯河的流經之地最接近陰間女王赫爾的宮殿，而非戰死的死者們都必須要通過此河才行。究魯河是一條會讓人凍結的冰冷河川，雖有漩渦激流，但是河上有鋪著黃金的橋樑橫過，並由名為摩茲古茲（Modgud）的少女看守。

➡〔尼福爾海姆〕〔赫爾〕

■ 科庫托斯河 ─────【希】

Cocytus，希臘神話在陰間的河流之一，意思為「悲嘆」。在傳說中屬於斯提克斯河的支流，流入阿刻戎河。

■ 三途河 ─────【佛】

此為日本陰間入口的一條河流。人死後，首先要翻越死出山（死天山），之前再渡過三途河。此河也稱之為葬頭河、三瀨川等。在《十王經》[13]中雖以葬頭河的名稱登場，但此河卻是位於十王中居第一位置的秦廣王殿與第二的初江王殿之間，具有山水灘、江深淵、有橋渡等三個灘頭。這三個灘頭根據罪的輕重，渡口也會有異，罪輕者為較淺的山水灘，罪重者為江深淵，罪極輕者則經由有橋渡的一座橋樑渡河。

三途河的對岸，有棵名為衣領樹的大樹，其下有各自名為奪衣婆與懸衣翁的男女鬼魂。當死者抵達後，奪衣婆會將犯竊盜罪的死者雙手手指折斷，懸衣翁與牛頭一同將死者們趕到衣領樹下集合，奪衣婆會將死者們的衣服脫去，懸衣翁則將衣服掛至衣領樹上頭，由衣服垂下的模樣來衡量死者之罪的輕重。

➡〔死出山〕〔奪衣婆〕〔懸衣翁〕

■死出山 ────────【佛】

　　日本的閻魔王國的入口被認為有這樣一座山，也寫為死天山。死出山位於三途河之前不遠處，人死後必須要先翻越死出山，方能前往陰間。據《十王經》記載，死出山的位置在居陰間十王第一位的秦廣王殿的前面，人在死後的頭七日，到抵達秦廣王殿之前的期間即在翻越此山。死出山是非常險峻的高山，死者在翻越此山，將會嘗到皮膚綻開，骨頭折斷等極度的痛楚。

　➡〔十王〕

■斯提克斯河 ──────【希・但】

　　Styx，希臘神話在陰間的河流之一，意思為「憎恨」。此河在黑帝斯的陰間周圍環繞九重流動著。人們相信此河為在陰間流動的河川中最為古老，也藏有不可思議的魔力。女神忒提斯[14]便是將其子阿基里斯[15]浸於斯提克斯的河水中，使他成為不死之身。

　　掌管斯提克斯河的女神，斯提克斯，居住在由白銀的柱子圍繞，岩石的屋頂所搭建的陰間宮殿裡，她也是克阿諾斯[16]的女兒之中，格外受到敬畏以及崇拜的一位。傳說中，當宙斯[17]與泰坦[18]神族交戰之時，斯提克斯因加入宙斯的一方而最早奔入奧林帕斯[19]，往後宙斯便令眾神永遠在立誓之時，需向此女神的河水宣誓，以作為報答。在如此儀式宣誓之下而違背誓言的神祇，將陷入一整年的昏睡

狀態，並被禁止飲食[20]，甚至會被逐出奧林帕斯九年。

斯提克斯河在現實之中位於阿爾卡迪亞[21]地區，自古以來便被流傳具有毒性。

在但丁《神曲》的地獄裡頭，第五層的憤怒者地獄整個就是名為斯提克斯的沼地。這意謂著雖然已經處於地獄深處，但第五層的內側為狄斯之城，所以斯提克斯河仍然是在環繞狄斯之城城壁的位置。與希臘神話之斯提克斯河不同的是，但丁所描寫的斯提克斯是在人生中一逞貪欲以及浪費之人，會於此處在泥濘中受苦，並發出叫喊的聲音。這些亡者相互毆擊，彼此打鬥，甚而吞吃對方的肉。

➔〔黑帝斯王國〕〔憤怒者地獄〕

泰那隆洞穴 ─────【希】

伯羅奔尼撒（Peloponnesus）半島最南端的泰那隆岬，有一個通往冥界的洞穴。希臘神話的英雄赫拉克勒斯、忒修斯、奧爾甫斯等人，皆由此處造訪黑帝斯王國。

➔〔赫拉克勒斯〕〔奧爾甫斯〕

千引岩 ─────────【日】

日本的神話中，伊耶那岐命[22]為了隔離死者所棲息的黃泉之國與人世的交界，在黃泉比良坡上放置的巨大岩石。伊耶那岐命為了喚回死去的妻子伊耶那美命，前往黃泉之國，卻因為伊耶那美命成為醜陋的模樣，因此逃回人世，他為了不讓黃泉之國的死者

們到人世來，才放置了此一岩石。傳說中，黃泉之國與人世之間以前可以自由往來通行，但由此時開始，千引[23]岩以道反之大神的身分，為了不讓陰間的污穢或是引發災害的諸神來到人世，一直在該處看守，直到今日。

➔〔黃泉之國〕〔伊耶那岐命〕〔黃泉比良坡〕

琴瓦特橋 ─────────【瑣】

Chinvat Peretum，又叫「報應橋」。在瑣羅亞斯德教[24]的信仰中，此為死者必須渡過的一座橋，而該橋橫跨於大地中央之厄爾布爾士山[25]與天空之間。橋的彼端為天堂，但是下方即為地獄的深淵。在此，死者的目的地被進行分類。善人在渡橋時會感到橋面寬廣，能輕鬆前往天堂；但是惡人渡橋時，橋面就有如剃刀之刃一般細窄，死者們會因此墮入惡思界、惡語界、惡行界等地獄中。此外，於琴瓦特橋旁有一隻「四眼犬」，據說會幫助死者渡橋。

然而在瑣羅亞斯德教中，死者之魂在死後並非立刻前往琴瓦特橋。死者之魂在死後的三夜之間，會在屍體周圍徘徊，第一夜回想自己生前的言語，第二夜進行思考，第三夜對行為進行反省。其後，死者之魂便會接受死者的審判官，密斯拉神、斯拉奧沙神、拉什努神的審判。此時將決定死者該前往天堂、地獄（惡思界、惡語界、惡行界、無始暗界）、中間的陰間（Hamestaghan）之中的何處，之後才能通過琴瓦特橋。

在瑣羅亞斯德教的經典《阿維斯

陀》[26]中，對於死者之魂渡過琴瓦特橋以前的所經歷的事情，尚有另外的說明。根據記載，進行崇拜魔鬼之不義者死亡時，在死後三日的黎明時分

會有名為維沙魯夏的地獄魔鬼前來，將死者靈魂以繩索捆綁後，帶往琴瓦特橋並推下地獄。善人在死亡的三日後，則會有一位伴著宜人香氣的美麗少女出現，將死者帶往琴瓦特橋，而死者在開始渡橋之後，便能進入不同的天國，第一步往善思天，第二步往善語天，第三步往善行天，第四步往無始光天；而惡人死亡第三日之後，則有帶著噁心臭味的醜陋少女出現，將死者帶往琴瓦特橋，死者之魂便會墮入不同的地獄，第一步往惡思界，第二步往惡語界，第三步往惡行界，第四步往無始暗界。

➔〔惡思界、惡語界、惡行界、無始暗界〕

■特韋雷河 ──────【但】

Tevere，貫穿羅馬，流入第勒尼安海（Tyrrhenian Sea）的河流。但丁所作《神曲》中，幸運未赴地獄而是前往煉獄的靈魂們，在此河的河口聚集，搭乘天使之舟穿越地球，前往煉獄島的岸邊。天使之舟的船尾有一名長有羽翼的天使站立，他輕拍羽翼，使船不用帆也不用槳而且不接觸海水，就能在海面上疾行。天使的頭上會發光，從煉獄島的岸邊還看不到船的影子之前，便能知道船隻正在接近。此處與地獄不同，來到煉獄的靈魂們擁有滌清罪惡後飛升天堂的可能性，因此乘船的靈魂們會彼此合唱聖

歌。天使也會給與祝福，當他們上岸時，天使會在靈魂身上畫上聖十字。之後，他會再往來時方向的特韋雷河口，疾驅船隻而去。

→〔煉獄〕

深淵 ────────【猶·基】

Tehom，古代以色列（Israel；猶太教或基督教）的冥界與人世相隔之海洋中，有著如日本的三途河一般的地形。古代以色列的「冥府」雖然位於地下，但冥府與地面之間，還存在有深淵，地面的泉水或是井中之水皆自深淵中湧出，故諾亞（Noah）在有名的《創世紀》大洪水中也說，此洪水是由深淵的水氾濫所引起。

→〔冥府〕

尼羅河 ──────────【埃】

Nile，流入古埃及陰間杜亞特的河川。尼羅河在現實之中雖然亦是重要河川，但此河被認為與太初之水「努恩」同樣，由亞斯文[27]一處名為艾雷方提斯（Elefantis）的洞穴流出，通過杜亞特，越過天空，再流向地面。所有的死者將搭乘太陽神「拉」的船，渡過杜亞特的尼羅河，前往歐西里斯的法庭。古代埃及皆將死者葬於尼羅河西岸，因此在現實中，死者也必須渡過尼羅河，與陰間之河的說法相呼應。尼羅河之神雖然為哈比[28]，但因和陰間的淵源頗深，故亦被看作與歐西里斯為同一神祇。

→〔杜亞特〕〔拉〕

弗列革吞河 ─────【希·但】

Phlegethon，希臘神話陰間河流之一。意思為「如火一般燃燒」。又被稱為「火川」。在《埃涅阿斯紀》中，阿刻戎河與斯提克斯河圍繞陰間而流，但弗列革吞河卻位於陰間的深處。此河正好作為一邊往埃律西昂，一邊往塔爾塔羅斯的分道嶺；過道邊崖之下，有地獄的判官之一拉達曼提斯進行審判用的城堡。弗列革吞河圍繞該城三重。但丁的《神曲》中，此河以地獄第七層之一，熊熊燃燒的弗列革吞河登場。

→〔埃涅阿斯〕〔施暴者地獄〕

弗布魯河 ──────────【美】

Hubur。古代蘇美[29]、巴比倫尼亞[30]的陰間與地面之間的一條冥河。在巴比倫尼亞的地下有一池名為阿卜蘇（Apsu）的淡水，該水的水流則被稱之為弗布魯河。

黃泉比良坡 ────────【日】

在日本神話裡，作為黃泉之國與人世之間界線的山坡。記紀[31]的故事中，創造出日本列島後的伊耶那岐命，為了尋找妻子伊耶那美命而下至黃泉之國時，這片山坡便以此時回程之路的形式登場。江戶時代的國學者平田篤胤[32]於《靈能真柱》[33]中提及此坡，認為無法指出它在大地與黃泉之國間，是位於地面進入大地之際，或於大地之中。

故黃泉比良坂並非出雲國[34]之伊賦夜坂。《出雲國風土記》[35]意宇郡之條目中，有「伊賦夜社」此名，而在島根縣八束郡則實際有「伊賦夜神社」，故被認為應位於該處。《出雲國風土記》裡，尚有出雲郡宇賀鄉之條目腦磯洞窟事項的描述，記載窟中之穴的深度不得而知，若於夢中前往此磯岩附近者，必死無疑。此外，此洞窟自古便一直被記載為黃泉之坡、黃泉之穴。總而言之，出雲國與黃泉之國相關的傳說眾多，故由此可知，古人們似乎認為出雲國之某處為通往黃泉之國的入口。

➲〔黃泉之國〕〔伊耶那岐命〕〔伊耶那美命〕

■ 勒忒河 ─────【希】

Lethe，希臘神話冥界裡的冥河之一意思為「忘卻」。到達冥界的死者靈魂，在飲下此河之水後，便會忘卻生前之事。但是，居住在希臘神話陰間的靈魂們幾乎都記得生前之事，所以勒忒河之水似乎鮮少被喝下。

與此說有別的是，基於輪迴說的思想，死者之魂在展開新的人生旅途之前才會飲下勒忒河水，消去過往所有的記憶。

掌管勒忒河的女神勒忒，有一說法為塔那托斯（死亡）的姊妹。

➲〔厄耳〕

■ 六道岔路 ─────【日】

位在日本京都一座「六道珍皇寺」門前的地名，為一處自古以來被當作人間與陰間邊界的場所。死者由此處起，前往天道、人道、阿修羅道、畜生道、餓鬼道、地獄道等六道之一。平安時代的和歌詩人小野篁，傳說他擔任閻魔王殿判官職務時，也是由該處附近一座六道珍皇寺的水井前往陰間。狂言[36]劇目《朝比奈》中所說的故事，即是為尋找墮入地獄的死者而出現在六道岔路的閻魔大王，碰上走往陰間途中的朝比奈義秀[37]，但在義秀脅迫下，反倒不引領他前往地獄，而是前往極樂淨土。

1　Cumae，義大利西南部的一座古城。為古希臘人在公元八至九世紀時，在義大利地方建立的第一座殖民地。

2　Avernus，現已改名為阿韋爾諾（Averno），位在今那不勒斯（Naples）之西。

3　Aeneis。維吉爾所作之史詩，共十二卷，近萬行。內容以埃涅阿斯為主角，從埃涅阿斯的流浪開始，至參加特洛伊戰爭的故事。

4　Sibyl，古希臘著名的女預言家、太陽神阿波羅（Apollo）的祭司。傳說能在瘋癲狀態下，預言出未來之事。她同時以極為長壽聞名。傳說中，因為祈求與阿波羅手中沙粒同樣數目的壽命，而獲得超乎人類的長壽（一說為約七百年）；但她卻忘了祈求「年輕」，所以隨年歲增長，她的身體逐漸老化並縮小，終至看不見。曾有一則古羅馬故事：一名老婦人欲將西碧蕾的神喻集販售給羅馬國王，共九卷，開價甚高。國王不信，將婦人逐出。隔日婦人再求見，開價相同，並有三卷燒毀，但婦人依然被逐出。再次日，婦人又來求見，開價相同，但只剩三卷。國王方才警覺此書卷非同小可，急急重金買下，貢於神廟中，於重大危急時取出參看。史上確有此一神喻，但毀於公元前83年的羅馬內戰中。現今流傳內容已非原本。

5　Odysseia。古希臘的兩大偉大敘事史詩之一（另一部為《伊利昂紀》，作者同為荷馬）。內容接續《伊利昂紀》，主要描寫古希臘的一場重要戰役：特洛伊戰爭。英文的寫法為「Odyssey」，故另有一譯名為「奧德賽」。

6　全意為「正直不曲的引導之路」，一般只稱「al-Sirat」，即「道路」。因為渡過此橋非常艱難，所以在伊斯蘭教經典中，又以此來稱呼「宗教的正道」、「善行」。

7　所指的時間，大約為公元794年至1185年之間的390年。原先派遣使臣至中國的「遣唐使」制度於894年廢止，此時期便成為日本當地文化發展與演變的關鍵時期。

8　正確的作者與寫成時間不明，據信約在公元1240年以前寫成。內容主要描寫從平安時代貴族的繁華，到平安時代結束，平氏武士家族的興起，以及之後源氏家族起而消滅平氏的故事。

9　清盛位居最高官位「太政大臣」之時，藉病辭官隱居，稱為「入道」，故後世為「相國入道」。

10　公元1118～81年。平安時期的武將。平家原本即在朝中為官，清盛於父親死後，繼承朝位，並建下數件武功，獲得天皇信賴。之後更進一步消滅朝中源家等對抗勢力，建立起平氏的獨霸局面，甚至能左右朝政與天皇的傳位，權傾一時。但後期仍被源家後代與其他不滿的武士家族聯手推翻，之後患病而死。其子有為者早世，繼承家業者卻又無能，故終為源家所滅。平家家道自權掌天下到被仇家毀滅，不過一代之間，故《平家物語》一書之後多引為「盛極必衰，世事無常」的借喻。

11　丑時為半夜一時至三時。

12　這些河的原名及含意如下：思維魯河（Svol，寒冷之意）、昆斯拉河（Gunnthra，抗戰之意）、菲優魯姆河（Fiorm，急躁之意）、芬布魯思路河（Fimbulpul，沸騰之意）、斯利茲河（Slidr，恐懼之意）、弗利茲河（Hriz，瘋狂之意）、休路

格河（Sylgr，吞噬之意）、優路格河（Ylgr，牝狼之意）、維茲河（Vid，流往死亡之國的河。由芬利路Fenrir的唾液形成）、究魯河（騷動之意）。一般説法中還有一條雷普特河（Leiptr，閃電之意）。此十一條河則合稱為「埃利法喀魯」（Elivagar），意思為「毒河」；也是一名神話中巨人的名字，因為該巨人的血液滴入河中，而使河水帶毒。

13　主要是來自於中國民間傳説而寫成的經典。內容在描述人死後如何經由十殿閻王審理問案，並在每一殿設置不同的地獄與刑罰。由印度傳來的佛經中並無此一説法。

14　Thetis，是受到宙斯以及海神波塞頓（Poseidon）追求的海中仙子。因為宙斯得知預言，害怕他的兒子會重演自己推翻父親的歷史，所以讓她嫁給英雄佩琉斯（Peleus）。

15　Achilles，傳説中因為忒提斯為抓著他的腳跟，將其浸入河水中，故成了一名除了腳跟以外，全身刀槍不入的希臘戰士。在人體解剖學之中，連接小腿後方肌肉直到腳跟骨的一條肌腱就以此命名，稱為「阿基里斯腱」（Achilles tendon），即「跟腱」。

16　Oceanus，泰坦神族中的海洋之神。現今英文「海洋」（ocean）一字，即由其名變化而來。

17　Zeus，泰坦神族的時間之神，也是領導者克洛諾斯（Cronos）之子；而後戰勝他的父親，奪得天界的控制權。

18　Titans，泰坦，原先掌握世界的神族。因為發生內訌而讓宙斯有機可乘，起而篡位起功。之後被宙斯丟到塔爾塔羅斯監禁。

19　Olympus，希臘眾神所聚集之山。

20　詳細的説法為禁止食用「神食」（ambrosia）以及飲用「神酒」（nectar），並非完全不吃不喝。

21　Arcadia，位在希臘伯羅奔尼撒半島的山區。

22　「命」為古代日語中對於神祇名或人名的敬稱。

23　日語中「千引」有「一千人才能拉動」的意思。

24　Zoroastrianism，伊斯蘭教出現之前，古代伊朗（波斯帝國）的國教，亦被伊斯蘭教徒貶稱為拜火教，在中國則稱之為祆（音同「先」；又，「祅」為錯誤寫法。）教（Parsiism）。由瑣羅亞斯德（Zoroaster，又譯查拉圖斯特拉；約公元前628年～公元前551年）所創，教義主要在講述如何保持生命而與邪惡抗爭。伊斯蘭教出現之後，對該教徒則多所打壓排斥，約在中國宋朝後大都消散；但現今仍然存在小部分信眾。

25　Alburz，波斯世界中世界最高的山。又叫哈拉（Hara或Haraiti）山。希伯來語中，「Hara」具有「山」以及「懷胎的腹部」雙重含意。

26　Avester，也通稱為「波斯古經」，又名「聖特－阿維斯陀」（Zent-Avesta）。「阿維斯陀」意思為「知識」，而「聖特」為注釋之意；「阿維斯陀」雖然為當時中東一帶的一種語言名稱，但該經典是由帕拉維（Pahlavi）語言寫成，即波斯語。該書是瑣羅亞斯德教主要的經典，為教主瑣羅亞斯德寫作而成。除宗教方面之外，也對該民族起源、民間傳説等有許多記載。原有二十一卷，但被攻入波斯的亞歷山

大所銷毀，現今只傳下一卷。

27 Aswan，位於尼羅河東岸，現今埃及東南方與蘇丹的邊境處。

28 Hapi，造型為長髮男子，卻有女性的胸部與如懷孕般的隆起腹部，象徵尼羅河孕育生命的力量。與荷魯斯的四個兒子之一的哈碧（Hapi）兩者為同名不同神。兩者除造型不同外，在古埃及文字中，會以聖文字裝飾區別。

29 Sumer，指古巴比倫尼亞、美索不達米亞南部和底格里斯－幼發拉底河（Euphrates）河谷地區，在今伊拉克南部。此地的文明約在紀元前四千五百到四千年前開始發源，留下不少重要的文明遺跡，如：已知的第一輛有輪子的交通工具、陶工轉盤、文字系統以及法典。

30 Babylonia，亞洲西南地區，幼發拉底河谷的古代文化地區。

31 「高天原神話」的另一種說法。嚴格說來，高天原神話雖亦為日本神話，但是和諸如北海道或是沖繩之原居民的流傳說法並不相同。因此就狹義而言，前述之神話應為「日本神話」之中的「高天原神話」或是「記紀神話」。

32 平田篤胤（公元1776～1843）。日本著名的國學者（日本本國的學術研究。也稱「和學」或「古學」），復古神道的領袖。他宣稱日本有天然的優越性，擁護歷代天皇。他的理論不但對於推翻幕府有推波助瀾之效，更影響了二十世紀的神道教以及日本的民族主義。

33 平田篤胤於37歲時寫成。該年平田之妻過世，平田哀傷之情無以復加。在該書之中，對於陰間觀點的論述考證因多所觸犯已故國學大師，而遭同派學者的撻伐與排擠。

34 大約在現今日本島根縣東部。

35 記載出雲地區風土之書。為日本現存風土記中，最接近完整之一部。其中記載出雲流傳之神話，與記紀神話內容有所出入。

36 日本古代的戲劇形式之一。內容滑稽，帶有譏諷意味。

37 全名為朝比奈三郎義秀，鎌倉幕府時代的大力武士，於戰役中曾有殺敵無數但是毫髮無傷的記載。也有在一夜之中，奉命於金澤六浦津至鎌倉之間的森林，開出一條貫穿通路的故事。流傳義秀於戰後歸隱，不知去向。

II

世界種類

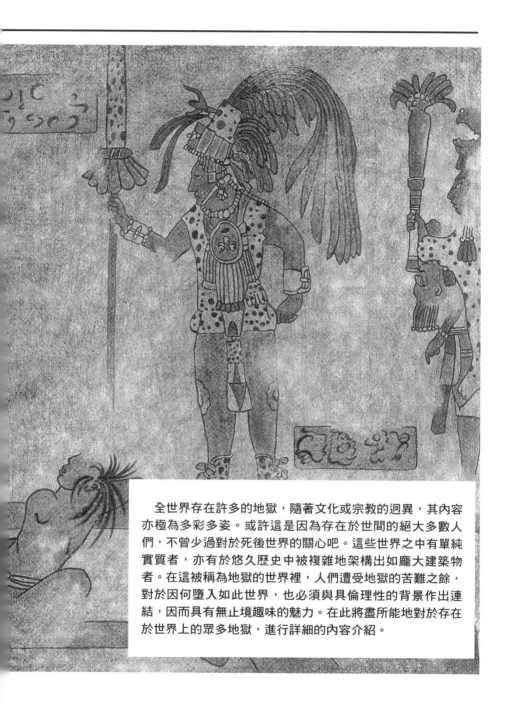

　　全世界存在許多的地獄，隨著文化或宗教的迥異，其內容亦極為多彩多姿。或許這是因為存在於世間的絕大多數人們，不曾少過於對於死後世界的關心吧。這些世界之中有單純實質者，亦有於悠久歷史中被複雜地架構出如龐大建築物者。在這被稱為地獄的世界裡，人們遭受地獄的苦難之餘，對於因何墮入如此世界，也必須與具倫理性的背景作出連結，因而具有無止境趣味的魅力。在此將盡所能地對於存在於世界上的眾多地獄，進行詳細的內容介紹。

惡思界、惡語界、惡行界、無始暗界 ——【瑣】

瑣羅亞斯德教的地獄。瑣羅亞斯德教中，會對人的善思、善語、善行以及惡思、惡語、惡行的重量進行比較，若是後者較重，則會墮入地獄。

墮入地獄的死者靈魂最先前往的為惡思界、惡語界、惡行界。這些地獄如同佛教的地獄一般，為景象淒慘的場所，黑暗、充滿惡臭，四處皆為蛇、蠍、蛙等有害生物。死者們在此會接受合致其罪之刑罰。好色男性的靈魂會被給與遭蛇進出口腔與肛門的懲罰。觸犯不倫的女性，則會從乳房被綁縛而懸吊，再被有害蟲類啃噬身體。商販而作虛假度量者，要反覆測量土與灰，再將其吞下。說謊或是對他人惡言相向者，其舌頭將被有害生物啃咬。殺死剛出生幼子的女性，要將石臼置於頭頂。其他還有吃下穢物，或撕裂自己的肉體再將其吃下等懲罰。

但是，若生前多少曾行善事的話，其罪可獲得減輕。生前多行各種罪惡，卻曾以右腳踢草給牛吃之人，則會有全身被害蟲啃咬，但只有右腳可以平安無事的狀況。

在惡思界、惡語界、惡行界受過責難之苦的靈魂，接著會被送往無始暗界。此處為黑暗地獄之中最為黑暗的場所，死者在此受到暴雪或是熾火之苦，該處與惡思、惡語、惡行界相同，仍會對於死者們施行合致其各條罪行的刑罰。不敬畏神明者，將會遭到被迫吃下污物再排泄出來的責罰。

身為判官而行為不公正者，則必須要打開自己孩子的頭顱並吃下其腦漿。收受賄賂的判官會被挖出眼睛，再以燒紅的鐵串刺，最後再用木樁敲入頭顱。犯下不倫的女性，則會被刺蝟攻擊，以乳房挖掘鐵山。

如此的地獄苦難將會不斷持續，而且在地獄中的區區一日，會讓人感到如數千年之久。

但是，瑣羅亞斯德教的地獄苦難並不是永遠的。該教存在著最後審判，到時，所有死者將會復活，最終成為純潔完整的個體。

➔〔最後審判〕

罪惡之囊 ——【但】

Malebolge[1]，也譯作「馬納薄其[2]」。在但丁所作《神曲》地獄的第八層，犯下惡意欺瞞之罪者會墮入至此。此處位於陡峭的崖壁之下，可稱為深淵的地獄之底。崖壁上有一道瀑布，是存在於第七層施暴者地獄的阿刻戎河、斯提克斯河、弗列革吞河之水落下而成。

罪惡之囊四周被高聳而陡峻的崖壁包圍，沒有道路可通，但丁與維吉爾到達時，是騎乘在希臘神話中登場之怪物格里昂[3]的背上，從天而降。

崖壁之下的罪惡之囊整體呈現漏斗狀，正中央為如深井一般的深淵。罪惡之囊的所在，正位於此呈漏斗狀地形的岩石質地斜坡上，此處有同心圓狀的十個深谷、不同的罪惡之囊盤踞，分別對十種罪人進行責罰。各個罪惡之囊間以岩石構成的橋樑連通，

能夠跨越各個罪惡之囊而漸次向下前進。

十種罪惡之囊由外側開始，依序為下文所示。

➡〔苦難之地〈但丁的地獄〉〕

〈淫媒、誘姦者之囊〉罪惡之囊的第一囊，欺騙玩弄女性者所墮入的地獄。囊底有頭上生角的惡鬼為守衛，揮鞭追逐著罪人們，罪人們分成朝向囊內側與外側前進者，各自不停慌忙地逃竄。在這裡受苦的罪人之中，有希臘神話裡身為阿爾戈船[4]首領的有名英雄伊阿宋，他背叛了列姆諾斯島[5]的女王希蒲西琵麗[6]以及女巫美狄亞[7]，但是就算墮入地獄，他仍不改王者風範，展現不凡的氣度。

➡〔伊阿宋〕

〈諂諛者之囊〉罪惡之囊的第二囊，藉由奉承而利用他人者所墮入的地獄。囊底有濃稠的糞尿與污水讓罪人在此掙扎受苦。四周滿溢惡臭，交雜著罪人們的氣息，在岸壁上結成了重重的霉塊。曾為古代雅典（Athens）高等妓女的泰伊絲[8]等人，也在此受苦。但是，泰伊絲墮入此地並非因為她身為妓女，而是因為她以甜言蜜語勾引男人。

〈神棍之囊〉罪惡之囊的第三囊，販賣聖職或是聖物的聖職者所墮入的地獄。囊底四周有燃燒著火焰的岩穴，罪人受到由頭部倒插於該處，只有伸出穴外的雙腳能擺動掙扎的責罰。由外側看來，每個洞穴各有一人，但在

穴裡，其實還有更多的罪人被埋入。每當有新的罪人抵達，既有的罪人就會被塞入洞內。十三世紀後葉的羅馬教皇尼古拉三世，也在這些洞穴之一中受罰。

➡〔尼古拉三世〕

〈占卜者之囊〉罪惡之囊的第四囊，預言未來之人所墮入的地獄。此處的罪人們的頭全部被扭向背後，永遠只能向後前進。

希臘神話中，忒拜[9]相關故事中登場的預言者安菲阿拉奧斯與忒瑞西阿斯，在此地獄中受責罰。

➡〔安菲阿拉奧斯〕〔忒瑞西阿斯〕

〈污吏之囊〉罪惡之囊的第五囊，犯下瀆職或是收賄罪者所墮入的地獄。囊底為煮至沸騰的瀝青（焦油精製後所殘留的黑色物質），罪人們在其中被熬煮。囊上有許多長著翅膀的惡魔，手持帶鉤的棍棒拉扯罪人並丟入煮沸的瀝青中。惡魔們同時監視著瀝青中的罪人，只要他們想將頭伸出，便立刻以利鉤拉扯，剝下皮膚後再次丟入瀝青，讓他們承受更大的痛苦。

〈偽君子之囊〉罪惡之囊的第六囊，偽君子所墮入的地獄。從頭到腳表裡不一的偽君子罪人們，會穿著看來十分華美，外表鍍金但裡面卻是鉛作成的有著可怕重量的外套，被降下永遠背負此重荷步行的懲罰。他們所步行的囊底，有個男人與其他的罪人不同，他癱成十字狀，被釘牢在地面。原來此人為攻擊耶穌基督（Jesus Christ），讓基督受到十字架刑的以色列大祭司該亞法。他躺在該處，遭受讓身著重外套的罪人踐踏之罰責。
　➡〔該亞法〕

〈盜賊之囊〉罪惡之囊的第七囊，為犯下竊盜罪者所墮入的地獄。囊底有無數的蛇群埋藏在各處。在這裡，赤裸的罪人們都從背後被纏住雙臂的蛇束縛。罪人們為了躲避地面蛇群的啃咬會四處逃竄，地面的蛇群會飛起咬緊罪人，罪人的身體便會突然燃燒起來，在劇烈的痛苦中化為灰燼；而後，灰燼會自動聚集，再度變回人類的身體，因此罪人的苦痛將永無休止。
　囊底中尚有半人半馬的肯陶洛斯人

在此地監視罪人們。這肯陶洛斯人有許多蛇纏在腰際，背上伏著一隻有翼的火龍，一旦發現罪人便會噴火。
　蛇群之中，也有種類特別的大蛇。此蛇會如藤蔓一般纏住人類，與人類的身體開始混合，形成奇異的姿態，往後該名罪人便必須以如此模樣存在。其他種類的蛇在緊咬罪人之後，蛇與人的模樣便會交替，罪人就以蛇的形體存在。盜賊之囊會出現這個景象，被認為是因為觸犯竊盜之人，皆是未對人我有份際區別者之故。
　➡〔肯陶洛斯人〕

〈獻詐者之囊〉罪惡之囊的第八囊，為有才能卻不走正道，玩弄權術策謀者所墮入的地獄。囊底能見到許多火球在移動，每一團火焰皆包覆著罪人熊熊燃燒著。在特洛伊戰爭[10]之時，提出有名的木馬屠城計的奧德修斯以及同樣參加特洛伊戰爭的狄奧梅得斯[11]，也墮入此地獄，但這兩人是被包覆在同一團火焰之中。與但丁約略同時代的羅馬人，吉伯林黨（Ghibellino）的領袖圭多·達蒙特菲爾特羅，也墮入此地獄，但是依其自述，他死後是由服侍於撒旦手下的黑天使來迎，並墮入地獄。

➡〔奧德修斯〕〔圭多·達蒙特菲爾特羅〕

〈製造分裂者之囊〉罪惡之囊的第九囊，以中傷而造成宗教分裂、神會不和、家族內訌等原因，其始作俑者所墮入的地獄。囊底的罪人被擔任獄卒之惡鬼以劍分割身體，形成血肉模糊的狀態。有的人由頭至肛門被切為兩半，大腸垂掛在雙足之間，在內臟外露的狀態下行走。其他人喉頭被開洞，被削去鼻子，單耳也被割掉。還有頭顱被完全切落，如燈籠般自己提著頭行走之人。

罪人在這樣的狀態下持續走到囊底，但身體的傷卻會在繞囊一周之間痊癒，等在路前的惡鬼則再以劍分割，讓罪人嘗到痛苦的滋味。

在但丁的時代使基督教徒受苦的伊斯蘭教創始者穆罕默德，及其女婿阿里，還有教唆凱撒橫渡盧比科河[12]，製造與羅馬對立原因的護民官庫里奧

等人，也墮入此地獄裡。

➡〔穆罕默德〕〔阿里〕〔庫里奧〕

〈作偽者之囊〉罪惡之囊的第十囊，為製造偽幣、說假話、欺瞞他人之罪人所墮入的地獄。囊底的罪人們都身患恐怖的病症，四周有腐敗屍體的惡臭充斥。製造偽幣而墮入地獄者，會與其他犯同罪者背部相倚而坐，兩人皆為全身長滿的疥癬所苦，因為拚命抓去痂皮而染血。希臘神話中，因為對親生父親產生淫念，變裝為他人而與其同床的密拉，在此地獄中以全裸並且和他人互相啃咬的瘋狂狀態四處疾走。在特洛伊戰爭時期，為了讓巨大的木馬被牽入特洛伊城內，而對特洛伊人演戲作假的希臘人席農，則身患高熱之病，受到全身冒出熱氣的苦痛。

➡〔密拉〕〔席農〕

阿刻盧西亞湖————【希】

Acherusian，柏拉圖[13]於《裴多篇》[14]中提及位於陰間的一面湖。據說死者的靈魂到達陰間時，會先於此湖之畔集合，並在此接受審判，根據其罪業而決定將前去之目的地。審判中，即便同是送往地獄塔爾塔羅斯，卻也分為兩類：患了名為罪惡之病而估計無法治癒者，將永不得離開；而有望治癒者將在該處停留一年之後，得到被害者的允許，方能離開，隨輪迴再次經歷人生。原本即無罪之人其魂魄將會立刻被送往地上，開始新的人生。只有哲學家的靈魂將自肉體完

全解放，進入被稱為極樂淨土之「理想世界」（Idea）。

阿修羅道 ——————【佛】

佛教的六道之一。位於人道與畜生道之間。地獄道、餓鬼道、畜生道為惡者墮入的世界，而阿修羅道、人道、天道皆為令善者轉生的世界。

阿修羅為印度自古以來即相信的惡神，在吠陀[15]時代之中被稱為「Asura」（音「阿斯拉」），與善神之間不停爭戰。而這則四名阿修羅王聯軍與帝釋天的軍團激戰最後敗北的故事，也被帶進佛教中。佛教的六道裡，阿修羅道位於人道下方的位置，但阿修羅王們的力量卻超越人類，幾近神的領域。

阿修羅道的所在眾說紛云，但是依《正法念處經》所記載，可大致分為兩類。其一說是包含於餓鬼道之中，故墮入此阿修羅道者，以具有名為「魔身餓鬼」神通力之餓鬼存在。關於這點，源信[16]於《往生要集》[17]裡說明此為阿修羅中之劣者所墮入之處。另一處，又被稱為原本之阿修羅道，其位於須彌山旁大海之底，有四種阿修羅道成縱列重疊。第一處阿修羅道位於海底下兩萬一千由旬[18]，由羅睺阿修羅王[19]掌管。第二處位於羅睺阿修羅道地下兩萬一千由旬，由勇健阿修羅王掌管。第三處位於勇健阿修羅道地下兩萬一千由旬，由華鬘[20]阿修羅王掌管。第四處位於華鬘阿修羅道地下兩萬一千由旬，由毘[21]摩質多羅阿修羅王掌管。

墮入阿修羅道者之壽命隨地點不同而異，第一阿修羅道以人間五百年為一日一夜，壽命五千年，第二阿修羅道以人間六百年為一日一夜，壽命六千年，第三阿修羅道以人間七百年為一日一夜，壽命七千年，第四阿修羅道者的壽命長得無法估計。

但是，在阿修羅道的生活並不完全都是痛苦的。阿修羅道之城十分壯麗，風景宜人，人人被美女環繞，在享樂中度日。

阿修羅道的居民會有如此生活是因為其人總是行了最低標準的善行所致。而所指善行，可說是無心所為之善，國王為了表現自我的權力而禁止人民殺死動物，博奕而來的金錢半開玩笑似地進行布施等行為，皆包含在內。

➡〔六道〕〔阿修羅王〕

水仙平原 ——————【希】

Asphodel，位於希臘陰間黑帝斯王國之原野，為一般亡靈棲息之處。根據《奧德修紀》記載，遭奧德修斯殺死的潘妮洛普[22]求婚者之靈魂皆被赫爾梅斯神引領至此地。此時該平原上已聚集了阿基里斯、帕特洛克羅斯[23]、艾亞斯[24]、阿伽門農[25]等參加特洛伊戰爭的勇士們的靈魂。

➡〔奧德修斯〕〔阿基里斯〕

阿門提 ——————【埃】

Amenti，古埃及都市阿比多斯[26]所信仰的陰間，有「看不見的場所」之

意。由阿比多斯的死神肯提阿門提烏（Khentimentiu）所掌理。隨著歐西里斯的信仰高漲，肯提阿門提烏被視為與歐西里斯為同一神祇，阿門提因此成為更廣大的陰間——杜亞特的一部分。

➡〔杜亞特〕〔歐西里斯〕

▌異端者地獄 ————【但】

但丁所作《神曲》中地獄的第六層，基督教異端者所墮入的場所。此地獄緊鄰於狄斯之城內側，與其他地獄層不同，全體為平坦土地，隨處皆墳墓。此處的墓全都已經開啟，但墓與墓之間會噴出火焰，墳墓被徹底燒得焦黑，其中的靈魂因受苦而發出呻吟。雖然埋有各種不同的異端者，但是思想相近的人們會被集中埋於同一區。提出靈魂與肉體會一同消滅說法的伊壁鳩魯[27]以及其同派之人，薩洛尼卡的聖職者佛提努斯（Photinus），以及與其過從甚密之教皇阿拿斯塔斯（Anastasius）等人皆在此地獄。關於墳墓之蓋全數打開一事，書中說，在最後審判結束，靈魂們附身於地上殘留的屍體之後，墳蓋將會關閉。

➡〔苦難之地〈但丁的地獄〉〕〔狄斯之城〕

▌瓦爾哈拉 ————【北】

Valhalla，北歐神話裡在戰爭中英勇死亡的士兵們，將前往此宮殿。它位於眾神所居住的天國阿斯加爾德（Asgard）裡，其中居住著被稱為

「艾赫加」的戰死者。維京[28]時代以前的北歐，在戰爭中死亡是種榮譽，主神奧丁便為這些人準備了此宮殿。

宮殿前有一扇名為「瓦爾格靈德」（Valgrind）的大門，宮殿裡有五百四十扇門，每扇門內住著八百名艾赫加。

瓦爾哈拉的屋頂上有一隻叫作海茲倫（Heidrun）的牝山羊，雖然吃的是列拉茲[29]樹的樹葉，但是牝山羊產出的乳卻是蜜酒，產量足以讓全體艾赫加每日充分飲用。同樣在屋頂上的尚有名為埃克休尼魯的牝鹿，牠會自角上滴落蜜露，流入位於陰間尼福爾海姆的費格爾米爾之泉中。

➡〔艾赫加〕〔尼福爾海姆〕

▌埃律西昂平原 ————【希】

Elysium，希臘神話中位於世界

盡頭的極樂世界。在《奧德修紀》裡，該處為人類的安樂國度，沒有降雪，也不落大雨，更無冬季的暴風雨，全年由奧克阿諾斯送來傑佛瑞斯（Zephyrus；西風之神），令人們充滿元氣。傳說中是由金髮的拉達曼提斯統理此地。但是連英雄阿基里斯亦只能住在普通的陰間水仙平原，所以能被送往埃律西昂平原的人物少之又少。《奧德修紀》裡，海神涅柔斯[30]曾預言阿伽門農之弟梅涅拉奧斯[31]將會被送往此地。

→〔拉達曼提斯〕〔水仙平原〕

厄瑞玻斯 ─────── 【希】

Erebus，希臘神話陰間深處的黑暗界。為「黑暗」之意，原本是由卡厄斯[32]所誕生的原始神[33]之一，但是被用於非人格，單指陰間黑暗之意的情況較多。

餓鬼道 ─────── 【佛】

佛教的六道之一，在精神或物質上貪婪之人所轉生的世界。在六道中位於畜生道與地獄道之間，罪人在此將受到僅次於地獄道的重大苦難。

轉生於餓鬼道者被稱為餓鬼，但餓鬼之原文「Preta」或作「Peta」，起初是相當於祖靈之意。祖靈一語自然無負面意思，而在閻魔尚被稱為夜摩（Yima）的《梨俱吠陀[34]》時代中，其住處也是位於天上。但是隨著時代流轉，祖靈的住處移至了地下——遷至佛教的宇宙觀中人類所居住之贍部洲地下，跟隨因果應報思想的發展，而成為名為餓鬼道之特別場所。

餓鬼道雖與地獄同樣居於地下，但是並不像地獄位於深處，而是在贍部洲其下五百由旬之地點。

→〔六道〕〔餓鬼〕〔閻魔王〕〔夜摩〕

九幽地獄 ─────── 【道】

道教地獄之一。依五行思想，中央以及東、西、南、北共五方位有對應之地獄，共有如下的九獄。

〈東方風雷獄〉狂風吹襲不止，雷鳴震耳，戈與戟交錯飛舞的地獄。罪人的身體在此被擊成粉碎，內臟遭貫穿。

〈南方火翳獄〉令罪人飲火、食炭、全身燒焦的地獄。罪人頭上會有火山，全身各關節均會噴出火焰。

〈西方金剛獄〉罪人的身體在此遭受金槌、鐵杖亂打，筋骨俱裂；此外還會被鐵叉貫穿腹部，以金槌刺心。

〈北方溟泠獄〉罪人被沉入寒冷的池水中，受到冰戟、霜刃突刺，碎裂筋骨；再加上以百毒汁澆淋，使身體溶化，破壞五臟。

〈中央普掠獄〉對罪人施予難耐之拷問，並讓其筋斷所流之血不止。罪人若是暈厥，獄卒便以鐵叉刺之，驅趕至刀山劍樹的山上，此處風襲強烈，罪人之足因為利劍而裂為寸段。

〈東南銅柱獄〉此處有燃透之銅柱，罪人需環抱此柱並往上爬，因此身體內外都將被烤透，腹背均流出膿水。

〈西南屠割獄〉罪人被倒吊，手持刀劍之獄卒們切割其四肢、筋脈、皮膚、五臟。地面上積滿遭倒吊罪人們之血。

〈西北火車獄〉罪人之頭、兩手、兩腳分別繫於五輛車上，再被扯開。此外還需搭上火車遭受燒灼。火車之車輪上附有刀刃，能回轉以剁剁罪人。

〈東北鑊湯獄〉罪人遭鐵叉串刺放入釜中烹煮至五體潰散，四處充滿噴出之膿血，令罪人無法忍受。

叫喚地獄 ————————【道】

佛教八大地獄之一，犯殺生、竊盜、邪淫之罪，以及進行酒類買賣者墮入此地獄。在八大地獄中位於由上數來第四處，面積為長寬一萬由旬之正方形，高約兩千七百由旬。

叫喚地獄中有頭為金色，眼中噴火，身著紅衣的巨大獄卒，以弓射箭來驅趕罪人，但此地獄主要之苦難為烹煮並煎熬罪人。有人被投入深鍋，有人是大釜，有人則被投入淺鍋，兼受燒烤與烹煮之苦，最後再由口中倒入燒熔之銅液，連內臟一併燒毀。燒灼之間，罪人們大聲的哀號不斷，因為聲音十分淒厲，因此名為叫喚地獄。

人界的四百年為率兜天之一日，而兜率天[35]之四千年則為叫喚地獄之一日，罪人們於此地獄中，必須度過四千年。

叫喚地獄的四方有四道門，其外側尚附屬有大吼處、普聲處、髮火流處、火末蟲處、熱鐵火杵處、雨炎火石處、殺殺處、鐵林曠野處、普闇處、閻魔羅遮曠野處[36]、劍林處、大劍林處、芭蕉煙林處、煙火林處、火雲霧處、分別苦處等共十六處小地獄。

➡〔六道〕〔八大地獄〕〔十六小地獄〕

〈大吼處〉給與身心進行齊戒之人酒飲者所墮入之小地獄。就如令人飲酒一般，將燒熱之白鑞[37]強灌入罪人口中使其受苦。此時罪人發出咆吼聲，其叫聲響徹天際，獄卒在聽見叫聲後更是加倍憤怒，令罪人不斷受苦。

〈普聲處〉只顧自己飲酒作樂，或命受戒之人飲酒者所墮入之小地獄。罪人們遭受獄卒手持之杵棍的責罰，但罪人的慘叫只在地獄的鐵圍山世界中迴響。

〈髮火流處〉給與守五戒之人酒飲而令其破戒者所墮入之小地獄。熱鐵之犬將啃咬罪人之足，具有鐵喙的鷲則會在頭蓋骨上開洞並飲取腦髓，狐群則會吞食其內臟。

〈火末蟲處〉將酒加水稀釋販賣而致富者所墮入之小地獄。構成人體之地、水、火、風四元素會引致的四百

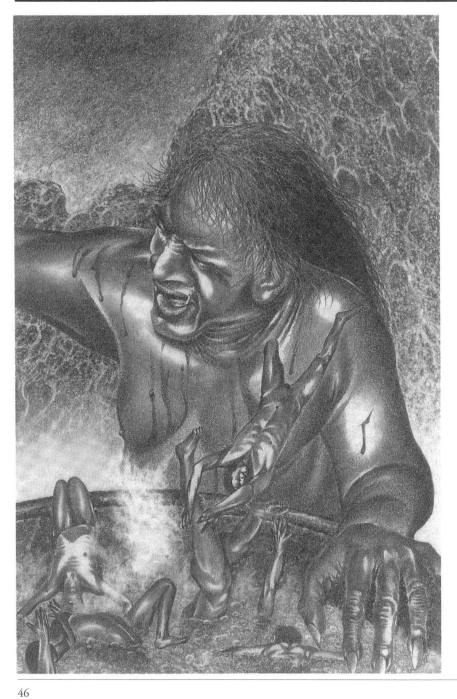

零四種病將全部存在罪人身上，但其病痛的強度即便只有一病，就有足以令地上的人死絕的力道。此外，罪人的身體會鑽出無數蟲類，連肉帶骨以及髓都被啃噬，讓他們因劇痛在地上打滾。

〈熱鐵火杵處〉給與鳥或獸酒飲，令其酒醉後再予以捕捉、殺死者所墮入之小地獄。獄卒們揮舞鐵杵槌打逃走之罪人，粉碎直到如砂粒般細微後，罪人們的身體又會回復，再被利刃逐漸削切身體，而至碎塊。

〈雨炎火石處〉令旅人飲酒，使其酒醉後再奪取財產者、與象飲酒使其狂暴而殺害眾人者會墮入此獄。地獄中會有發出灼熱火焰之石頭，如雨般降下，擊殺罪人們。此外以高熱熔化之銅液，與焊錫及血混合流入河川，再讓罪人被壓入河流燒灼。還有全身發出熊熊火焰的巨大象隻會擠碎罪人。

〈殺殺處〉令守節操的婦人飲酒至醉，再與其發生關係者所墮入之小地獄。獄卒們以鐵鉤將罪人的男性生殖器拔起，器官會再度長出，反覆遭受被拔之苦。若是罪人想逃離，停留於四處的無數烏鴉、鷲、鳶等，便會襲擊、啄食罪人。

〈鐵林曠野處〉於酒中摻入毒藥再與人飲下者所墮入之小地獄。獄卒將罪人綁縛於地獄中燃著火焰的鐵製車輪，再讓車輪回轉，以弓射罪人，直到其身體四裂。

〈普闇處〉在從事賣酒的工作中，利用人們無知，而稍稍提高酒價販售者所墮入之小地獄。此處一片漆黑，獄卒們不分罪人為誰，一陣亂打行刑，在火焰中將其頭顱拉開成兩半。

〈閻魔羅遮曠野處〉使病人或孕婦飲酒，奪取其財產或飲食物者所墮入之小地獄。罪人由腳部開始徐徐往上火，最後燒至頭部，獄卒則以鐵刀將罪人的身體由腳往上切割。

〈劍林處〉隱瞞在荒野旅行之人，給與會致惡醉的酒飲，使其在荒野中爛醉再奪取其財物或性命者所墮入之小地獄。燃燒中的石塊會不斷落下，令罪人燒灼，並削去其身體。沸騰的血河中有燒熱的銅液與白鑞混入以烹煮罪人。此外，獄卒會手持刀與連枷[38]擊打罪人。

〈大劍林處〉在遠離人煙的荒野道路上販酒者所墮入之小地獄。此處有尖銳而高達一由旬的劍樹之林。樹幹燃燒著火焰，樹枝上有無數的刀刃之葉。廣大林地的四周有獄卒，揮刀驅趕罪人們進入大劍林中之後，劍樹樹枝上便落下刀刃，切割罪人。罪人即使逃出，外頭仍有獄卒揮舞刀或連枷，而無法脫離。

〈芭蕉煙林處〉欺瞞守貞的婦人令其飲酒後，再予以調戲者所墮入之小地獄。小地獄中煙霧瀰漫，無法看見前方，在底下則鋪滿高熱的鐵板，讓罪

人們受到燒灼之苦。

〈煙火林處〉給惡人飲酒，令其對憎恨之人復仇者所墮入之小地獄。熱風將罪人吹至空中，罪人們彼此互相毆打，使身體如砂石般粉碎。

〈火雲霧處〉使人飲酒至醉再嘲笑對方者所墮入之小地獄。火焰由地面冒出，高度超過一百公尺，獄卒令罪人進入火焰中後，罪人的身體因熱風而被吹起，急速回轉，如繩索般扭起而後消滅。

〈分別苦處〉令僕人飲酒以壯其膽，再命其殺死動物者所墮入之小地獄。

■ 苦難之地 ────── 【猶・基】

Gehenna，猶太教、基督教的地獄。古代以色列認為，所有的死後靈魂都會前往名為冥府的陰間，隨著時代演變，此處也被劃分為苦難之地以及煉獄。死者之魂平常會前往冥府，但是罪孽特別深重或是格外卓越之人，被認為將會不經由死後的審判，逕赴苦難之地或是伊甸[39]。

苦難之地原本指的是以色列郊外一處叫作欣嫩子谷（Hinnom）的山谷。谷中原有一座名為陀斐特（Tophet）的祭壇，但是在祭祀的功用失去後，轉而作為垃圾丟棄場，甚至罪人或流浪者的屍體也會被棄置於此。因此，該地的惡臭以及火的印象被人們視為如同地獄一般。

被當作地獄後，苦難之地被認為在大地底下的深淵底處。此一深淵與地面有一小穴相通，此穴的入口也被認為在欣嫩子谷。

希伯來人[40]古老的宇宙觀中，整個宇宙是由七個天將七個大地懸吊而組成，在這個思維中，苦難之地位在倒數第二，即第六大地的「阿爾卡[41]」。另外在此思想中，苦難之地劃分七層，最上層為冥府，之下為破滅、死影之門、死之門、沉默、腹、最底之窖[42]，規模非常巨大，據稱有伊甸六十倍大，或是世界的六十倍大，當然也有說法是無限大。苦難之地裡還有數座宮殿，個別有六千座館，裡頭有讓死後靈魂受苦的火與憎恨之容器六千個。

苦難之地的統治者起初是叫作阿及爾[43]或是阿傑爾[44]的冥界之神。

在猶太教、基督教的教義之中，與聖經裡唯一神敵對的怪物或是異端的神祇，都被視為惡魔而成為地獄的居民，地獄之王也被以各種名義稱呼。此外，與猶太教、基督教無關之古代希臘、羅馬、埃及等眾神，也被當作地獄的居民。米爾頓[45]的《失樂園》[46]中，介紹了許多此類的惡魔，若根據此書，《舊約聖經》[47]登場的眾神或怪物，如比蒙巨獸[48]、海魔[49]、路西法[50]、別西卜[51]、巴力[52]、摩洛克[53]、瑪門[54]、彼列[55]、基抹[56]、搭模斯[57]、大袞[58]等，以及神話之眾神或怪物裡，歐西里斯、伊西斯、荷魯斯、阿斯塔蒂[59]、泰坦、哈爾皮埃、蓋美拉[60]、克爾貝羅斯、斯庫拉[61]、黑帝斯等，都被當作地獄的居民。

十六世紀前後，這些地獄的惡魔們

被認為是一種君主國度的說法出現。其中最著名的約翰・威爾[62]說法指出，地獄中有七百四十萬五千九百二十六個魔鬼，共分為七十二個集團，各自擁有惡魔的司令官、副官、首領或主計官等地位。

地獄的責罰自古以來有著各形各色的描述，目前所知最古老的是以火焰與蛇類進行的責罰。在公元三世紀左右所寫成的《保羅啟示錄》（Apocalypse of Paul）另一版本中指出，天使對保羅講述地獄的責罰，共有十四萬四千種。

但是，前述所言仍不過只是談及苦難之地一隅而已。因此接下來便對言及於苦難之地的言論，舉出四則為例來介紹。

➔〔冥府〕〔煉獄〕〔最後審判〕〔惡魔〕

〈彼得[63]的地獄〉 公元二世紀左右寫成的《彼得啟示錄》（新約聖經外典[64]）與《保羅啟示錄》（新約聖經外典），同樣為對中世紀歐洲地獄觀產生莫大影響的文獻。書中為基督對彼得講述有關最後審判日將發生的事等事項，其中亦包含詳細的地獄描寫。

據此書所言，苦難之地為無盡深邃之黑暗洞穴，罪人們將對應其罪而落入洞穴，於其中接受各種懲罰。辱罵真理之道者所掉落之穴中，罪人們將從舌頭被吊起，下方以烈焰燒灼。否定真理者所掉落之穴中，罪人將在刑罰的天使四處巡視下以火焚之。誘惑男子產生不倫關係之女子，將從頭髮吊起而焚燒。與該女有染的男子，亦在同洞穴中受罰。其中最恐怖者，是

將上帝創造之作品——嬰孩——進行墮胎之女子所掉落之穴，這裡較其他洞穴更為深廣，各種包含糞尿在內之世間嫌惡之物由四面八方注入，犯罪女子必須被淹沒至頂接受拷問。而且洞穴對面即為該女子所墮胎嬰孩安坐之處，嬰孩將發出閃光，貫穿女子雙眼。

《彼得啟示錄》中尚介紹其他數種責罰，但從上文觀察，基本上為黑暗與火焰，這兩種責罰對於歐洲而言可謂苦難之地最基本之面相。

〈諾斯底派[65]的地獄〉 公元三世紀前後名為《比斯提蘇菲亞書》[66]書籍中，描述了當時基督教諾斯底派所想像的苦難之地。

根據書中描述，苦難之地位於人世間以外，被黑暗所包圍之處。這團黑暗據說為口尾相接的一條巨龍；而位於其內側的苦難之地，則有充滿恐怖責罰的十二座土牢，各有其統治者。第一座土牢的統治者為埃恩克托寧（Enchthonin），有著鱷魚的臉孔，嘴與尾相互咬接。第二座土牢的統治者為卡拉卡魯（Charachar），有著貓的臉孔。接著依序是由犬臉孔的阿卡羅克（Acharôch），蛇臉孔的阿庫羅克魯（Achrôchar），牡牛臉孔的瑪魯克烏魯（Marchour），豬臉孔的拉姆卡莫魯（Lamchamôr），熊臉孔的羅烏卡魯（Louchar），禿鷹臉孔的拉拉歐庫（Laraôch），雞蛇（Basilisk）臉孔的阿魯凱歐庫（Archeôch），擁有七個龍頭的哈魯瑪羅庫（Xarmarôch），擁有七個貓

頭的羅卡魯（Rhôchar），擁有七個犬頭的庫列瑪歐魯（Chrêmaôr）所統治，但是其中的哈魯瑪羅庫、羅卡魯、庫列瑪歐魯，卻不只有一個。十二座土牢的統治者們，每一小時便改變一次名字，臉孔也會改變。

既然稱為地獄，自然是罪人們死後靈魂前往之處，但是傳說中，這些罪人們卻是從盤踞於苦難之地的巨龍尾端的洞穴落入可怕的土牢之中。只有令罪人落入尾端洞穴之時，巨龍才會將尾巴自洞口放開，待罪人沒入之後再次封口，將罪人關閉其中。

到目前為止的地獄責罰基本上為火焰，但是此處的火焰能帶給人九倍於世間火焰的痛苦，其餘更有被冰、霰、雹等圍困的痛苦。土牢個別尚有朝天開啟的門扉，天使會由此進行監視。

〈但丁的地獄〉基督教的地獄中，結構上最為壯大而精緻者，應為但丁的《神曲》所描述的地獄。約於公元1300年左右所作之《神曲》，可說是幾近於完美地表達了歐洲人的地獄觀。《神曲》的主角為三十五歲的但丁本人，故事述說他於1300年的復活節前夜，遇見羅馬時代的詩人維吉爾的靈魂，以約一週的時間，旅行於地獄、煉獄、天堂的經過，其中對於地獄、煉獄、天堂的模樣，作了細微的描繪。

據此作所言，地獄在地球北半球的地下，正好位於耶路撒冷正下方，呈現巨大的漏斗狀。漏斗狀地獄的最底處有撒旦，此處亦堪稱為地球中心重力聚集的位置。

此漏斗狀地獄的斜坡上，有數圈同心圓狀的圈谷，每個圈谷有獨特的地獄責罰，而這些地獄由外側開始，依次如下配置：

地獄的入口……地獄過道
地獄第一層……幽域
　第二層……邪淫者地獄
　第三層……貪饞者地獄
　第四層……貪婪者、揮霍者地獄
　第五層……憤怒者地獄
上層與下層地獄的分界……狄斯之城
地獄第六層……異端者地獄
　第七層……施暴者地獄
　第七層第一圈……弗列革吞河
　　　　　　　　（殺人犯、擄
　　　　　　　　掠者地獄）
　　　第二圈……自殺者之林
　　　　　　　　（自殺者、敗
　　　　　　　　家精地獄）
　　　第三圈……烈火的沙地
　　　　　　　　（瀆神者、雞
　　　　　　　　姦者、高利貸
　　　　　　　　者地獄）
　第八層……罪惡之囊
　第八層第一囊……淫媒、誘姦者
　　　　　　　　之囊
　　　第二囊……諂諛者之囊
　　　第三囊……神棍之囊
　　　第四囊……占卜者之囊
　　　第五囊……污吏之囊
　　　第六囊……偽君子之囊
　　　第七囊……盜賊之囊
　　　第八囊……獻詐者之囊
　　　第九囊……製造分裂者之
　　　　　　　　囊

　　　第十囊……作偽者之囊
　　　第九層……出賣者地獄
　　　第九層第一界……該隱界
　　　　　第二界……安忒諾爾界
　　　　　第三界……多利梅界
　　　　　第四界……猶大界
地獄最深處……撒旦

　　地獄為漏斗狀，其中心則有撒旦，概況如上述。撒旦在但丁口中雖然也被稱作路西法、別西卜，但是路西法卻曾是天上最美麗的天使。他因認定自己出類拔萃而遭到天上驅逐，成為惡魔，墮落至地球上。此時，大地因為厭惡遭到路西法的碰觸而扭曲，因此產生漏斗狀的裂縫，路西法落下插入其最底處。

　　撒旦所插入的地點，正好為隧道的入口，而通過此一隧道便能自南半球出來。此隧道的出口正位於耶路撒冷的對側，有一座煉獄山聳立於此處，山的上空延伸出一片天國。

　　地獄與煉獄存在類似的責罰，但是性質卻截然不同。地獄之中，罪人不會有救贖，但是煉獄的罪人會得到救贖。煉獄是洗清罪惡的地方，因此墮入煉獄的罪人，最終仍有上升天堂的可能，但是地獄的居民並未給與這種的可能性。在地獄中，都是由犯下一定重罪的人所墮入，所以墮入地獄的亡者在最後審判日到來以前，會持續在地獄受苦。

　➡〔煉獄〕〔最後審判〕〔撒旦〕

〈史威登保的地獄〉 若是提到近代對於死後的世界加以論述的歐洲人，必定會提到著名的十八世紀瑞典人，史威登保。他主述曾多次往來於人類死後所前往的靈界，基於那些體驗寫下了多份文獻，以此對許多人們產生重大的影響。

　　此處為根據史威登保的著作《天堂與地獄》中所描述的地獄進行介紹，也因此必須先掌握此人想法中的靈界全貌。

　　據史威登保所言，靈界為這個世界的人類死後的靈魂所前往之處，該地有自太古開始誕生於人世而死去的人類之靈棲息。靈界之中的動物、植物、礦物、太陽、月、星、雲、霧、雨、雷等各種事物，亦一如存在於人世般，是否已經死亡並前往靈界似乎沒有分別，所以也有不自覺自己已經來到靈界的靈魂。

　　但是，縱使外觀看來相似，靈界與人世的自然界仍有本質上的部分差異。靈界外觀上看似存在的事物，只是由棲息於該處的靈魂內部所發出的顯像，並非本體存在於該處。若是該事物位於人世，例如某人希望住到沙漠地帶，就會前往沙漠地帶，但是對靈界來說則無法如此。靈界會因為所棲息的靈魂性格而改變環境；所以，善良的靈魂所棲息的天堂為美好環境，邪惡靈魂所棲息的地獄即險惡環境，可以說幾乎皆是據此分類。因此，靈界本身無法被視為自然界的延伸。靈界並非位於天空或地下，而是與自然界處於完全不同的次元。

　　地獄即為這樣的靈界。但靈界之中，除了地獄之外，尚有各種天堂，天堂與地獄的中間地帶則有靈的世

界。死後靈魂最初所造訪者，即為中間性質的靈魂世界。人世中特別善良的人類，或是特別邪惡的人類，則不經此中間地帶，逕自前往天堂或地獄，但是尚未達如此程度的大多數人類之靈魂，必定會來到此。

對於中間性質的靈魂世界而言，需要對將前往天堂之靈魂，或將前往地獄之靈魂進行區分。感覺上似乎是在該場所進行死後審判之類的裁判，但史維登保的靈界之中並沒有這種裁判。依史維登保所言，死後之靈會進入天堂或是地獄，皆是基於該靈魂的自由選擇。該處的原則即為如此。史維登保的靈界中，具有相似性向的靈魂們會自然集合，而靈魂們絕對無法偽裝自己的性向。這就如同在靈界時，環境皆由靈魂們的內層所發出一般，靈魂們的內層會直接反映於外觀，故心中有邪惡想法的靈魂，終將會令此性向清楚表現於外。如此一來，居於中間性質的靈界的靈魂們，會根據其性向而回應自身的偏好，形成對惡或善的選擇。此外，中間性質的靈界設有通往天堂與地獄的入口，但個別的入口，唯具前往資格者方能看見，因而靈魂們便自行作出天堂與地獄的區分。

靈魂們的性向清楚表現在外，而被決定應前往天堂或是地獄的期間，是隨個別靈魂狀況而有所不同。死後人類的靈魂約在三日後來到中間性質的靈魂世界，但停留在此的時間，則有數日、數週，或是數年不等。據說最多不超過三十年。

天堂與地獄有幾個共通點。最大的類似之處為其組成──皆劃分為三個階層。與最高天的第三天相對者便是最低的地獄，與中間的第二天相對者則是中間的地獄，與最低的第一天相對者則為高處的地獄。這些階層之中皆有無數的小型社會，而其數量於天堂和地獄中亦為一致。三個階層的配置也有對應關係。天堂之中，一切皆以天堂的太陽位置為東，具有越優秀者，越居於東的特徵，但是地獄則為其相反，越為惡劣者則越居於西。

當然，天堂與地獄的環境自是雲泥之別。居於天堂者皆是天使，雖然沒有羽翼，但過著幸福的日子。他們原本都是人類，便過著如人世一般的日子，雖然偶爾也會發生問題，但是天使們皆有向善的心，也有互助合作的精神。

地獄則相當悲慘。史威登保描寫自己窺見到的地獄景色，有的地獄之中會看到火災燃燒中的住家或是城鎮，在那裡靈魂們隱蔽而居，住在以地獄來說僅為聊備一格的粗糙小屋裡，而這樣的城鎮中，靈魂們彼此相互憎恨，街道中犯罪橫行。此外，有的地獄中則是娼院，污物與排泄物四溢，其他地獄之中則有密林或是不毛沙漠，靈魂們於其中晃蕩。此處有一點要注意的是：墮入地獄的靈魂並不會感覺悲慘。雖然從地獄之外看去，會見到其中熊熊燃燒的火焰，但身處其中的靈魂卻看不見，只單純感到如處於大氣中一般。再者，地獄的靈魂們彼此之間雖然看似人類，但是由天堂的靈魂看來，他們卻都是怪物的模樣。正因為對於這樣的環境絲毫未感

覺不自然，他們才會墮入地獄，此點正為不幸之處。

史威登保也對地獄的邊緣部分作過敘述，地獄最西端的極惡地獄之外為黑暗森林，格外邪惡的靈魂會如野獸般徘徊於此。另外，地獄的各階層中，越往北側則為越恐怖的地獄，但北側之外與西側一樣為黑暗森林，南側之外皆是沙漠。

■ 黃泉 ──────【中】

此為中國古代死者之魂所前往的世界。單純為死後靈魂聚集之用的過渡世界，並非在此進行死後的生活。

公元前722年的《春秋左氏傳》之條文中，有與黃泉有關的記述：黃泉並非位於特別深層的地下，推測應為掘穴即可到達的場所。據書中記載，古代鄭國之王莊公將謀反的母親棄置於城潁，並誓言「不及黃泉，無相見也」，但之後卻後悔了。此番話偶然被進宮的官員聽見，便建言「君何患焉？若闕地及泉，隧而相見，其誰曰不然！」聽聞此言的莊公大喜，依其言行事，而與母親重修舊好。

其他記載中，也有中國古代的礦夫於工作場所被黃泉捲入的內容，均顯示黃泉為較淺層之地下。

■ 黑繩地獄 ──────【佛】

佛教的八大地獄之一，為犯下殺生與竊盜之罪者所墮入的地獄。位居八大地獄上方數來的第二層，大小為縱橫一萬由旬的正方形，高度為兩千七百由旬。

所謂黑繩，即為細繩沾上黑墨，用來拉出直線的器物，為木工等人所使用的工具。黑繩地獄的責罰與此器物有關，獄卒們將罪人們按壓在熱鐵上，再以熱鐵的繩索從身體上拉出成千上百條直線來。之後，獄卒們再使用斧、鋸或刀，將罪人們的身體切割成無數段。

此處還有被夾在熱燙地鐵板與鐵網之間的罪人，或是身著由熱鐵之繩所織衣服的罪人，兩者的皮、肉到骨頭皆被燒至焦黑，骨髓因而為之熔解。巨大地鐵山之間拉著鐵製之繩，罪人亦接受通過鐵繩的責罰。繩下置有沸騰的大鍋，罪人們皆會由繩上掉落至鍋中，遭受烹煮。

人間的一百年相當於刀利天（又稱三十三天）的一日，而此刀利天的一千年則相當為黑繩地獄的一日，但是罪人們要於此地獄度過一千年。以人間的時間算來，相當於約十三兆年。

黑繩地獄的四方有四扇門，其外則附屬有等喚受苦處、㭉荼處、畏熟處等的十六個小地獄。

➡〔六道〕〔八大地獄〕〔十六小地獄〕

〈等喚受苦處〉生前論說錯誤法者所墮入的小地獄。罪人被綁縛於燃燒的黑繩上，從高不可測的崖上，被銳利的鐵刀突刺，再掉落至灼熱之地面。此處有牙齒燃著火焰的惡犬等著啃噬罪人們。

〈㭉荼處〉並非病人卻施用病人使用藥品的中毒患者所墮入的小地獄。

烏、鷲、豬等動物會將罪人的眼球或舌頭拉出，獄卒們則以杵或大斧責打他們。

〈畏熱處〉為貪欲而殺人，搶奪飲食物而令人飢渴者所墮入的小地獄。亦稱為畏鷲處。獄卒們手持杖、火焰之鐵刀、弓箭等追逐，罪人們必須不斷地奔跑，不得停歇。

■驕傲者平臺 ————【但】

但丁所作《神曲》的煉獄中的第一層，此為犯下驕傲之罪者的洗滌場所。此處的亡靈身上皆揹負著象徵驕傲的巨大岩石，在驕傲之罪消失之前，被給與不停步行的試煉。岩石的大小因人而異，但都是極端龐大且沉重。人們與的生前驕傲相反，完全無法抬頭，必須弓身而行。

平臺為沿著煉獄山山腰上岩塊邊緣的道路，沒有可攀登的缺口，以圓周環繞在山腰上，寬度約為人類身高的三倍。平臺的山側崖壁，沿著通道飾有白色大理石的故事雕刻。這些雕刻圖像頌讚謙遜的美德，有受天使告知懷胎的聖母瑪利亞、大衛王、羅馬皇

帝圖拉真（Trajanus）等等。岩臺通道上也有雕刻：最美麗卻向神造反的天使，因而墮入地獄的撒旦、希臘神話中，因為視自己的孩子為寶而向女神自誇，結果孩子全部遭到殺害，自己也被變為石像的妮歐貝（Niobe）、建築巴別塔（Babel）失敗的寧錄、向女神雅典娜競賽紡織的技巧，而被變為蜘蛛的阿拉克涅（Arachne）、繁榮至極之時遭到希臘毀滅的特洛伊城。通道上的雕像每一件都是因為傲慢之罪而致毀滅的事例。

持續步行於此平臺上，滌淨傲慢之罪並向神懺悔者，就能登入通往第二平臺的石階。此處有天使待命於此，將亡靈額上所刻的七個P消去其一，並宣告「虛心的人有福了」的福音。消去一個P之後，亡靈身體會相對感到輕鬆，登上石階或是繼續步行，都會有之前未有的輕盈。

煉獄山越往上行，越是狹窄，因此盤繞其上的平臺，越上端的位置其全

長亦越短，轉折也越急。

→〔苦難之地〈但丁的地獄〉〕〔寧錄〕〔七大罪〕〔聖彼得之門〕〔煉獄〕

■ 賽之河原 ——————【日】

此為日本孩童死後所前往的地獄，一般來說為位於三途河畔。各經典中並無此說法，源於中世紀以後產生的民間信仰。室町時代[67]所創作出的故事《富士人穴》草子[68]，據信為最早提及賽之河原的出處。據故事描述，賽之河原在火口穴之中，其上聚集了二、三歲至十二、三歲的孩童數千人。孩童們於此堆積小石塊，被強風吹倒後，又再次堆起石塊，而火焰馬上從旁噴出，將河原與孩童燒為灰燼。此處會出現慈悲為懷的地藏菩薩頌唱經文，召集孩童，結束他們的苦難。這是雙親辛苦生下，卻未能報恩便在年幼時死去的懲罰，此種苦難要持續九千年。關於賽之河原的起源，有一派說法指出，源自位於京都的鴨川與桂川交匯點的佐比之河原。相傳此地自古便是埋葬之地。

→〔仁田四郎忠常〕〔地藏菩薩〕

■ 三塗五苦 ——————【道】

此為道教的地獄，或用來稱呼地獄的責罰。也寫作三徒五苦。

何謂三塗五苦，眾說紛云。其中說法之一將其寫作三徒五苦，三徒所指為三種惡門之名。三惡門為色慾門、愛慾門、貪慾門，各別稱為天徒界、人徒界、地徒界，皆位於人類體內，

能阻三關之口，斷三命之根，是學仙成道的障礙。五苦也稱為五道門，為色累苦心門（太山地獄苦道）、愛累苦神門（風刀苦道）、貪累苦形門（提石負山苦道）、華競苦精門（填海作河苦道）、身累苦魂門（吞火食炭鑊湯苦道），與三惡門相同，均位於體內，與命根相關。

三徒五苦雖被認為是地獄的苦難，若依此而言，三徒則為長夜徒、寒池徒、搌石徒，五苦為刀山苦、劍樹苦、鑊湯苦、鑪炭苦、考謫苦。

亦有一說，指地獄、畜生、餓鬼為三塗，刀山、劍樹、銅柱、鑊湯、漣汲溟沽為五苦。

■ 冥府 ——————【猶・基】

Sheol，猶太教、基督教的陰間。位於大地之下的大洋「深淵」的更下方。如聖經《詩篇》（Psalms）第八十八章中記載：「因為我心裡滿了患難、我的性命臨近陰間。」，「我算和下坑的人同列、如同無力的人一樣。」，「你把我放在極深的坑裡、在黑暗地方、在深處。」等等，該地具有深穴的印象。古代以色列人的思想中，所有人死後會以被稱作「拉法姆」（Refaim），以影子般的靈魂之姿前往該處。希臘神話中的黑帝斯王國亦為相同黑暗幽寂的地場，死者之魂沒有任何樂趣可言。此處並無如地獄般的刑罰，只作為解放生時勞苦之所。但是冥府的深穴中也有地點的區分，最下層特別深處的部分，是不潔的死者前往之處。

猶太教、基督教的地獄為苦難之地，或天主教所稱之煉獄，以及稱為天國的死者的世界，據信為後代由冥府之中分化而出。

➜〔苦難之地〕〔煉獄〕〔黑帝斯王國〕

嫉妒者平臺 ————【但】

為但丁所作《神曲》的煉獄中的第二層，此為將他人的不幸視作自己的幸福而歡喜，因他人的幸福而氣忿等犯下嫉妒之罪者的滌罪場所。因為嫉妒心為看見他人而起，故此處的亡靈兩眼眼瞼皆被鐵線縫合，穿著窮酸的懺悔服，在盡是岩石的平臺旁乞食一般坐著。

第二個平臺上不時有精靈盤旋飛過，以言語試探亡靈們。這種試煉分為兩種：

其一，為了令其知道充滿慈愛行為的美好，而以代替好友而死的神話中人物的言語，以及「要愛你們的仇敵」等福音中的言語四處傳播。

另一種則是為了令其了解嫉妒所生罪惡之重，以《創世記》因嫉妒而殺害親弟的該隱（Cain）其言語迴響其間。

經歷如此試煉而滌清嫉妒之罪的亡靈們，將能夠登上與來到此處時相同的石階，上至第三道平臺。此石階上有寬容的天使，為亡靈額上刻記的P字消去一個，為以福音之中的「憐恤人的人有福了！因為他們必蒙憐恤。」，「勝利者啊，請開懷！」等語為其祝福。

➜〔煉獄〕〔聖彼得之門〕〔七大罪〕

極樂島 ————【希】

希臘神話中所提及之極樂世界之一。希西奧德[69]所稱的極樂島（希臘名：Macaron Nesoi）位於大地的盡頭奧克阿諾斯河邊，是個一年能結果三次的地方。

據說宙斯之父克洛諾斯掌理此地，於忒拜與特洛伊戰死的英雄，有幾人亦被送往這裡。克洛諾斯雖然被宙斯投下塔爾塔羅斯，但是其後有傳說他已解開了捆綁。極樂島與埃律西昂平原有時亦被視為同一場所。

➜〔塔爾塔羅斯〕〔埃律西昂平原〕

四門地獄 ————【佛】

佛教的八大地獄所附屬之小地獄。一般而言，八大地獄被認為有各自附屬之十六小地獄，但是這十六小地獄眾說紛云，四門地獄為其說法之一。此說之中，四角形的大地獄四方各有一扇門扉，其外側則各有四種，合計十六種的小地獄。各門之外的四種小地獄如後所述。

➜〔八大地獄〕〔十六小地獄〕

〈煻煨增〉此處有淹沒膝蓋的熱灰（煻煨），罪人於其中步行，皮肉與血均燒熔俱焦而爛墜。

〈屍糞增〉此處有糞尿與污泥的河川，罪人們被沉入河中，遭棲息於糞泥中的蟲物咬噬。

〈鋒刃增〉具有刀刃路、劍葉林、鐵

刺林的小地獄。刀刃路為無數的劍鋒向上並列的通道，罪人於上頭步行。劍葉林為具有刃葉的樹林，罪人入內後，微風吹拂，刃葉便如雨般落下。鐵刺林中有無數刀劍突出的樹木，罪人被迫要攀上此樹，攀樹時劍鋒朝下，而下來時劍鋒則朝上。

〈烈河增〉具有流著沸騰灰水河川的小地獄。罪人落下此河，河岸的獄卒們手持鐵杖，將罪人們不停地頂入河中。

■ 眾合地獄 ─────【佛】

　　佛教的八大地獄之一，為不僅犯下殺生與竊盜之罪，更犯下邪淫罪者所墮入的地獄。位居八大地獄之中，上方數來的第三層，大小為縱橫一萬由旬的正方形，高度為兩千七百由旬。

　　眾合地獄的責罰主要是將罪人壓扁，故又稱為堆壓地獄。

　　地獄四周具有許多鐵山，山頭兩兩之間相互連接。牛頭、馬面等獄卒手持武器，在群山之間追趕罪人，而群山會突然合併，將被趕入的罪人壓扁。

　　另外有大片平坦的石塊，罪人被趕於其上，再由獄卒推下岩石壓扁。

　　其他有設置鐵臼之處，獄卒高舉鐵杵並衝撞罪人，將其粉碎。

　　在煮沸的紅銅之河裡，獄卒以帶鉤的武器牽引罪人們，令其沒入河中。

　　有的地方則有葉如刀刃銳利的樹林，樹上有美人出現，誘惑罪人。罪人們見美人後目不轉睛地攀上樹木，

但因葉如刀刃，皮肉便被一一割下。而且罪人攀上樹木之後，美人就在樹下出現，又誘惑其下樹。此樹林中永遠不斷重覆此事，每次上下刀葉之樹，罪人的身體便噴出血液。

　　人間的兩百年相當於夜摩天的一日，而此夜摩天的兩千年則相當為眾合地獄的一日，罪人們要於此地獄度過兩千年。

　　地獄的四方有四扇門，其外則附屬有大量受苦惱處、割剋處、脈脈斷處、惡見處、團處、多苦惱處、忍苦處、朱誅處、何何奚處、淚火出處、一切根滅處、無彼岸受苦處、缽頭摩處、大缽頭摩處、火盆處、鐵末火處等十六個小地獄。

➡〔六道〕〔八大地獄〕〔十六小地獄〕

〈大量受苦惱處〉犯下性行為濫交、窺視他人者所墮入的小地獄。獄卒們用許多鐵串，以各種角度貫穿罪人的身體，作為責罰。

〈割剋處〉以女性之口進行淫亂行為者所墮入的小地獄。獄卒們由罪人的口中打入鐵釘，貫出頭顱，由貫出處快速拔起鐵釘，再由口中自耳朵貫入，並快速拔起，如此反覆不斷進行責罰。此外，亦將熔融之銅由口部注入，燒灼內臟。

〈脈脈斷處〉以殺人、強盜等邪行為樂者所墮入的小地獄。以大筒令罪人口中灌滿熔融之銅，再於此狀態下令罪人大叫，以此作為責罰。

〈惡見處〉奪他人之孩童而進行邪惡性行為者所墮入的小地獄。地獄中罪人與孩童們一起，獄卒在罪人眼前將孩童們的性器官釘入鐵釘，給與罪人們強烈的精神痛苦，再由罪人的肛門注入滾燙的銅液，燒盡其內臟，給與肉體上的痛苦。

〈團處〉與牛或馬進行性行為者所墮入的小地獄。地獄中有牛與馬，令罪人們進行與生前相同之性行為，而牛與馬的體內卻充滿火焰，透過性器官注入罪人的體內，令罪人的身體燃燒受苦。

〈多苦惱處〉男同性戀者所墮入的小地獄。地獄之中有罪人生前所愛之男，但其身體包圍火焰，罪人上前擁抱後，罪人的身體亦一同燒為灰燼。但是罪人會再度回復，並重覆此一苦難。

〈忍苦處〉藉戰爭等機會侵犯他人之妻，再轉予他人者所墮入的小地獄。獄卒們將罪人倒吊於樹木上，於火方燃燒火焰將其燒死後，再反覆進行。罪人一旦呼吸，連肺部也會著火。

〈朱誅處〉與羊或騾進行性行為，對佛不敬者所墮入的小地獄。地獄中充滿鐵蟻，啃咬罪人之肉，深入其體內，連骨與髓一併噬盡，令罪人受苦。

〈何何奚處〉與姊妹進行性行為者所墮入的小地獄。身在於何何奚處之罪人，其發出的痛苦喊叫，可響徹五千

由旬，令應墮入此處的罪人在尚未到達的中途便已聽見。但是，善惡倒錯的罪人卻認為他們的痛苦之聲為歡喜之聲，而強烈希望前進該地獄。他們來到地獄之後，便被熊熊火焰焚燒責罰，而且有不計其數的鐵鳥盤旋，由罪人的表皮開始襲擊，而且肉、骨、內臟，均受到被挖起的苦難。

〈淚火出處〉與觸犯戒律的尼僧進行性行為者所墮入的小地獄。獄卒們將毒樹之刺插入罪人眼中，再以鐵鋏扒開其肛門，注入熔解的白鑞。此外四周充滿火焰，罪人本身亦淌著火焰之淚，並被該火焰焚燒。

〈一切根滅處〉使用女性的肛門進行性行為者所墮入的小地獄。獄卒們將罪人口部以鐵叉撐開，注入熱銅，於耳朵注入白鑞。此外，有鐵蟻啃噬罪人之眼，並由空中降下如雨之刀刃，將罪人碎裂。

〈無彼岸受苦處〉與妻子以外的女性進行性行為者所墮入的小地獄。罪人會受火刑、刀刑、熱灰刑，病苦刑等，依次接受眾多責罰。

〈鉢頭摩處〉身為僧人卻無法忘記俗家時所交往之女性，在夢中交媾，對人們講說淫慾的功德者所墮入的小地獄。周圍一面為鉢頭摩（紅蓮花）的紅色，獄卒們將罪人置於瓶中烹煮，以鐵杵擊搗，令其受苦。罪人在受苦時，環顧四周而見到池塋有蓮花，便想要往前該處獲救。但是，地面上鋪

滿鐵鉤，將罪人的腳撕裂，就算終於到達蓮花處，其背後亦有獄卒等在該處，而以刀或斧拚命擊打罪人，令其受苦。

〈大鉢頭摩處〉非為出家僧而偽稱為出家僧，並且不守戒律者所墮入的小地獄。此處有寬五百由旬，長一百由旬，滾熱白鐵流動其中的河川，罪人落入河裡，身體四分五裂，骨化為石，肉化為泥，受到熾熱之苦。接著，身體將化為魚，而受到鳥類啄食的痛苦。

〈火盆處〉非為出家僧而詐稱為出家僧，又對女性懷有慾念，執著於身邊的生活用品，不行正法者所墮入的小地獄。罪人們自身如燃燒的樹木般起火，哭叫之時，火焰便由口、耳、眼進入體內，令全身遭到火燃。

〈鐵末火處〉非為出家僧卻詐稱為出家僧，而且被女性的舞蹈與笑聲、裝飾品等勾動思想而意淫者所墮入的小地獄。四周被高五百由旬的熱鐵之壁包圍住的小地獄中，降下如雨的灼熱鐵塊，令罪人受苦。

■ 焦熱地獄 ————【佛】

佛教的八大地獄之一，為犯下講述殺生、竊盜、邪淫、買賣酒類、說謊等與佛教教義相違思想的邪見之罪者所墮入的地獄。

位居八大地獄之中，上方數來的第六層，大小為縱橫一萬由旬的正方形，高度為兩千七百由旬。

正如其名，此處為將罪人們焚燒殆盡的地獄，罪人們於赤熱的鐵板上，腹背皆受到燒灼。

有人自下方被串刺而貫穿頭顱，在火焰上不斷遭受炙烤。獄卒之中有人會以鐵棒擊打罪人之肉，也有如肉丸一般被燒烤的罪人。據說亦有被關閉於鐵之城與鐵之房中燒烤者。而且焦熱地獄的火焰較為特別，等活地獄至大叫喚地獄的五層地獄的火焰，與之相比有如霜或雪一般寒冷。

人間的一千六百年相當於他化天（又稱他化自在天）的一日，而此他化天的六千年則相當為焦熱地獄的一日，罪人們要於此地獄度過六千年。

地獄的四方有四扇門，其外則附屬有大燒處、分荼梨迦處、龍旋處、赤銅彌泥魚旋處、鐵鑊處、血河漂處、饒骨髓蟲處、一切人熟處、無終沒入處、大鉢特摩處、惡險岸處、金剛骨處、黑鐵繩摽刀解受苦處、那迦蟲柱惡火受苦處、閻火風處、金剛嘴蜂處等十六個小地獄。

➔〔六道〕〔八大地獄〕〔十六小地獄〕

〈大燒處〉講述「殺生者可轉生至天界」邪說者所墮入的小地獄。除了猛烈燃燒的火焰之外，罪人還受到內心後悔所生之焰焚燒。

〈分荼梨迦處〉主張餓死者可升天說法之人所墮入的小地獄。受到體內噴出火焰之苦的罪人，會聽見某人說有座分荼利迦之池，喝下池水則可消解。罪人們跳入以為是池子，但卻是

滿溢火焰的洞穴之中，受到更加一層的痛苦。

〈龍旋處〉主張斷絕妄、嗔、癡便能進入涅槃之說為假者所墮入的小地獄。此處有無數全身充滿劇毒的惡龍，在罪人身旁疾速迴轉，罪人在受到劇毒之苦的同時，更因磨擦而令身體碎裂。

〈赤銅彌泥魚旋處〉主張世間存在之一切為大自在天所作，並無輪迴轉生等之說者所墮入的小地獄。高熱銅液形成之海裡，有鐵魚棲息，啃噬溺海罪人上半身，令其受到囓咬之苦，而罪人下半身仍在魚嘴之外，遭銅液之海燒灼。海中尚有惡蟲會啃咬罪人。

〈鐵鑊處〉主張就算犯殺人罪，但若該人轉生能升至天界，則殺人非惡者所墮入的小地獄。此處有受苦無力無救、火常熱沸、鋸葉水生、極利刀鬘、極熱沸水、多饒惡蛇等六座巨釜，烹煮罪人們，令其受苦。

〈血河漂處〉認為無論違反戒律多少次，只要苦行其罪就可完全赦免，因此而不以為意，進行傷害身體等苦行者所墮入的小地獄。血河之中有名為丸蟲的高熱之蟲成群，觸及罪人，便令其受到燒灼之苦。

〈饒骨髓蟲處〉不希望進入比目前更好的世界，理所當然認為會轉生至人世，因此破戒，以牛糞點火自焚者所墮入的小地獄。罪人們遭受鐵槌擊

打，如蜜蠟般稠糊，與因前世之罪化為蟲類而墮入地獄之人混合，形成肉山，被點火燃燒。

〈一切人熟處〉信邪教，為轉生天界而放火焚燒山林或草原者所墮入的小地獄。令其父母、妻人、愛人、親友等至親之人，在其眼前遭受焚燒，給與罪人們內心責罰之苦。此種責罰之苦更勝肉體責罰。

〈無終沒入處〉以將動物或人類燒死能取悅於火之理由，認為能因此獲得幸福，並如此作為者所墮入的小地獄。罪人要登入熊熊燃燒之巨大山丘，獄卒將其手、足、頭、腰、眼、腦等身體各部分點燃，各部分皆遭受莫大的痛苦。

〈大鉢特摩處〉認為在供養僧侶的大齋期間殺人能達成願望，並如此作為者所墮入的小地獄。

此處有花瓣中會突出尖刺的紅蓮花，罪人被拋入其中，全身無處不被穿刺，而且由傷口中會噴出火焰。

〈惡險岸處〉主張溺死者會轉生至那羅延天，永遠居住於該世界者所墮入的小地獄。此處大山林立，獄卒們謊稱若能越過此山則可免於受苦，欺騙罪人跑去，但山的彼側為陡立的懸崖，罪人會相繼掉落，被突出於地面之石刀穿刺，並遭焚燒。

〈金剛骨處〉主張人世一切事物的生、滅與因緣無關，相信佛法是蠢事

之說者所墮入的小地獄。獄卒以利刀削去罪人之肉直至骨頭，而骨頭依其罪業，變為如金剛般堅硬。之後，遭罪人欺騙者出現，取其骨，以骨相互擊打，而使罪人受苦。

〈黑鐵繩剚刀解受苦處〉主張人類行為之善惡皆為因緣注定，一切均為因勢利導，因此無需作任何努力者所墮入的小地獄。獄卒以鐵綱縛住罪人，由腳往頭，以利刀切成細塊。

〈那迦蟲柱惡火受苦處〉主張宇宙中沒有人世與陰間者所墮入的小地獄。此處將罪人由頭打入大釘並貫穿之，使其立於大地，再令罪人體內湧出蟲

類，於血管中游蕩、飲血，接著並咬肉而穿出。

〈闇火風處〉主張諸法則中，具有無常之物與一定普遍之物者所墮入的小地獄。在強烈惡風吹襲下，罪人們被吹飛，令罪人們如風車般旋轉不停，身體將如沙粒般粉碎。但是一旦碎裂，不久後又會恢復原狀，一直遭受相同痛苦。

〈金剛嘴蜂處〉主張人間世界為依據因緣所生，故一切只依因緣決定者所墮入的小地獄。獄卒以小鋏，將罪人之肉一點一點相繼撕下，令其受苦，再將其肉放入罪人口中，命自食其身。

■ 地獄過道 ——————【但】

但丁所作《神曲》中，地獄入口的不毛廣場。雖然位於地獄之門內側，但屬於仍未跨越如三途河一般之阿刻戎河的地帶。此為地獄中最為曖昧之場所，因此如相應其位置般，棲息著非善亦非惡、過著非與神為敵，但也不敬愛神的卑劣人生的亡靈們。他們在這個地方無意義地追逐著飄揚的旗子，排作一列，漫無目的不停跑著。四周充滿了牛虻與馬蜂螫刺亡者，因此他們的臉上滿是血漬，一面如此跑著。亡靈們強烈希望能夠渡過阿刻戎河，進入正式的地獄，但是阿刻戎河的擺渡者卡戎卻拒絕這些亡者乘船。

➡〔苦難之地（但丁的地獄）〕〔卡戎〕〔阿刻戎河〕

■ 地獄道 ——————【佛】

佛教的六道之一，前世為惡業者轉生於此接受責罰的世界。具有八大地獄（八熱地獄）、八寒地獄、十地獄、十六小地獄、四門地獄等等的地獄，刑罰亦極為苛烈。

➡〔六道〕〔八大地獄〕〔八寒地獄〕〔十六小地獄〕〔四門地獄〕

■ 邪淫者地獄 ——————【但】

但丁所作《神曲》地獄的第二層，沉溺於不可自拔愛戀的愛欲者會墮入至此。入口有判官米諾斯聽取來到地獄的死者自述罪狀，並且作出應墮入何種地獄之判決，而不限於邪淫者地獄。與第一層之「地獄邊境」（又稱幽域）不同，邪淫者地獄之中吹著暴風，強烈吹襲亡靈們，令其彼此相撞而遭受痛苦。因為風勢十分激烈，亡靈們此起彼落地哭泣聲不絕於耳，其聲響滿溢至邪淫者地獄的入口。但是，全九層共二十三個地獄（包含地獄過道則是全十層共二十四個地獄）之中，此為地獄之第二層，故邪淫之罪似乎並非如此重罪，或許可想作是罪惡之中的最輕者。不可自拔愛戀之罪為人際之間的關係，並非利己之事，但丁以為這是相對而言的輕罪。

與埃涅阿斯相戀的蒂朵（Dido）、色誘凱撒與安東尼[70]的克麗奧佩脫拉（Cleopatra）、成為特洛伊戰爭起因的美女海倫（Helena），以及愛戀海倫而將其擄走的特洛伊英雄帕里斯（Paris）、愛戀特洛伊公主玻麗瑟娜

（Polyxena）而進入阿波羅神殿，並於該處被帕里斯殺掉的希臘英雄阿基里斯、在亞瑟王（King Arthur）[71]傳奇中亦出現，以特里斯坦（Tristan）與伊索爾特（Isolt）[72]的故事而知名的特里斯坦等人，都在此地獄中。

➡〔苦難之地〈但丁的地獄〉〕

■哲哈南木 ─────【伊】

Jahannam，翻譯自猶太教、基督教中地獄名稱的「苦難之地」的伊斯蘭教地獄。

在基督教的說法裡，惡人們死後要前往苦難之地，在最後審判之後，也要在苦難之地接受永遠的苦難；但是在伊蘭教中，死後之魂最初則是前往稱為隔離世界（Barzakh）的地底世界停留，在最後審判之後，善人前往稱作占乃提（Jannat）的天堂，而惡人則前往稱作哲哈南木的地獄。

哲哈南木為燃燒著地獄之火的深穴，或是如無底洞般的場所，在洞穴上有一座名為一刀橋（筆直的道路）的橋樑。在世界末日復活的死者們，將在真神之前秤量生前善行與惡行的多寡，之後渡過此橋。善行多者在渡橋時，四周會有光芒包圍，此人亦如光一般瞬間渡過。但是惡人在渡橋之後，四周則是漆黑一片，墮入哲哈南木的深淵中。在伊斯蘭的世界中，往往將哲哈南木以怪獸具象化，會張開大口吞入罪人。

哲哈南木的苦難基本上是火焰的苦難，罪人們臉部受到炙烤，身體遭焚燒，被迫飲下沸騰滾燙的汁液，以此作為責罰。此外，在哲哈南木的底部，有著會結出如魔鬼頭部般的果實，名為札庫姆（Zakkum）的可怕樹木，罪人們都會大啖此樹的果實。墮入哲哈南木的罪人們雖然要永遠飽受如此痛苦，但是生前若有少許信仰心者，在真神發起慈悲心時，終究還是會從地獄中被救出。

伊斯蘭教的天堂共有八層，地獄則有七層，據稱這是因為前往天堂者要較往地獄者為多之故。

➡〔苦難之地〕〔隔離世界〕〔一刀橋〕〔最後審判〕

■十地獄 ─────────【佛】

八大地獄與另外之二大金剛山，合為佛教的地獄。共有厚雲、無雲、呵呵、奈何、羊鳴、須乾堤、優缽羅、拘物頭、分陀利、缽頭摩等十種地獄。

➡〔八大地獄〕〔地獄道〕

■十六小地獄 ───────【佛】

佛教的八大地獄，各自附屬有縱橫各五百由旬的正方形小形地獄。其位於八大地獄的門扉外側，各個地獄均有十六個。

關於十六小地獄的種類，有種種說法，有的指出八大地獄個別有獨自的十六小地獄，或是全體共有十六小地獄。

《長阿含經》[73]之中，十六小地獄為各個八大地獄所共通，如以後述所列舉。依此說法，罪人於八大地獄之

一受苦之後，會再入十六小地獄中輪流。

➔〔八大地獄〕〔地獄道〕

〈黑沙地獄〉熱風吹襲，灼熱的黑沙（黑色沙石）打在罪人身體上，使其燃燒的小地獄。不可計量的黑沙使罪人成為一片黑色，燃燒皮、肉，一直入骨。四周皆十分炎熱，故令罪人亦由體內燃起火焰。

〈沸屎地獄〉沸騰之屎的鐵丸布滿四周的小地獄。獄卒們追趕罪人，令其緊抱屎球，而讓罪人的身體焚燒。接著再令其吃下該屎球，使罪人內臟亦遭燒灼。也有一說指出，沸屎地獄之中有巨大屎河流經，罪人們被趕入河中，令其飲下臭屎後再嘔吐。

〈飢餓地獄〉令飢餓的罪人們吞下高熱鐵丸的小地獄。獄卒們以鐵鉤撐開罪人之嘴而強行灌入。鐵丸燒遍罪人口內，直到內臟。

〈渴地獄〉令口渴的罪人們飲下高熱熔融之銅的小地獄。如同飢餓地獄一般，罪人由口直到內臟均被燒灼。

〈一銅鍑地獄〉於銅釜中烹煮罪人的小地獄。沸騰的湯液中，將罪人如煮豆般烹至糊爛。

〈多銅鍑地獄〉為具有數座銅釜，於其中烹煮罪人的小地獄。罪人在其中一座釜中遭烹爛之後，獄卒便以鐵鉤拉出罪人移往其他釜中繼續烹煮。

〈鐵釘地獄〉獄卒們將罪人們堆至熾熱的鐵上，打入鐵釘的小地獄。由手腳開始，全身將被打入合計五百支鐵釘。

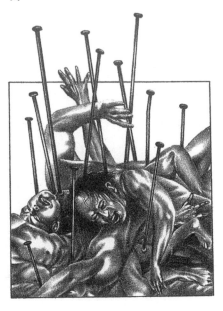

〈石磨地獄〉以巨大岩石研磨罪人身體的小地獄。獄卒們將罪人攤在巨大灼熱的岩石上，再旋轉另一大熱石研磨身體。罪人皮膚綻開，肌肉分離，骨頭碎裂，血液四濺。

〈膿血地獄〉以沸騰的體液或血液等煮至滾燙而形成海洋的小地獄。於其中，罪人們一面大口飲下膿血一面逃跑，皮膚與肌肉遭到燒灼，內臟亦被焚燒。據說此處有名為「最猛勝」，如蜂一般的蟲類，會螫刺逃出膿血之海以外的罪人臉與頭。

〈量火地獄〉燃著巨大業火的地獄。獄卒命罪人以鐵升計量火焰，計量時，罪人的手腳與身體都會遭到燒灼。

〈灰河地獄〉有濃稠沸騰的灰之河流經的小地獄。河底生出無數尖銳的長鐵串，受到漩渦顛覆的罪人們載浮載沉其中，一再遭鐵串刺穿。之後，罪人們雖登上河岸，但此處叢生的草與花均為鐵刀，將寸斷罪人的身體。該地還有獄卒會追趕罪人，將之推倒至熱鐵上，以鉤撐開口部，注入高熱的熔銅，更有狼群前來追趕罪人，迫其攀上劍樹。劍樹上叢生銳利的刀劍，刺入攀上樹木之罪人的身體。而且樹木上有鐵喙之鳥，啄咬罪人的頭顱。

〈鐵丸地獄〉高熱至赤紅的鐵球密集於一處的小地獄。獄卒們會驅趕罪人，使其往熱鐵球之中逃竄，全身遭受燒灼。

〈釿斧地獄〉獄卒們以斧切碎罪人身體的小地獄。

〈豺狼地獄〉有野生狼群棲息而集體襲擊罪人們並啃噬之的小地獄。

〈劍樹地獄〉具有生出刀劍之葉的劍樹之林的小地獄。強風吹襲下，劍樹之葉飛散，交錯傾注於罪人的身體並突刺之，再加上有鐵喙的鳥類飛來，停駐於罪人頭上，啄咬罪人的雙眼。

〈寒冰地獄〉吹襲強烈大寒風的小地獄。遭此風吹襲後，罪人的身體會凍結凍傷，皮膚與肌肉相繼崩落。

▍娑縛羅誐天 ────────【印】

Svarga，印度教的雨神因陀羅（Indra）所掌管的天堂。此處位於地上的中心，妙高山（Meru）上的雲層裡。印度神話中，尚有海中的伐樓拿神（Varuna）所掌管的天堂等，依神的不同而有數個天堂，但是同時身為戰神的因陀羅的天國，則是供給戰死的英勇戰士居住。印度的天堂據說皆是花木扶疏，鳥語花香。此外，嬌小的群神與精靈們，以及那伽（Naga；蛇）等，也隨侍於天國之王身旁。

雖然夜摩之國為眾所皆知的印度天堂，但是後代認為夜摩為地獄之王，印度教的天堂便依此對應。印度自古即有輪迴轉生的思想，天堂是否能永遠住居，則不得而知。

➡〔夜摩〕〔輪迴轉生〕

▍蘆葦平原 ────────【埃】

Sekhet-Yalu，古代埃及的天堂。

古埃及認為死者需接受歐西里斯的法庭審判，被認定為義人者，才能獲得永恆的生命，在歐西里斯所掌管，稱為蘆葦平原或是和睦平原的天堂中，過著幸福的日子。

也有一部分認為此處就是和睦平原的說法，但多數情況下仍稱此二處皆意指為同一天堂。

死者在蘆葦平原的生活，基本上和人世的生活相同。對古埃及人而言，人世的生活便十分幸福，故死後仍希望能維持同樣的生活。所謂人世的生活，即為以務農為主，因此蘆葦平原是個小麥或大麥生長豐饒的理想國。

和睦平原原本不具有天堂的要素，而蘆葦平原則一貫的具有如此形象，但隨著時代推演，此點亦成為和睦平原整體的形象。

《涅布西尼紙草》（the Papyrus of Nebseni）與《阿尼紙草》[74]之中，有和睦平原的圖畫描寫，但是書卷中所言者，亦同本書所述之形象：整體為長方形，內有幾塊肥沃地土地，其間有數條河川流過，乍看之下，應該是以尼羅河下游三角洲地帶的生活為理想所描繪。

河川圍繞的土地隨各紙草而異，於《阿尼紙草》中，水路所圍繞的長方形整體裡有四塊橫長的長方形土地，上下分為四層並列，最下方的土地附屬有兩個小島。此圖畫為依照抵達和睦平原的阿尼的行動，依時間順序介紹，而最上方島嶼中有數位神祇，內容亦描寫阿尼對其崇拜的模樣。第二段中，阿尼已經開始於蘆葦平原生活，曬乾收割的麥草、打穀。第三段則是描寫阿尼以牛耕作的狀況。

第四段裡描述的則非旱田，而是靈魂的住居，左側安坐著靈魂，右側則有兩艘船隻。

但是，縱使農業是心中的理想，仍有王侯或是貴族們等不愛勞動的人們。因此，這些人們在死後會帶著名為巫沙布提的人偶一同陪葬。這種人偶會作為死者的奴隸，因此在到達蘆葦平原之後，據稱人偶就會代替死者勞動並照顧身邊事務。

➜〔和睦平原〕〔歐西里斯〕〔歐西里斯的法庭〕

和睦平原 ─────【埃】

Sekhet-Hetepet，古代埃及的天堂。

稱作「蘆葦平原」的天堂，原本是和睦平原的一部分，但後來占據了和睦平原的全部印象，同時與和睦平原被視為等同於天堂。

但是，和睦平原在古代時本身並非完全具有天堂的特性。在《奴紙草》（the Papyrus of Nu）之中，述說了這種特性。據書卷的描述，和睦平原為位於底比斯（Thebes）近郊的赫利奧波利斯（Heliopolis）一帶，沿尼羅河岸分布的陰間，共分為十四個地區。正如一般所知，古埃及包含皇家金字塔在內，死者均埋葬於尼羅河的西岸，因此陰間被認定位在西方，而和睦平原也不例外，在觀念上與尼羅河流域的都市產生關聯。

這十四個地區之中，一號為充滿水果與麥酒的地區，二號為蘆葦平原，這一帶最近似天堂。但是五號為貧瘠的土地，七號則是火焰的土地，八號為激流沖刷的土地等，看來並非所有區域皆是天堂。

此外，十四個區域個別有守衛看守的大門，死者們若要通過此處，需要專用的咒語才行。此咒語比信仰或是生前的行為還要重要，死者絕對要記

得才行。這是歐西里斯信仰盛行之前的事情，在歐西里斯信仰盛行之後，和睦平原便成為歐西里斯的國度，通過歐西里斯審判的死者將能獲得永恆的生命，得以在被當作天堂的和睦平原生活。

→〔蘆葦平原〕〔歐西里斯〕〔歐西里斯的法庭〕

■ 泰山 ────────【道】

在中國，此處自古以來便被視為死者之靈聚集之地，具有記載人們壽命的原簿，位於山東省。往後此山也被認作地獄。中國的地獄知名的尚有酆都或是羅酆，但是相對於酆都為中國南部的地獄中心，泰山則為中國北部黃河流域一帶所信仰。

泰山被稱為五嶽之首。五嶽配合於五行思想之下，於中央及東、西、南、北搭配聖山，共有東嶽泰山、西嶽華山（陝西省）、南嶽衡山（湖南省）、北嶽恆山（山西省），中嶽嵩山（河南省）。

泰山與傳說中東方海上的蓬萊、方丈等虛構的三座仙山之形象最為接近，更加深被傳說為聖山的思想。

隨時代演變，泰山被認為具有如官府一般的組織首長，稱為泰山府君。原本泰山府君為泰山的山神，亦被稱為東嶽大帝，但此說在後來被分離，泰山府君被賦予如閻魔大王般的角色，東嶽大帝則接近天帝，具有莫大的權威。

→〔泰山府君〕〔酆都〕〔羅酆山〕

■ 貪饕者地獄 ────────【但】

但丁所作《神曲》地獄的第三層，暴飲暴食者會墮入至此地獄。這裡是永遠降著冰冷而激烈雨水的地獄，漆黑的天空上，不停著下大顆的雹、污水、雪，大地發出惡臭。再加上希臘神話中，以地獄看門犬而知名，具有三頭的克爾貝羅斯在此，讓亡靈飽受被撕裂的痛苦。

→〔苦難之地（但丁的地獄）〕〔克爾貝羅斯〕

■ 懶惰者平臺 ────────【但】

但丁所作《神曲》的煉獄中的第四層，此為犯下怠惰之罪者的洗滌場所。所謂怠惰，即為明知其為惡行，卻漸漸被捲入的軟弱，以及滿足於現狀，對於更美好事物不為心動等，諸如此類對於現實抗拒而逃避的態度。

因此，在此平臺的亡靈們必須拚命奔跑，被給與需要不停展現熱誠的試煉。奔跑中的亡靈們必須宣示熱誠之人的事跡，與犯怠惰之罪者的範例。前者，以接領童貞成孕的告知後，急忙奔跑至猶大城（Iuda）中的瑪利亞（Maria），以及將包圍馬賽（Marseilles）交付給布魯圖[75]，為了直取原來目的與龐貝[76]一戰，而閃電行軍至西班牙的凱撒為例。

後者，則以拒絕跟隨以迦南為目的的摩西（Moses）而死絕於沙漠中的以色列人，與並未追隨以羅馬為目標的埃涅阿斯到最後，而無法獲得榮光人生的特洛伊人為例。

其他六道平臺中，亡靈都頌唱祈禱

的詩句，唯有此平臺的亡靈們以不停
奔跑作為祈禱，故這裡並無祈禱的詩
句。

滌清怠惰之罪的亡靈們能登入前往
下一平臺的石階，而此石階有熱誠的
天使，將其額上於聖彼得之門印記之
Ｐ字消去一個。並且以福音「哀慟的
人有福了！因為他們必得安慰」祝福
他們。

➡〔煉獄〕〔聖彼得之門〕〔七大罪〕

高天原 ——————————【日】

古代日本中，死者會前往之天上的
陰間。也被稱作日之若宮。日本人們
認為高山之上的天空，有著高天原之
外的其他陰間，死者之靈會前往該
處，但高天原被認為是特別給天子
（天皇）之靈前往之處。

記紀神話之中，高天原為天照大
神[77]所掌理的天上神國，亦為眾神結
束工作之後的歸返之國，即便伊耶
那岐命在地上結束神的工作後也要歸
天，駐留在日之若宮（高天原）裡。
伊耶那岐命既是為神，工作結束後自
然要歸返高天原，但是身為天照大神
子孫的天子，於生時停留在地上，死後
則居住於高天原。據民俗學者折口信
夫所述，古代日本人的思想中認為，
高天原之中原先就有將成為天子之聖
靈存在，之後聖靈會降於地上，成為
天子，在完成一定的工作後，再返歸
高天原。這種來去的過程，歷代天子
皆然，因此，一般認為天子並非死
亡，只是交替。

➡〔伊耶那岐命〕

塔爾塔羅斯 ——————————【希】

Tartarus，希臘神話中的地獄。此
為希臘陰間犯下冒瀆奧林帕斯眾神重
罪者所墮入最為惡劣的場所。

塔爾塔羅斯原本是卡厄斯誕生出之
原始神之一，但其並非為人格化，而
是經常以場所的形式存在。塔爾塔羅
斯位於大地的最深處，大地至塔爾塔
羅斯的距離，等同於天空至大地的距
離，由大地落下的鐵板要經過九日九
夜持續掉落，到第十日才會抵達。此
外，塔爾塔羅斯四周是以青銅圍欄，
再受到三重尼克斯[78]包圍。青銅圍欄
上有青銅之門，還有三名百手巨人赫
克頓蓋爾看守，誰也無法逃脫。內部
有可怕的巨大深穴，若由門進入內
部，要經歷一年才能到達。

墮入塔爾塔羅斯者頗多。希臘神話
最早期的眾神時代，與宙斯敵對大戰
的克洛諾斯或泰坦神族的眾神，以及
許多的巨人（Gigas）均墮入此地。
英雄時代之後，仍有阿伽門農家族
的祖先坦塔羅斯，欺騙黑帝斯的西緒
福斯，誘惑赫拉（Hera）的伊克西翁
（Ixion），達那奧斯（Danaus）的女
兒們妲奈斯（Danais），雙胞胎巨人
奧托斯（Otus）與厄菲阿爾忒斯等，
均落入塔爾塔羅斯之底遭受永遠的責
罰。

羅馬時代的詩人維吉爾描述廣大的
塔爾塔羅斯被三層障壁圈住，外頭再
圍繞著弗列革呑河。

➡〔赫克頓蓋爾〕

大叫喚地獄 ————【佛】

佛教的八大地獄之一，為犯下殺生、竊盜、邪淫、買賣酒類，還有說謊之罪者所墮入的地獄。位居八大地獄之中，上方數來的第六層，大小為縱橫一萬由旬的正方形，高度為兩千七百由旬。

大叫喚地獄的責罰與叫喚地獄的方法相較起來更為龐大，故會用比叫喚地獄中所用更大之鍋或釜烹煮罪人。道具變大，痛苦也變大，約為罪人們在等活、黑繩、眾合、叫喚各地獄，加上其十六小地獄所受之苦總合更大上十倍的痛苦。

人間的八百年相當於化樂天（樂變化天）的一日，而此樂變化天的八千年則相當為叫喚地獄的一日，罪人們要於此地獄度過八千年。

大叫喚地獄的四方有四扇門，其外則附屬了吼吼處、受苦無有數量處、受堅苦惱不可忍處、隨意壓處、一切闇處、人闇煙處、如飛蟲墮處、死活等處、異異轉處、唐悕望處、迭相壓處、金剛嘴烏處、雙逼惱處、火鬘處、受鋒苦處、受無邊苦處、血髓食處、十一焰處等十八個小地獄。其他八大地獄之小地獄數為十六，大叫喚的小地獄數卻不同，理由不明。

→〔八大地獄〕〔六道〕〔十六小地獄〕

〈吼吼處〉對於自己信賴的故友說謊者所墮入之小地獄。獄卒於罪人之顎開穴，拉出舌頭，塗上毒泥後再予以焚燒，毒蟲則會啃噬舌頭。

〈受苦無有數量處〉對於身為手下之人偽稱會給與獎賞者所墮入之小地獄。罪人們被獄卒擊打受傷，傷口會生出雜草，草之根蔓生而成長之時再將其拔除，令罪人受苦。

〈受堅苦惱不可忍耐處〉國王或貴族對部下為了保身而說謊者，或是利用其地位說謊者所墮入之小地獄。罪人們的體內會生出蛇類，四處竄動，啃噬肉體，咬破內臟，使其受苦。

〈隨意壓處〉為了奪取他人的田產而說謊者所墮入之小地獄。如鍛鐵製刀時一般，獄卒將罪人的身體用火燒烤，以鼓風爐吹風，加強火力，再置於鐵板上，以鐵槌敲打、延展，浸入

瓶中的熱水凝固，再以火燒之，如此不斷地進行。

〈一切闇處〉因非禮婦女而受到審判時，在國王面前說謊脫罪，並反咬對方婦女為犯罪者之人所墮入之小地獄。罪人的頭被剖開，拉出舌頭，將其以熱鐵的利刀割開，舌頭又長出後，再進行同樣的責罰。

〈人闇煙處〉實際上有相當的財產卻謊稱沒有，對於沒有取得資格的事物，藉由與他人瓜分而取得者所墮入之小地獄。罪人被獄卒將身體切為細塊，恢復後又再次切開。此外，骨頭中會生蟲，由體內啃咬身體。

〈如飛蟲墮處〉將由人們手中得到物品以高價販賣，並且謊稱沒有獲利，獨自一人賺取爆利者所墮入之小地獄。獄卒將罪人以斧切塊，用秤量之，再給犬群分而食之。

〈死活等處〉並非出家人，卻作出家人裝扮，欺瞞人而進行強盜者所墮入之小地獄。受獄卒責罰的罪人們眼中會見到青蓮花林，為了求救會走入林中，被該處熾烈的火焰燒死。此外，罪人們的眼、雙手雙腳會被奪走，在無法抵抗下被焚燒。

〈異異轉處〉優秀的法師若能占得完全正確的事物，以取得世人的信賴便罷，但若對於所作之占卜作假，因而造成國土損失或是大人物死亡者所墮入之小地獄。罪人眼前會出現父母、妻子、親友等人，若要求救而上前，則會落入灼熱河川之中遭到烹煮。離開河川後，父母、妻子、親友等人再次出現，罪人又為求救而上前，但這次地面會生出鐵鉤創傷罪人。此外還有盤鋸狀之物會出現，上下切割罪人的身體。

〈唐悕望處〉受到為病痛所苦、生活窮困之人的求助，但是只在嘴上虛應，實際上未作任何事者所墮入之小地獄。罪人眼前會出現許多美食，因受飢渴之苦的而歡欣趨前時，地面便會生出鐵鉤令其受苦，而且看似美食者，實為熾熱的鐵液與糞尿等，令罪人食後受到苦難。此外，假稱供人借宿但卻不予提供的罪人，將被倒吊浸泡於深五十由旬瓶子裡的高熱鐵液中遭到燒灼，以懲其說謊之罪。

〈迭相壓處〉與親兄弟親戚等人相爭時，謊稱與自己親近會有好處者所墮入之小地獄。受罪人欺騙之人會將罪人之肉以鋏扯下，再放入口中咀嚼，令罪人受苦。

〈金剛嘴烏處〉狀似要給受病痛所苦之人藥物卻又不給者所墮入之小地獄。此處有金剛鳥喙之烏會啄咬罪人之肉，遭噬盡的罪人又會復活，而再次遭啄咬。

〈雙逼惱處〉謊稱村民們集合者所墮入之小地獄。牙有火焰的獅子於此啃咬罪人，罪人在其口中不斷遭到咀嚼的痛苦。

〈血髓食處〉以國王或領主的地位徵稅，卻謊稱不足而多徵稅金之人所墮入之小地獄。獄卒將罪人雙足以黑繩綁起，倒吊於樹上，金剛鳥喙之鳥啄咬罪人之足，令罪人飲入自己所流下之血。

〈十一焰處〉以國王、領主、長者之類受人信賴的地位，卻循私情而作出偏坦判斷者所墮入之小地獄。從十個方向有十道火焰在罪人的外側燃燒，罪人體內則有第一十道火焰由口中噴出，焚燒舌頭。

〈火鬘處〉於慶典中犯法而脫罪者所墮入之小地獄。獄卒將罪人以鐵板挾住，不斷重覆，直到成為血泥肉醬。

〈受鋒苦處〉偽稱要布施卻並未實現者所墮入之小地獄。獄卒以熱鐵串刺穿罪人們的口舌，若是說謊，則必定會哭喊哀嚎。

〈受無邊苦處〉身為船長竟然與海盜勾結，洗劫乘船之商人們的財產者所墮入之小地獄。獄卒們以熱鐵之金屬筷拔出罪人們的舌頭。無論拔出幾次，舌頭又會重生，罪人在過程中飽受拔舌之苦。此外尚會被拔出眼睛，以刀削肉之苦。

大焦熱地獄 ——————【佛】

佛教的八大地獄之一，為犯下講述殺生、竊盜、邪淫、買賣酒類、說謊、邪見之外，還玷污童女或比丘尼等清聖者所墮入的地獄。位居八大地獄之中，上方數來的第七層，大小為縱橫一萬由旬的正方形，高度為兩千七百由旬。

大焦熱地獄的責罰為焚燒罪人，此點與焦熱地獄雖然相同，但是其痛苦更加龐大，將給與由等活地獄至焦熱地獄的地獄，以及其小地獄之總合的十倍痛苦。焚燒罪人的火焰高達五百由旬，幅寬達兩百由旬。

墮入此地獄的罪人們在死時的瞬間，與墮入等活地獄至焦熱地獄等地的罪人們不同。罪人們由中有的階梯開始便持續受到閻魔王的苛責，受到相近於地獄中所受之苦。

墮入地獄之後，罪人們要在此遭受

半中劫（幾近無限）的苦難。

大焦熱地獄的四方有四扇門，其外則附屬有一切方焦熱處、大身惡吼可畏之處、火髻處、雨縷鬘抖擻處、吒吒吒齊處、雨沙火處、內熱沸處、普受一切資生苦惱處、鞞多羅尼處、無間闇處、苦髻處、髮愧烏處、悲苦吼處、大悲處、無非闇處、木轉處等十六個小地獄。

→〔八大地獄〕〔六道〕〔十六小地獄〕

〈一切方焦熱處〉 非禮佛教之在家女信眾者所墮入之小地獄。所有地方熊熊燃燒著聳天的火焰，罪人們一直受到燒灼，獄卒更將罪人如書卷般，由腳至頭捲起，所有的血注入頭中時，再以大釘打入頭內。

〈大身惡吼可畏之處〉 非禮已出家，但是尚未成尼的女性者所墮入之小地獄。獄卒以小型拔毛鋏，將罪人全身上下所有毛髮，逐一連肉拔起，令其受苦。

〈火髻處〉 非禮依正道修行女性者所墮入之小地獄。罪人的身體被拉如弓弦般細長，此處有無數有銳牙的蟲類。獄卒將罪人綁住，蟲類便由罪人的肛門插入其體內，在啃噬內臟後，再往上爬，啃食腦部後，咬破頭顱而出。

〈雨縷鬘抖擻處〉 趁國家有難時，對守戒律之尼僧非禮者所墮入之小地獄。無數的刀劍自四面八方突出、旋轉，罪人若是妄動，身體馬上被切

碎。罪人一直如此被殺死又再生。

〈吒吒吒齊處〉 非禮受戒正行的女性者所墮入之小地獄。此處有狂風吹襲抄起罪人，令罪人身體四散各處；或是由金剛之鼠啃咬罪人，直到其如芥子粒般大小為止。

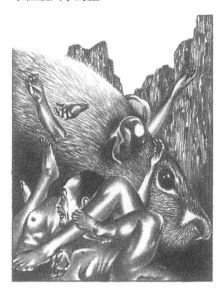

〈雨沙火處〉 非禮剛進入佛門的尼僧者所墮入之小地獄。五百由旬高的大火焰底下，有著以灼熱金剛砂形成之螻蟻地獄，罪人沒入其中後，便會飲下高熱砂粒而被燒灼。而且砂粒中含有無數尖銳的細石，令其全身遭穿刺。

〈內熱沸處〉 非禮皈依三寶、受五戒的女性者所墮入之小地獄。此處有五座火山，地獄被火焰包圍，但只有火山上樹林茂盛，並有池水。罪人們見

狀便疾奔往火山，抵達之後，火山吹起烈風，山中開始沸騰，焚燒大失所望的罪人。

〈普受一切資生苦惱處〉誆騙身為僧侶受戒的女性，給與財物而發生關係者所墮入之小地獄。火焰之刀將剝去罪人的皮膚，再以烈火燒灼之。此外，獄卒會在罪人身上灌注熔融之熱鐵，令其受苦。

〈鞭多羅尼處〉勉強與不喜愛的女性發生關係者所墮入之小地獄。於黑暗之中，高熱的鐵杖如雨般落下，罪人接連遭穿刺，令罪人由體內開始焚燒。

〈無間闇處〉誘惑秉性善良的女性使其墮落者所墮入之小地獄。此處有能咬穿金剛之利牙的蟲類，將罪人之骨咬穿，食其骨髓。

〈苦髻處〉以若不與己發生關係，將對國王進讒言而降罰之語脅迫，誘惑有修為的僧侶墮落的女性所墮入之小地獄。獄卒捉住罪人，以鐵挫刀將肉削下。

〈髮愧烏處〉與酒醉的姊妹發生關係者所墮入之小地獄。罪人身處灼熱爐中，獄卒以鼓風爐加強火勢。此外更將罪人置入大鼓中，再激烈敲打大鼓。

〈悲苦吼處〉無視於特別儀式於進行之中，而與姊妹發生關係者所墮入之小地獄。看似和平的森林中，罪人逃入之後竟有無數生有一千個頭的巨大惡龍反覆咀嚼罪人。罪人在龍口中死後，又會在同樣地點重生，反覆受咀嚼。

〈大悲處〉欺騙修習教典等之善人的妻子或女兒並且非禮者所墮入之小地獄。獄卒捉住罪人後，在如同能將刀磨快的挫刀一般的地板上磨擦，直到身體消失為止。

〈無非闇處〉非禮自己兒子妻子者所墮入之小地獄。沸騰釜中烹煮許多罪人，獄卒以杵擊搗，作成堅實的丸子。

〈木轉處〉非禮救命恩人妻子者所墮入之小地獄。罪人在沸騰的河川中，頭朝下遭到烹煮，並被巨大魚類咬噬。

■ 畜生道 ——————【佛】

佛教的六道之一，位於人道與餓鬼道之間。畜生道、餓鬼道、地獄道為犯下罪行之人所轉生的世界，也併稱為三惡道或三惡趣。

地獄道或餓鬼道基本上位於地下，與人類所住世界有別，所謂畜生即為動物，故畜生道世界與人道有重疊的部分。但是人道與畜生道相比，畜生道較為寬廣，遍及陸、海、空。據說畜生原本的住處為海，但是後來擴展至陸空。此外亦有動物生於餓鬼道或地獄道之中。

堕入畜生道之人中，為生前犯下罪行者，但是畜生的種類總計有三十四億種，各個種類都有不同的因緣。例如：生前犯罪，在行布施之後，發誓來世仍要為夫婦的人會轉生成為鴛鴦、鴿鳥，相隨合樂度日。擊鼓吹號襲擊村莊的強盜者，在堕入地獄受苦之後轉生為鹿，必須時常飽受遭人類追殺的恐怖。此外，為了貪財而殺死龜、鱉、魚、蟹、蛤等之人，在堕入地獄受苦之後會投胎為蛭、蚤、虱等。

➔〔六道〕〔餓鬼道〕〔地獄道〕

伊甸園 ─────【但】

Eden，但丁所作《神曲》中，位於煉獄山頂上的地上樂園，在煉獄中滌清罪惡的人會來到此地。滌罪後的亡靈們並非為了居住此地而來，而是要從此地出發前往天國，伊甸園只是作為前往天國的出發點而已。

伊甸園十分和平，有大片的森林，布滿了花草樹木，兩條小河流經。小河是由伊甸園中的某個泉水中流出，一條稱為忘河，另一條為憶潤（Eunoë）。忘河與希臘神話之中的勒忒河一樣，同為忘卻之河，亡靈飲用此水，能忘卻邪惡之心與罪。憶潤為但丁在《神曲》中所發明的河川，此河具有憶起善心的力量。飲用這兩條河水，則能發揮起始意義的效果，來到伊甸園的亡靈，都必須飲用這兩種河水。

伊甸園與《創世記》之中記載的伊甸園相同，亦有蛇盤踞其上，誘惑夏娃（Eve）吃下果實的高大知善惡樹。但是，自從夏娃的事件之後，此樹便再也不生葉不開花，猶如枯死一般乾禿，而伊甸園中也沒有居民。

但丁與完全滌清罪行的亡靈斯塔提烏斯[79]在貪饕者平臺相遇，與他一同進入伊甸園，他們在森林中流動的忘河畔，是由服侍但丁戀人貝緹麗彩[80]的女性瑪泰爾妲（Matelda）迎接，一同溯川而上，途中有發出令人眩目光芒的隊伍迎接。

此隊伍由數名女子以及二十四名長老所領導，後方有四匹聖獸守護，聖獸鷹獅（Grifon）牽引著凱旋車，車上便乘坐著貝緹麗彩。此處登場的鷹獅有鷹的頭與翼，獅的身體，為古希臘時代為人熟知的聖獸，而四匹聖獸原本即於《啟示錄》中登場，為一種各具有六隻翅膀，羽上附有無數眼睛的奇妙生物。

接受貝緹麗彩如此迎接的但丁與斯塔提烏斯，在她的引領下，喝下了忘川與憶潤之水，作好進入天堂的準備。他們要前去天堂的第一重天月亮天，但是迎接的隊伍以及凱旋車並不同去，但丁與斯塔提烏斯便由貝緹麗彩引導，不使用任何工具，飛升往天堂而去。

➔〔煉獄〕〔勒提川〕

等活地獄 ─────【佛】

佛教的八大地獄之一，也稱為想地獄。位居八大地獄的最上層，大小為縱橫一萬由旬的正方形，高度為兩千七百由旬。

此處為生前恣意殺生者所堕入之地

獄，亡者們在此地殺害彼此，嘗到被殺戮之苦。地獄的亡者們會生出銳利的長爪，具有長爪之人便以此爪相互撕抓，肉體逐漸剝落而死。其他人則是以銳利的刀劍彼此砍殺。不從之人，獄卒便以鐵杖、鐵棒由頭至腳擊打至粉碎。但是，亡者們卻無法死亡，由偶然襲來的一陣冷風吹起後，皮肉便會再生復活，重覆飽受同樣的苦難。風不吹的時候，也會由會獄卒向屍體喊著「活起來吧！活起來吧！」，令亡者們再生。

人間的五十年相當於四天王天的一日，而此四天王天的五百年則相當於等活地獄的一日，罪人們要在此地獄度過五百年。相當於人間約一兆六千六百億年。

等活地獄的四方有四扇門，其外則附屬十六個小地獄，令想要逃走的亡者們迷途。這些小地獄為屎泥處、刀輪處、瓮熟處、多苦處、闇冥處、不喜處、極苦處、眾病處、兩鐵處、惡杖處、黑色鼠狼處、異異迴轉處、苦逼處、缽頭麻鬚處、陂池處、空中受苦處等等。

➲〔八大地獄〕〔六道〕〔十六小地獄〕

〈**屎泥處**〉此處是具有沸騰滾盪之銅與糞尿，混合而成泥沼的地獄，亡者們於其中遭到吃屎之苦。屎味極苦，而且會有具金剛喙之蟲類群起咬下噬亡者肉體。殺鳥或鹿之人會墮入此地。

〈**刀輪處**〉四周圍著高達十由旬鐵壁的地獄。猛火熊熊，並降下熱鐵之

雨。此外尚有樹木上會出上刀刃的刀林所，罪人進入之後，雙面開刃之劍便如雨落下，切碎身體。以刀殺生者會墮入此地。

〈**瓮熟處**〉將動物殺而食之者所墮入之地獄，獄卒將罪人丟入鐵瓮中，煮沸。

〈**多苦處**〉具有一兆種激痛與苦難的地獄，依據生前所犯罪行而處以應受之責罰。將人以繩綁縛，以杖擊打，推落斷崖絕壁，恐嚇孩童，以拷問令眾人嘗到巨大苦痛者會墮入此地。

〈**闇冥處**〉於暗闇中，以闇火不停焚燒罪人的地獄。強風吹襲，熱風如刀將罪人的身體割裂。殺羊或龜者會墮入此地。

〈**不喜處**〉不分晝夜均燃燒火焰的地獄。火焰中有具熱焰喙的鳥類、犬、狐，不懷善意徘徊於此，撕咬罪人的骨與肉，具金剛喙的鳥類則啄咬骨髓。生前吹法螺貝號令殺害鳥獸者會墮入此地。

〈**極苦處**〉位於斷崖絕壁之下的地獄，罪人們不停遭受鐵火燒烤。生前無故殺生者會墮入此地。

▌常世之國 ────────【日】

日本古代位於遙遠海上之外的陰間，也被認為是長生不死之國，與死者前往之國。長生不生之國的說法是

受到中國的神仙思想所影響。蓬萊山在中國被認為是位於海上的三神山之一，為長生不老國度之山，而日本則以「Tokoyo No Kuni」（常世之國）作為「蓬萊山」的發音。因此，常世之國被當作理想國的一種，雖然不知位於何處，但在想像中，該地的橘樹經常能結出飄香的果實。

於文獻登場的常世之國，以《日本書紀》[81]（神代卷）最為有名，與大國主神一同創國之少彥名命，在創國之後，由熊野岬出發前往常世之國。《日本書紀》之中，也有死後之魂前往常世之國的故事，神武天皇之兄於死後，便是渡海前往常世之國。

死者之魂前往理想中的常世之國，此一信仰與日本佛教的淨土觀結合，以熊野為中心擴散的補陀落信仰也因而誕生。根據此信仰，而有準備就死的修行者會乘船划向海上，並投身入水，希望能轉生淨土的風俗，也被稱為補陀落渡海。

也有想法認為常世之國並非幸福世界，而是黑暗的死者之國。此說之代表為民俗學者折信夫，認為常世發音之「Tokoyo」，為「底」與「夜」發音之結合，故常世應為地下或是海底，為黑暗之死亡國度。

■ 杜亞特 ────────【埃】

Duat，古埃及的陰間。於第五王朝左右開始興盛的太陽神拉，在太陽中搭乘「百萬年之船」（Barque of Millions of Years）[82]橫越天空，巡迴地上王國的十二州，並隨著日沒而

死，歿後成為被稱為奧夫的已死亡太陽神後，夜間搭乘「梅塞克德特之船」（Mesektet Boat），行過杜亞特的十二州。十二州與夜間的十二小時對應。但是杜亞特並非位於地上，一般所稱是位於西方，或是傳說位於努恩（太初之水）下方。

進入杜亞特的入口位於古老的古代都市曼德斯（Mendes）附近，但在歐西里斯信仰擴張，歐西里斯將阿比多斯的死神肯提阿門提烏的功能同化之後，便改為在阿比多斯附近。太陽於近處的西方群山缺口下沉，所以該處被作為杜亞特的入口，而稱為「馬奴山」（Manu）。

在此處，杜亞特一般被認為位於北方方位的直線上，整體為圓形，其中有南北縱走之溪谷。溪谷底有河川流經，拉的船航行於河上。此河也會成為努恩的一支，但是源流實為地上的尼羅河，除了杜亞特之外，還會流向天空。杜亞特之中的河川兩側，也有各種居民棲息。這些居民是神，也是人類的死者，在拉尚未造訪之前，於黑暗中只呈現死亡的狀態。每晚當拉來訪，光芒照耀之時，才會重生。但是這些死者們並非古埃及一般的死者。多數的死者都接受了歐西里斯的審判前往天堂，否則就是就地連同靈魂一併被消滅，無法繼續棲息於杜亞特。因此可以推測在杜亞特的死者們，應該是更古老的原始時代開始便一直棲息於此地者。

杜亞特的統治者據說為歐西里斯或拉，端視信仰歐西里斯或是拉而異。根據此點，死者們的杜亞特之旅也多

少產生差異。信仰拉者,理想中死者會與拉一同前往杜亞特,與拉一同復活,在拉的天堂生活。信仰歐西里斯者,拉僅是單純執行將死者送往歐西里斯法庭的工作,理想中死者會在歐西里斯所統治名為和睦平原的天堂中獲得永恆的生命。無論為何者,杜亞特為基本構造此點兩者皆同,以死者而言,避免於杜亞特中再死(死後的再度死亡)為最重要。

埃及的亡靈書中,對於拉信仰最強的《陰間書》(Amduat)裡,將杜亞特的十二州大致劃分為四個區域。首先的第一州為擔任杜亞特序章角色的玄關,而四個區域則各有不同。此處如日沒之後的地方一般,光線雖然微弱,但天空裡仍能感到一絲微光。拉的船順尼羅河流入此處後,河的兩側有九隻猿猴與十二名女神出迎頌讚拉,猿猴各有職責。船上除拉與死者之外,尚有七名神祇與七名女神搭乘,負責掌舵或是瞭望。前方則是進入第二州的大門,此門如同各州的邊境一般,比較之下,受歐西里斯信仰較強烈的《門之書》中,各州邊境也有關門,但時常有乘船的死者由此處下船。死者們要平安通過此門,需要佩戴烏阿契(Uatchit)或烏加特(Udjat)[83]等許多護符,且必須攜帶記載著隨地點不同的咒語的亡靈書。

第二州或是第三州,則是阿比多斯的死神肯提阿門提烏所統治的國度。此處較第一州要來得危險,河中有拉神的死敵,巨大怪蛇阿倍普[84]棲息,不時襲擊船隻。因此,眾神會為了保護船隻免於阿倍普威脅而戰。兩岸有

歐西里斯模樣的眾神待命,這些神將會把死者的巴(靈魂體)或開比特(影子)粉碎後,將其送入監獄,也會將其帶往火焰之地燒死。《門之書》中也描述此處有火焰池以及沸騰的池水。

第四州與第五州則是由傳說中,具有鶖之外形的死神塞克所統治之地,與先前豐饒的土地不同,這裡是不毛的沙漠之地。塞克亦被看作是曼非斯(Memphis)的墓地之神,因此於杜亞特中的塞克領域,也成為如曼非斯一般的景色。附近被濃厚的黑暗籠罩,並有雙頭或是三頭的蛇怪。此處為拉航行之中最大的障礙。而且,杜亞特的尼羅河並未流經此沙漠,故拉的船若要駛入沙漠中,非變成雙頭蛇之姿不可。蛇之船在進入第五州後,會聽見如風暴般的噪音,四處皆是沸騰的池水或燃燒的火焰。這裡會將不幸的死者們切為細末,予以烹煮之後再焚燒殆盡,拉的船一接近,死者們便哭泣嘆息。古代埃及人普遍並無地獄的觀念,但是此塞克的領域卻與他國的地獄相似。

第六州至第九州則是歐西里斯的王國,來到此處後,杜亞特的尼羅河會再次流轉,故拉之船也能不再用蛇的外形,而要以船形前進。歐西里斯的王國有歐西里斯的法庭,於此處將接受歐西里斯的審判的觀念,為信仰歐西里斯者的中心思想。《門之書》中,死者在歐西里斯的王國上岸並接受審判;《陰間書》中,死者則不會上岸,而隨著拉的船繼續航行。

來到歐西里斯的王國的拉之船,必

須要在此處改變航線。歐西里斯原本就是尼羅河下游三角洲地帶崇拜的神祇，杜亞特的歐西里斯王國，亦是位於此三角洲地帶。這意謂著，自阿比多斯附近順杜亞特的尼羅河而下的拉之船，終於抵達了尼羅河的最下游。在此地，拉之船的航向變為東方，開始朝向日出之山而行。歐西里斯的王國中也有蛇或鱷棲息之處，但是其險惡程度遠不如塞克的王國。

第十州與第十一州為凱布利神[85]的王國。凱布利神於拉信仰極盛之時，被視為與拉相同，意指破曉的年輕太陽之神。此地帶也有洞窟，具有會焚燒死者的可怕火焰，來到此地，拉之旅也將近尾聲。《門之書》中的第九及第十州，也如透露出拉之旅平安結束的訊息一般，描述拉的敵人阿倍普被擊退，並被繫上鎖鏈的模樣。

第十二州為杜亞特的出口。

與入口的第一州相同，如受到日落餘照一般，這裡四周被日出前的光線包圍。拉於此完全回復年輕的模樣，之後，為了新的一日而離開杜亞特，啟程往白日之旅。

因此，拉在復活後，與拉一同平安結束杜亞特之旅的死者也會復活，能在拉的天堂中獲得永恆的生命。信奉歐西里斯的人，則會在途中歐西里斯的法庭中接受審判，判定為義人時，則能獲得永恆的生命，在和睦平原生活。

→〔歐里西斯〕〔拉〕〔巴〕〔開比特〕〔和睦平原〕

貪婪者、揮霍者平臺 ──【但】

但丁所作《神曲》的煉獄中的第五層，此為犯下貪欲之罪，以及浪費之罪者的滌罪場所。刑罰的內容是要罪人們伏於地面，一面流淚，同時不停述說與貪欲相反，以清貧與慈愛生活的清高人士的故事，以及因貪欲而陷入不幸的人們的故事。清

貧與慈愛的例子有於伯利恆簡窳的旅舍中產下耶穌的聖母瑪利亞、拒絕賄賂而在清貧中死去的羅馬時代監察官法比里克烏斯（Fabricius），以及將金子拋入因窮困而要賣女為娼的貧戶之中，四世紀時的聖人尼古拉（Nicholas of Myra）[86]等事跡。

貪欲之例則是，《埃涅阿斯紀》故事中，為了財貨而殺害妹妹蒂朵之夫西凱奧斯（Sichaeus）的皮格瑪利翁（Pygmalion）、希望將自己所觸之物皆變為黃金，而在願望成真後卻遭遇不幸的彌達斯王（Midas），以及在約書亞城（Joshua）下耶利哥（Jericho）隨意偷取鎮上財寶而遭打死的亞干（Achan）等人的故事。

就任僅三十八日便死亡的羅馬教皇阿德里安五世（Adriano V）、法國王室初代之王休・卡佩（Hugues Capet）都在此平臺滌清己罪。

在煉獄中的亡靈們若有人心生滌罪的自覺，為了祝福他們，整座山會地震。當但丁造訪此平臺時，恰好有此責罰之魂自覺而引動的強烈地震。此人物為羅馬時代的詩人斯塔提烏斯，自覺淨化己罪之後，便由伏身的狀態起立步行，他在與但丁交談之後才發覺自己已經於懶惰者平臺經歷超過四百年。罪人在此平臺經歷五百年以上，才得以滌罪。

如此已滌罪之人，便被允許得登上前往次一平臺的石階。此石階有公平無私的天使，在罪人額上於聖彼得之門所記之P字消去一個，並以福音詩句「飢渴慕義的人有福了！因為他們必得飽足」給與祝福。

貪婪者、揮霍者地獄 ——【但】

但丁所作《神曲》地獄的第四層，欲望橫流以及揮霍者會墮入的地獄。入口處有希臘、羅馬時代的財神普魯托（Pluto）[87]，一面喊著無法理解的語言，一面監視。地獄中充斥彼此臉

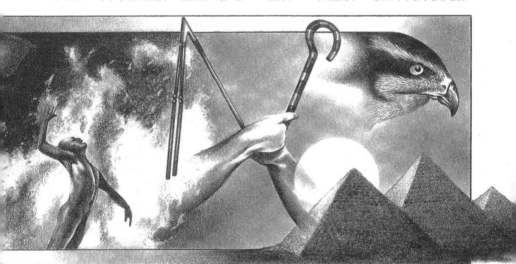

上都被塗黑而沒有區別的貪婪欲望之人，以及揮霍浪費之人，各自以相反方向，人人皆推動著巨大的岩石，在圓周狀的道路上奔跑叫喊著。這兩群人會於通道上的某一點相遇，突然開始互毆，再各自朝相反方向疾行。之後，再次於通道的對側某處相遇，持續著幾乎完全一樣的事情。期間，他們會相互叫罵，喊著：「幹嘛要揮霍？幹嘛要吝嗇？」

➡〔苦難之地〈但丁的地獄〉〕

▌捺落迦 ─────【印・佛】

Naraka，印度的地獄。印度起源的信仰最大宗者為印度教與佛教，而兩者在指稱地獄之時皆使用「Naraka」一詞。漢語翻譯以「捺落迦」表示。

印度教與佛教之中，關於地獄的思想以佛教的內容更為龐大，具有「八大地獄」、「八寒地獄」、「十六小地獄」等許多地獄。

相對而言，印度教在地獄思想則並無特別大型的發展。印度教的經典依古而新，依次有《吠陀》、《梵書》（Brahmana）、《奧義書》（Upanishad）等許多文獻，這些文獻於公元前1500年左右起，在之後兩百年期間接連登場，而其中稱為《吠陀》的文獻之中，除了後期的內容之外，並無意識地獄思想的記述。

但是《梵書》的時代便有清楚的捺落迦意識存在，《由誰梵書》（Jaiminiya-Brahmana）中的「布利格（Brighu Rishi）地獄遊歷」，對於地獄中人類將人類割而食之的狀況有所描述。

《奧義書》以後的時代，地獄思想更為發達，認為夜摩為地獄之王，地獄中有書記官，將死者生前之行為記於記錄簿中加以管理。另外，這個時代名為《毘濕奴往世書》（Vishnu-Purana）之聖典，列舉出二十種以上之地獄名，其所列舉者如下文所述。

➡〔地獄〕〔八大地獄〕〔八寒地獄〕〔夜摩〕

〈羅拉法〉（Rouravam）「恐怖」之意。說謊者或作偽證者將墮入此地。

〈羅達〉（ROdha）「障礙」之意。墮胎者將墮入此地。此外，殺人或殺牛者也將墮入此地。

〈樞卡拉〉（Sookaram）「豚」之意。殺害婆羅門（Brahman，祭司）者，行竊盜者，嗜酒者將墮入此地。此外與這些人交合者也將墮入此地。

〈特亞拉〉（TAla）「掛鎖」之意。殺害屬於第二階級或第三階級之人者將墮入此地。此外，與師母交合者亦將墮入此地。

〈塔布塔昆巴〉（TaptakuNdam）「灼熱之瓶」之意。非禮親妹者將墮入此地。此外，殺害使者身分來者之人亦將墮入此地。

〈塔布塔羅哈〉（TaptalOha）「灼熱之鐵」之意。命妻子賣春，或拋棄自己信仰者將墮入此地。此外，看守

或賭博者亦將墮入此地。

〈瑪哈吉瓦拉〉（MahAjwAlA）「大火」之意。與自己媳婦或親生女兒交合者將墮入此地。

〈拉法那〉（LavaNam）「鹽」之意。不遵從吠陀的教誨或是老師之言，口出穢言者將墮入此地。

〈法魯奧哈〉（VilOha）「迷亂」之意。盜人財物與觸犯法規者將墮入此地。

〈克里密巴克夏〉（Krimibhaksha）「食蟲者」之意。憎惡父親、婆羅門，或神之人將墮入此地。

〈克林伊夏〉（KrimIsa）「食昆蟲者」之意。以魔術加害他人者將墮入此地。

〈拉拉巴克夏〉（LAlAbhaksham）「食唾者」之意。用一般食物祭祀神或是祖靈，或供給客人用餐前，自己先享用者將墮入此地。

〈巴埃達卡〉（BhEdaka）「穿孔」之意。製作用來殺人或動物之箭者將墮入此地。

〈維夏沙那〉（Visasanam）「殺人的」之意。戰爭中製作殺人用之槍、劍者將墮入此地。

〈亞德奧姆庫哈〉（AdhOmukham）「倒反」之意。以不法之方式取得本來非屬自己之物，或以占星術誆騙他人者將墮入此地。

〈魯迪魯安達〉（RudhirAndha）「血井」之意。縱火犯、叛徒、毒殺者將墮入此地。以藝人、漁夫、妻子賣春為生者也將墮入此地。

〈法塔里尼〉（VaitariNI）「渡口」之意。略奪村莊之人將墮入此地。此外，破壞蜂窩者亦將墮入此地。

〈奎師那〉（Krishna）「黑」之意。以詐欺為業，或侵入他人土地者將墮入此地。

〈亞希帕特拉〉（Asipatra）劍葉樹森林」之意。濫墾森林、濫伐樹木者將墮入此地。

〈法尼吉亞拉〉（VahnijvAlA）「火焰」之意。因狩獵而殺鹿者將墮入此地。此外，畜養羊者亦將墮入此地。

〈桑達姆沙〉（Sandamsa）「拔釘」之意。為違背約定或誓言而說謊者將墮入此地。

〈什法巴加那〉（Shvabhojanam）「食犬者」之意。年輕的吠陀學生因夢遺而洩漏精液者將墮入此地。此外教授兒子聖典之人亦將墮入此地。

邪淫者平臺 ──────【但】

但丁所作《神曲》的煉獄中的第七層，此為無論同性或異性，犯下沉溺肉欲之罪者的滌罪場所。煉獄山會由山腰噴出火焰，覆蓋平臺，滌清前進於此之亡靈。平臺的對面則有由斷崖下颳起的風，將火焰吹回，因此只有平臺的右緣得免於火襲。到訪的但丁於前進此地之時，便是在這個狹縫間前進。

在火焰中行進的亡靈們，分為同性戀與異性戀者兩團，同性戀者以順時計方向，異性戀者則反之，繞平臺而行。行進間，他們歌頌尋求貞節的聖歌來作為祈禱，叫喊以貞潔美德而活之人的事例，作為淨化自己的試煉。

其事例有身為未與丈夫行房的處女而懷胎的瑪利亞、將追隨自己，卻懷有宙斯之子的山林女神赫麗凱[88]驅逐的貞潔女神狄安娜（阿爾忒彌斯）[89]等事跡。

相反方向行進的兩團亡靈，在平臺上的某地相交時，會以快速而簡單的擁抱來相互問安。同時，他們的雙眼將叫喊各個消滅邪淫之罪者的事例。同性戀者的亡靈們，會為了反對同性戀之罪，而叫喊天上降下大火而毀滅之所多瑪（Sodom）與蛾摩拉（Gomorrah）之名，異性戀者們便叫出鑽入木製母牛之中，為了與公牛交合的克里特島（Crete）之后帕西法厄（Pasiphae）之名，之後他們再步入火焰之中。

邪淫者平臺為但丁的煉獄中最後的平臺，故於此處滌清罪行之人，將得

以前進煉獄山頂上之伊甸園。前進時必須登上石階，此石階前有火焰的障壁，在其他平臺完全滌罪，不需要在邪淫者平臺中滌罪之亡靈，只能通過此處不可。石階上有貞節的天使，說出「清心的人有福了！因為他們必得見神。」來迎接亡靈，並將亡靈額上所刻記的最後一個P字消去。

如此亡靈便能進入伊甸園中，準備登上天堂。

➡〔煉獄〕〔聖彼得之門〕〔七大罪〕

尼福爾海姆 ──────【北】

Niflheim，北歐神話的陰間。北歐神話之中，宇宙是由上而下，以三層圓形的世界所構成。最上方為眾神所住之阿斯加爾德，中央為人類所住之大地米德加爾德（Midgard），最下方為死者所前往之尼福爾海姆。

支撐三層世界的是一棵名叫伊格德拉西爾的巨大梣樹，樹根延伸向各個世界。

尼福爾海姆在整個世界誕生以前的太初時代就已存在，是黑暗與冰的世界，起初並非死者之國，眾神之手令三層世界誕生之後，惡神洛基（Loki）誕生了三個奇怪的孩子，其中之一為女神赫爾，眾神之手將其投入尼福爾海姆，授予她尼福爾海姆的統治權，往後尼福爾海姆便成為死者所前去的陰間。

但是，並非所有死者皆前往尼福爾海姆。基督教入侵之前的北歐，勇敢戰死的士兵們會被迎接至如同天堂的瓦爾哈拉宮殿裡。因此死者們雖然幾

乎皆會前去尼福爾海姆，但上述者卻例外。

由人類所住的米德加爾德看來，尼福爾海姆位於北方之下的遙遠深處。若是騎馬，必須要在暗不見他物的深谷中連續跑上九天才能抵達。

尼福爾海姆之中有許多河川流經。這些河川由位於尼福爾海姆的中央，名為費格爾米爾的泉水中流出。此泉有世界樹伊格德拉西爾的根伸入其中，裡頭有一隻叫作尼茲赫古（Nidhhoggr）怪龍，咬住世界樹之根。

在眾多河川之中，最為接近赫爾之殿的究魯河，上頭被認為橫跨著一道鋪著黃金的橋樑，死者都要走過此橋。但是，赫爾之殿位於此地之更北方，還有一段相當長的距離。

赫爾之殿被稱為埃流得尼爾（Eliudnis），由高聳城牆以及堅固門扉守護。門邊有陰間的看門犬加魯姆保護赫爾之殿。

由此門進入赫爾之殿後，赫爾會授予陰間的住處。死者們所棲息之處，基本上就是赫爾之殿內部，主神奧丁之子海爾默茲（Hermodr）造訪此地時，曾於赫爾之殿中目擊到許多死者。

但是，北歐的人們認為赫爾之殿與尼福爾海姆是不同的場所。在這思想中，死者首先被送往赫爾之殿，其中的邪惡之人將會通過赫爾之殿，再被

送往下層的尼福爾海姆，接受第二次死亡。

➡〔赫爾〕〔加魯姆〕〔瓦爾哈拉〕〔海爾默茲〕

根來神至 ──────【日】

Nirai Kanai[90]，沖繩中位於大海遠方或是海底的陰間。「根來神至」之「根」，與「根之國」的「根」為同意，有根源的意味，傳說是眾神或祖先所住之樂土，同時也是死者之魂的歸處。住於根來神至的祖靈每年將歸來一次，沖繩便會為此舉行迎接的儀式。

努恩 ──────【埃】

Nun，代表太初之水的古埃及神，具有由人世開始延伸至無限之意。希臘神話的奧克阿諾斯亦為類似之角色，無論大洋或是尼羅河皆歸流於努恩。太陽神拉於天空或杜亞特（陰間）旅行時，船飄行於努恩之上，故有時努恩也有地獄的深淵之意。

➡〔拉〕〔杜亞特〕

根之國 ──────【日】

被認為是古代日本死者所前往的陰間，亦稱為根之堅州國，底之國。

記紀中，受命於父親伊耶那岐命而去統治海原之國的須佐之男命，說出自己其實希望前往母親所在的根之堅州國，自此根之國與伊耶那美命死後所前往之黃泉之國便被視為一同。此外，《古事記》[91]之中敘述，造訪根之國的大國主神逃回地上的過程中，須佐之男命追趕至黃泉比良坡，由此可知，根之國與黃泉之國為相同之地。《古事記》中，根之國以蜈蚣、虻、蜂等負面形象描述，對於由根之國而來之人，則以帶來晦氣者來到形容，皆被認為因為根之國與黃泉之國同樣具有負面形象。江戶時代[92]的國學者平田篤胤亦為將根之國與黃泉之國視為同一場所，認為須佐之男命為王，伊耶那美命則為較次一階之神祇。

但是，就如大國主神將須佐之男的女兒須世理毘売帶回人世一般，活著之人並非被禁止於根之國與人世之間往來。一般而言，根之國為陰間，此點與黃泉之國一致，但相對於在黃泉之國中無法復活，根之國則為掌有人類復活權力的陰間，兩者為完全不同的陰間。

基本上，根之國的「根」字，與沖繩以海上陰間知名的根來神至，亦含有同字，就語源上而言，被認為具有如常世之國般的正面形象。因此，根之國的入口雖然確實位於出雲，卻並非地下的國度，而被認為是由日本看來，位於水平方向之上的國度。但是因為「根」字的關係，也被牽引為樹木之根的形象，因此似乎根之國也有被認為與黃泉之國一樣，同是位於地下的黑暗國度。

➡〔須佐之男命〕〔大國主神〕〔黃泉比良坡〕〔伊耶那美命〕

■八大地獄 ─────【佛】

佛教的地獄。也稱為八熱地獄。由名為等活地獄、黑繩地獄、眾合地獄、叫喚地獄、大叫喚地獄、焦熱地獄、大焦熱地獄、無間地獄等八個巨大而炎熱的地獄，縱向重疊構成，位於人類所生活之贍部州的土地之下。

等活地獄至大焦熱地獄的七個地獄，各長寬面積為一萬由旬（一由旬相當約七公里或十四公里），縱向層疊，由地下一千由旬至深達兩萬由旬處，其下為長寬兩萬由旬的無間地獄。但是，地獄所在位置以及大小有數種說法。

八大地獄皆為正方形，每個熱地獄周邊尚附屬有稱為十六小地獄或四門地獄的十六個小地獄，成為總共擁有一百三十六個地獄的巨大地獄。

正如八大（熱）地獄之名，是以火焰之熱令人受苦，而與八大地獄並列者則有八寒地獄，據傳說該處亦有大小總合一百三十六個地獄。

➔〔六道〕〔十六小地獄〕〔四門地獄〕
（八大地獄請參照個別之項目）

■八寒地獄 ─────【佛】

並列於八大地獄（八熱地獄）之旁的佛教地獄。與熱地獄相反，罪人們在此遭受極寒世界之苦難。共有頞部陀、尼剌部陀、頞哳陀、臛臛婆、虎虎婆、嗢缽羅、缽特摩、摩訶缽特摩等八個地獄。

■黑帝斯王國 ─────【希】

希臘神話的冥界。黑帝斯為希臘神話的冥王，但是其名稱亦可直接指稱意為陰間的黑帝斯王國。

黑帝斯王國的位置自古被認為在世界西方的盡頭，奧克阿諾斯河流的終點，奧德修斯在造訪陰間時，也是順奧克阿諾斯而行。《奧德修紀》描述靈魂的帶領者赫爾梅斯神，將被奧德修斯所殺之潘妮洛普求婚者的靈魂引往陰間的場景中，赫爾梅斯沿著奧克阿諾斯順流而下，經過琉卡斯（Leukas）岩石旁，進入日沒之門，通過夢之國，到達一般亡靈所棲息之水仙平原。

但是，隨時代演變，黑帝斯王國變成位於希臘地下，並且各地均有通往該處的洞窟。其中最有名的是位於伯羅奔尼撒半島南端之泰那隆洞穴，赫拉克勒斯、忒修斯、奧爾甫斯等人均由此進入黑帝斯王國。此外尚有阿爾戈利斯[93]半島上的赫爾米歐涅井（Hermione），本都[94]的希拉克里亞（Heracleia），義大利的庫邁等地，均傳說有通過黑帝斯王國的通路。

黑帝斯王國有幾條陰間之河圍繞，要進入陰間必須渡河。陰間之河有阿刻戎河（禍川），斯提克斯河（誓川），弗列革呑河（火川），勒忒河（忘川）等。歷史上最古老的是斯提克斯河，但是一般觀念中則是阿刻戎河，此河有渡口看守者卡戎，以零錢程度的價格，擔任為亡者擺渡的工作。

渡過陰間之河後，會有陰間看守犬

三頭克爾貝羅斯，監視黑帝斯之殿大門。

希臘神話除了黑帝斯王國之外，尚有數個死者棲息之所，而這些地點的位置關係並不明確。例如，一般而言亡靈會棲息於位於黑帝斯王國內的水仙平原，但是獲選之人會前往的埃律西昂平原或是極樂島，則多認為位於奧克阿諾斯的遠方。

一般認為，在埃律西昂平原或是極樂島棲息的亡靈十分幸福，而棲息於黑帝斯王國之亡靈則否。會前往黑帝斯王國的死靈並非惡人，而是一般的死者之魂，而此處亦無地獄塔爾塔羅斯般的責罰之苦，亡者們如同影子般曖昧的存在，別無樂趣。《奧德修紀》中，英雄阿基里斯之魂也棲息於此，但他面對到陰間尋找他的奧德修斯感嘆，此處為沒有思慮的亡者們的住居，作為如此人民之王，不如在地上居他人之下，擔任小工要來得強。

除了亡靈之外，黑帝斯王國中還住有與陰間關係深厚的眾神。此類神祇有冥王黑帝斯，王妃普西芬妮，赫卡忒，以及厄里尼厄斯、斯提克斯、塔那托斯等等。

此外，聖經裡亦有將陰間稱作黑帝斯的說法。

➲〔黑帝斯〕〔赫爾梅斯〕〔奧德修斯〕〔水仙平原〕〔埃律西昂平原〕

狄斯之城 ──────── 【但】

但丁所作《神曲》地獄第五層與第六層之間的城牆，建築物以圓形圍成，城牆內側為第六層之後的地獄。

這裡即為地獄中的分界，此處之前的地獄為上層地獄，之後為下層地獄。上層地獄與下層地獄之中的罪人種類亦不同，刻意犯下獸性之罪者，被認為較於無知所犯之罪，更要墮入下層地獄。

《神曲》寫作當時的伊斯蘭教勢力極為強盛，歐洲基督教受到極大威脅，反映此一事實，狄斯之城的建築物便具有伊斯蘭教清真寺的圓頂，並且受到地獄內燃燒的烈火影響而染紅，城的四周為看似鋼鐵般的城牆所包圍，該處則有地獄中的狄斯之門，門櫓上有數以千計的墮天使監視來者。希臘神話中登場的地獄女神們，厄里尼厄斯，以及看見其臉孔者全會變為石頭的梅杜莎（Medusa）等亦在此處一帶。

這樣的場所，光是通過就已經非常困難，維吉爾與但丁要通過此處時，必須要獲得天使的幫助才得以通行。

➲〔苦難之地〈但丁的地獄〉〕〔厄里尼厄斯〕

中間地帶 ──────── 【瑣】

瑣羅亞斯德教的陰間之一。經密斯拉、拉什努、斯拉奧沙三神的死後審判，善行與惡行之量相等者所前往之地。位於天堂與地獄中間某處的陰間。

➲〔密斯拉〕〔拉什努〕〔斯拉奧沙〕

出賣者地獄 ──────── 【但】

但丁所作《神曲》地獄的第九層，對神背叛，可謂犯下最重之罪者會墮

入的最下層地獄。

　第八層的罪惡之囊呈現如大型漏斗狀，中央處有深淵，出賣者地獄位於該深淵之底。深淵周圍為陡峭的絕壁，其上端周圍則有數名目露凶光的巨人立於該處。巨人們身長均為十五至十八公尺左右，僅有上半身突出崖外，面向外而立。這些巨人之中，有建築巴別塔的寧錄，以及於希臘神話中登場之厄菲阿爾忒斯、安泰奧斯、提提奧斯、提風[95]等人。

　出賣者地獄位於巨人們所在地點的更深處，為一冰封世界，此處有名叫科庫托斯的永遠冰凍之沼地。科庫托斯以同心圓狀劃分出四圈，其中央由撒旦坐鎮。四圈由外側算來，分別為該隱界、安忒諾爾界、多利梅界、猶大界。

　➡〔苦難之地〈但丁的地獄〉〕〔撒旦〕

〈該隱界〉Caina，科庫托斯最外側的地獄，為該隱之國的意思。於《創世紀》中登場的亞當（Adam）之子該隱，為殺害親弟亞伯（Abel）的人物，因此該隱界便是背叛血親之人所墮入之地獄。在此處，罪人們被浸於

冰冷的科庫托斯冰沼中，淹沒至頸，在冰寒中顫抖。其中亦有全身凍僵，耳朵也被凍落之人。

〈安忒諾爾界〉Antenora，位於科庫托斯第二圈的地獄，為安忒諾爾（Antenor）之國的意思。安忒諾爾為希臘神話山登場的特洛伊人，因為串通希臘軍而讓特洛伊毀滅。安忒諾爾界是背叛故國或同黨者所墮入之地獄，與該隱界相同的罪人們，均在冰凍的狀態下，彼此叫罵。

〈多利梅界〉Ptolomea。位於科庫托斯第三圈的地獄，為多利梅之國的意思。多利梅（Ptolemaeus）為《聖經次經‧馬卡比傳上》（Maccabees I）登場的耶利哥的司令官，背叛了客人並將其殺害。墮入多利梅界者均為犯下此罪的人們，罪人們同樣被浸於科庫托斯裡。但是多利梅界為地獄中最特別之處，在地上犯下遭唾棄之背叛罪者，在生時其靈魂就會被判墮入多利梅界，受到冰凍的責罰。因此會產生靈魂在地獄受到苦難，而肉體於地上生活的不可思議狀況。

〈猶大界〉Judecca。科庫托斯第四圈的地獄，為猶大（Judas）之國的意思。

指出賣基督的加略人（Iscariot）猶大，此處為背叛偉大恩人之罪人所墮入的地獄。與科庫托斯其他圈一樣，這裡有許多罪人們遭冰凍，可見到透明的冰中有許多頭下腳上的罪人們。

猶大界的中央禁錮著撒旦。他位於猶大界中心的冰穴中，胸部以上突出冰外，身體是令人恐懼的巨大，較出賣者地獄外頭的巨人們還要大上許多，全身生滿毛髮。科庫托斯會產生冰凍正是因為撒旦的緣故，他那有如蝙蝠般無羽毛的翅膀，一拍動便會掀起冷風。

撒旦有紅、黃、黑三個頭，據說顏色象徵白人、黃種人、黑人，而且每張嘴中各咀嚼著一名罪人。其中之一為加略人猶大，頭部被撒旦吞入，而只有腳仍伸出在外。其餘的兩人是背叛凱撒的布魯圖與卡西烏[96]，他們的腳被吞沒，露出頭部。

撒旦位於地獄中心最底部，但其位置亦為地球以及重力中心，將撒旦代替梯子攀爬而下，通過冰穴之後，此時會看到撒旦為下上顛倒，以腳在上的模樣直立。由對側而出，此處為煉獄的世界。撒旦的頭側為北半球，足側則為南半球。

隔離世界 ──────【伊】

Barzakh，伊斯蘭教死後人類靈魂所前往之地。有「地中世界」的意思，也可以指「墓」。伊斯蘭教中，人類死後並不會立刻前往天堂或地獄，而是在最後審判之後，才作天堂與地獄的區分。因此，人類死時到最後審判之間所待的地方，便是隔離世界。

人類死後進入隔離世界時，該夜會有兩名天使出現，對此人作數項質問，確認死者的信仰。死者根據如何回答質問，之後的境遇亦產生絕大不

同，於此質問之後，直到人世末日之時而復活的期間，死者們便被留置於隔離世界。

處於隔離世界的死者在復活之日前，並非一直睡眠。伊斯蘭教中，活於人世之間有睡眠的狀態，而在死後則是清醒的，因此在隔離世界所發生的事物，全部皆為幻想而非現實，但感受卻逼近真實。此外在隔離世界期間，死者不屬於地獄，也不屬於天堂，但仍會預感自己將前往不同的世界，而產生天堂或地獄般的體驗。

隔離世界的死者們會在世界末日復活，但究竟是何時卻不清楚。當時候到來時，天使伊斯拉菲爾將會吹響兩次號角。最初的號角讓所有隔離世界的死者之魂均失去意識，此外在地上活著的人們也會全部死絕，群山崩落，地上夷平。之後第二響號角響起，所有人將會復活。久待隔離世界的人們，其骨與肉雖早已化為塵土，卻仍會以在生時的模樣而復活。之後，復活的死者們集體前往神的底下，於該處接受最後審判，決定被送往天堂（占乃提）或是地獄（哲哈南木）。

末日會對所有的生物同時而平等的降臨。因此，死後之魂會因為在何時死亡，待在隔離世界的時間也會不同。有於隔離世界待上數千年的人，也有數百年或是更短的人。但是末日時，復活的死者回顧之後發現，就算在隔離世界待得再長，也覺得十分短暫。究竟感受上會有多麼短暫，端視其為善人或是惡人而定。若為善人，在隔離世界經過的時間便會感覺漫長，對於惡人，數百年則亦會感到猶如十日，更極端者甚至會有僅一小時之感。

這是因為滯留於隔離世界期間，死者之魂並非處於睡眠，而復活的人們已經歸屬於永恆的時間之故。經過最後審判的人們，之後便會永遠停留在天堂或是地獄，而復活的人們因為已經置身於這樣偉大的時間之中，所以活於現世的時間，或是滯留於隔離世界的時間都會覺得短暫。

→〔最後審判〕〔哲哈南木〕

中有[97] ────────【西・佛】

此為佛教中人在死後至下一個新世界誕生之前的死亡期間。佛教認為，全宇宙有天、人、阿修羅、畜生、餓鬼、地獄等六個世界（道），人世的生活被認為會在這六個世界之中永遠反覆進行輪迴轉生。反覆輪迴轉生的生物之生存方式，可分四個階段，出生瞬間為「生有」，活著期間為「本有」，死亡瞬間為「死有」，死亡之後到轉生之前的期間為「中有」。為惡之人依然會墮入地獄，但那意謂著人在死後誕生於地獄道，而人在死後並於接下來的地獄道誕生之間的期間，就是中有。

如同日本亦有七七之忌一般，認同中有的佛教風俗擴展至全亞洲，但是佛教之中亦有完全否定中有存在之派，佛典之中也少有詳述中有者。人類於中有期間，將依序前往稱為十王的十名閻羅王之殿，有名為《地藏菩薩發心因緣十王經》的經典描寫，此

經為佛典之中提及中有的少數代表，因此後代的中國或日本視其為偽經。

但是，西藏密教的特質中，卻具有非常重視中有的思想。

西藏語中有的發音為「Bardo」，西藏密教根據死者在中有期間如何經過，而決定是否於輪迴轉生之中逃脫（解脫）。輪迴轉生為佛教的基本思想，但是這並非是其所想望，而是迷失的狀態。因此，能夠進入脫出輪迴轉生的「涅盤（Nirvana）」，才是所有佛教的目的。據此，人類以什麼理由進入輪迴轉生便成為問題所在，一般而言於佛教中，會歸因於「業（Karma）」。業在現今一般大乘佛教中，認為是心與身體一切行為的總和。此種業若是偏向善，則會應此而轉生向善的世界，若是偏惡，會應此而轉生向惡的世界。

西藏密教也很重視業。雖然其認為十分清高之人以及十惡不赦的極惡之人均不存在中有，十分清高之人〔優秀的瑜伽（Yoga）實踐者〕於死後能夠直接進入涅盤，而極惡之人則是於死後即刻墮入地獄。如此這般的人物並非一般大眾，因此，西藏密教認為渡過中有是極為重要之事，又因為會有對應業而進入涅盤之可能性的差異，於是密教認為，依據渡過中有的方式，可使人人皆能脫離輪迴轉生，進入涅盤。

基於此種思想，西藏密教之中，一本世人熟知的經典《西藏生死書》[98]裡，對於死者在中有期間會體驗到的事情以及如何應對的心法，作出詳細解說。

據報告，現今稱為《西藏生死書》的經典約有十種左右，但其中則以用藏語寫成的《中有聞教解脫》（Bardo Thotrol），對於中有記述最為詳盡，也被廣為閱讀。

根據此書對於中有之記述，將中有大致分為三階段[99]。第一為臨終中有（Chikai Bardo），第二為實相中有（Chonyi Bardo），第三為投生中有（Sipai Bardo）。此三階段在人死之後的四十九日內依序體驗，人會見到各種不同之形形色色幻覺。此種幻覺全部是由死者本身惡業所引起的幻視，它們將迷惑死者之心，負責誘導前往應往之輪迴轉生。若能悟得這些幻覺皆是幻視，心中保持無的狀態，死者就能逃脫輪迴轉生，但是這方法十分困難。因此《西藏生死書》的角色，便是讓人於生時藉由此書對於中有作好心理建設。此外，經歷死亡過程時，若能聽見宗教上的導師或親友朗頌記載於此書的祈禱經言，則該死者在理想之下便能解脫，就算不能達成，也可以促成較好的轉生。

那麼，死者們在四十九日的中有期間，究竟會有何體驗？後文將依《西藏生死書》所言，對於三階段之中有進行介紹。

➡〔十王〕〔輪迴轉生〕〔寂靜尊〕〔忿怒尊〕〔閻魔王〕

〈臨終中有〉 在西藏密教裡，認為人是由五種元素（土、水、火、風、空）構成的血肉之軀，以及微細的意識之流，即風息（Rlung），此兩種層次。司掌生命或意識活動之風息，

在人類活著期間流竄全身，但在人死而停止吐息之後，其流動會聚集於身體中央的脈管（nāḍī）上，稍後便由身體而出。此時，風息由身體的哪一部分外出便極為重要，若能由頭頂的梵穴（Brahmarandra）出去，那麼此人便得解脫。但風息於梵穴外出的狀況極為稀有，多半的狀況是由眼、耳、尿道等穴外出。在此狀況下，該人仍不得解脫，將維持於中有裡。

當人於外在的吐息停止，生命的風息仍在身體中停留之時，便稱為臨終中有。此種狀態會因死者之業而有不同，一般會維三日至三日半之間。於此期間，人處於彌留狀態，而當風息出人體的瞬間，將會再回復某種感知。於此當時，死者會如從前一般，看見親人以及周遭之人。因此，這一瞬間的死者尚不清楚自己是否已經死亡。

〈實相中有〉風息離開身體之後，死者成為一個意識體，能看見各形各色的幻視。能看見美麗的光，平靜之佛（寂靜尊），或是駭人之神（忿怒尊）等等。

這些現象會因死者之業而有各種不同形象產生。會有模樣清晰的佛姿，也可能會有不明究竟的不定之形。無論是何者，在大多數的情況下，這些現象都是死者的錯覺，皆是死者本身意識的投影，只要死者在這個時點注意不要為其所惑，便能得解脫。如果不加留意，死者便會依然停留於中有之間。

此階段被稱為實相中有，最長會持續十四日。在這十四日中，各種形象會依固定順序出現。

起初的六日間，會有被眩目光芒包圍，稱為寂靜尊的群佛出現。第一日為毘盧遮那佛[100]（Vairocana），和女尊虛空法界

自在母（AAkaa'sadhaatii'svarii）
一同出現。第二至五日，則是
金剛薩埵（Vajrasattva）、寶生
佛（Ratnasambhava）、阿彌陀
佛（Amitabha）、不空成就佛
（Amoghasiddhi）之諸如來各自引領
群佛出現。第六日則皆為寂靜尊出
現。此外，期間尚有眩目的群佛，同
時亦會有代表天、地獄、人、餓鬼、
阿修羅、畜生等六道之暗光依次出
現，第六日時，則所有六道暗光一同
出現。亮光與暗光是為了藉此測試在
中有裡飄蕩之意識。死者在這時會發
現眼前所有的形象均為幻覺，如果接
受諸佛所發出之亮光，死者就能解
脫。但是，這亮光十分強烈，讓人心
生恐懼，暗色的六道之光則容易讓人
感到親和，故死者若是接受暗光，便
會依然在中有之間徘徊。

如此到達第七日時，並非寂靜尊亦
非忿怒尊之持明者（Vidyadhara）的

神群出現。此外，畜生道的暗光也會
出現，如果死者至此仍不能頓悟，則
依然會滯留於中有。

第八日至第十四日，死者會見到五
十八忿怒尊的神群。忿怒尊是沉穩之
寂靜尊改變外貌，成為可怕盛怒的模
樣。例如，於第八日出現之佛部嘿嚕
嘎（Buddha Heruka），身體為暗褐
色，具有顏色各不相同的三個頭，伸
出六隻手，四隻腳，以九隻眼睛瞪視
死者。至第十四日，所有的忿怒尊
會以可怕的閻魔王之姿出現，威嚇死
者。而且這些眾神，巨大者猶如天空
一般，中等程度則如同須彌山，小者
也有人類十八倍身高。見到如此可怕
姿態的眾神出現，死者會因恐怖與戰
慄而不能自已，一再失神，幾乎不可
能頓悟。當然，雖然仍有極微小的機
會得以頓悟而解脫，但是能夠頓悟之
人幾少，便依然持續徘徊中有之間。
然而，曾為密教的修行者，或是信仰

密教之人，無論程度有多淺薄，都能在此階段得以頓悟。

〈投生中有〉於實相中有之間無法頓悟的死者，會來到中有的最後階段——投生中有。此期間最長將持續二十一日，但是此階段的死者們已經受各種業所反映之幻影所惑。死者的前方聳立著難以承受的巨大恐怖陰影，聽見「打死你」或是「殺死你」等可怕聲響。罪孽深重者則會出現地獄群鬼，一面發出「殺啊」、「打死你」的叫喊，一面追逐。強烈暴雪或豪雨吹襲，山岩崩落，湖水氾濫，遍地燃燒如天地異變般令死者受苦。切實實踐佛陀教誨之人，則能夠體會各種愉悅的經驗。

之後，死者們面前將出現閻魔王。其身旁有名為畢舍遮（Pisaca）的鬼，細數死者生前所為之惡行。此時就算謊稱「我沒有作壞事」也無用。因為閻魔王的業之鏡會將生前所行之種種全部照映出來。

接著，死者們會應其業而接受懲罰。閻魔王會將死者頸部以繩縛住，拉斷其身體，舐食其血淋淋的腦漿。

就算來到此階段，假使死者仍能頓悟一切皆為幻影，則可得解脫。而來到這裡仍未能頓悟的狀況下，對於死者最重要的，莫便過於得以更好之轉生。

此時死者面前將出現六道所發出的光芒。每道光芒皆微亮，天道為白，阿修羅道為紅，人道為青，畜生道為綠，餓鬼道為黃，地獄道為灰黑色。同時，死者的身體也會受到即將轉生

世界之色的牽引而去。當然就算在此階段，能夠頓悟一切皆為幻影的死者，依然擁有可以解脫的可能性。但是，死者至此現下最重要之事，應是盡可能地往更好的世界轉生而去。重點便是正確選擇胎之入口。胎即為母親之胎內的意思。若能慎重選擇，就算無法脫離輪迴轉生，也能夠前往佛法伸張的世界。

如此這般，選擇了母親之體的死者，終能得以於新世界重生。

■ 不歸之國 ——————【美】

蘇美、阿卡德[101]、巴比倫尼亞等古代美索不達米亞的陰間，也被稱為「黑暗之國」。古代蘇美、巴比倫尼亞神話之中的原始神之一，代表淡水的阿卜蘇，被認為會匯流於大地之下，而不歸之國的所在，即為阿卜蘇的下方。由地上前往陰間的途中必須跨越此河不可，而冥河阿卜蘇之流，別名被稱為弗布魯河。

關於陰間的模樣，在《伊南娜下降冥界》（Inana's Descent to the Netherworld）、《吉爾伽美什史詩》（Epic of Gilgamesh）等書之中可知一二。依書中描述，不歸之國有七道門，各有可怕的守門人。其中第一道門名為剛則門（Ganzer），守門人為涅堤（Neti）。涅堤的模樣並不清楚，但是各守門人之中被描述有身上長有尖銳如鷹爪的人，會攻擊來訪者。

七道門各住有陰間的死者以及陰間的眾神。眾神的代表是統治陰間的女

王厄里什基迦勒（Ereshkigal），以及她的丈夫內爾格勒（Nergal），他們住在如天青石一般的輝煌宮殿裡。其他尚有負責書記的卑利特塞利、仕奉女王的納姆塔爾，還有精靈葛魯拉（Galla）。

來到陰間的死者們，會根據卑利特塞利的紀錄而接受審判，獲准於陰間棲息，但是生活卻完全的悲慘。陰間是一個沒有光的黑暗之國，死者們的食物只有塵與土。在吉爾伽美什為了找回失去的摯友恩奇杜（Enkidu）而前往陰間的神話之中，恩奇杜只有影子返回地上，神話並指出陰間裡死者的生活受其生前所為莫大影響。

於地上拚命生活，扶養許多子嗣的人，在陰間就能過著愉悅的生活；如果子嗣稀少，就只能以麵包與水度日。有五個孩子的人可以過著如書記一般的生活，有七人者則能與眾神一同享受音樂。比雙親早死者，連飲水也不被允許，不婚而死者將只能永遠過著哭泣的日子。此外於戰場慘死者，無法在陰間覓得安息的場所。

生人若要進入不歸之國，會非常危險，即便是天上眾神亦是如此，因此有許多必須遵守的規定。在成為陰間之王以前，仍屬於天上神祇的內爾格勒造訪陰間時，其父艾阿（Ea）（又作埃努）告誡在陰間不可坐椅歇息，不可飲食，不可以陰間之水濯足，女王厄里什基迦勒就算為了沐浴而裸身，也不可受到誘惑。

英雄恩奇杜在前往陰間時，吉爾伽美什也給與多項告誡：往前陰間時不可穿華美衣物，不能用好香油塗抹身

體，在陰間不可投擲長槍，不可以持杖而往，不能穿涼鞋，不可親吻已身在陰間的愛妻或是兒子，也不可觸碰他們。一旦觸犯這些規則，就再也無法逃離陰間。

➡〔伊南娜〕〔厄里什基迦勒〕〔內爾格勒〕

憤怒者地獄 ————【但】

但丁所作《神曲》地獄的第五層，犯下無故遷怒他人之罪者會墮入的地獄。此地獄之全貌是與希臘神話中同名的地獄河川，斯提克斯河，所形成的沸騰沼地。亡者們皆在泥水中遭受苦難，而且彼此會反目，怒不可遏地相互毆打、撞擊對方，因此四周響徹亡者的淒厲叫喊。

與《神曲》其他層的地獄一樣，斯提克斯的沼地呈圓周狀，要往地獄深處前進，就非得跨越沼地不可。地獄入口的阿刻戎河有卡戎把守渡口，而斯提克斯則由希臘神話中登場的弗勒古阿斯擔任把守者。跨過沼地後，就是狄斯之城，前方則是下層的地獄，故斯提克斯的沼地也扮演著第二個地獄入口的角色。

➡〔苦難之地〈但丁的地獄〉〕〔斯提克斯河〕〔狄斯之城〕

憤怒者平臺 ————【但】

但丁所作《神曲》煉獄中的第三層，此為犯下憤怒之罪者的滌罪場所。憤怒讓人的視線不清、判斷錯誤，壓抑了自然的感情，因此在此平臺上的亡靈們都被濃厚的煙霧包圍，

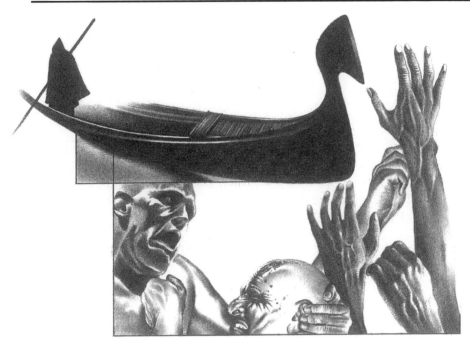

必須在伸手不見五指的狀態下，不斷地祈禱。其間，他們會受到於眼前似乎真實發生的幻影的試煉。這種試煉分為兩種。

一種是與憤怒相反，表現出平和之人，如雅典僭主佩西斯特拉托斯[102]（Pisistratus）的女兒受到一個陌生青年出於愛慕的擁吻，但給與寬容的畫面，以及司提反（Stephen）遭異教徒們投石，卻仍向神請求寬恕他們，而於祈禱中死去的畫面。

另外一種則是犯了憤怒之罪而受罰的事例，如自己的丈夫侵犯了妹妹，在憤怒下將兒子殺了作菜給丈夫吃，被懲罰化為飛鳥的普洛克涅（Procne），以及思念與埃涅阿斯交戰中被殺的兒子圖爾諾斯

（Turnus），憤怒之餘因而自殺的母親阿瑪塔（Amata）等等故事。

經過如此試煉而淨化憤怒之罪的污穢靈魂，便得以登上前往第四平臺的石階。此石階上有平和的天使等待，將亡靈額上在聖彼得之門所刻記的 P 字消去一個，並以福音中「使人和睦的人有福了！」詩句給與祝福。

●〔煉獄〕〔聖彼得之門〕〔七大罪〕

■ 幽域 ─────── 【但】

Limbo，但丁所作《神曲》地獄的第一層，也譯作「地獄邊境」。位於以圓形環繞的阿刻戎河內側，未受基督教洗禮者以及雖然有德行但為異教徒者皆會墮入此地。對中世紀的基督

教而言，基督教徒以外之人皆會墮入地獄，因此生於基督誕生以前的人們，必定不會是基督徒，便會全部墮入此地中。但是其中亦有許多具有德行的高尚之人，為此但丁便說：於基督教出現之前的人們之中，也有許多高尚之人，他們被置於此一不存在一般地獄刑罰的幽域之中。幽域裡建有高貴城堡，死者們居住於該處，過著雖然並非幸福，但是亦不受責罰的生活。在此處的人，有希臘、羅馬時代的偉大哲學家、演說家、詩人等等，如荷馬[103]、亞里士多德[104]、柏拉圖、蘇格拉底[105]、西塞羅[106]、歐幾里德[107]、托勒密[108]等人。但丁在遊歷地獄與煉獄之時的引導者，羅馬時代的詩人維吉爾，原本亦是住於幽域之中。

基督教舊約聖經裡登場的亞當，以及其子亞伯，因大洪水而著名之諾亞，《出埃及記》的摩西（Moses）、希伯來人祖長之首亞伯拉罕（Abraham）、大衛王（David）、以色列[109]等人，也都是幽域的居民。這些舊約聖經中的偉人們，在久遠之前曾獲得基督下地獄的拯救，現在已經住於天堂，於《神曲》中登場之維吉爾會對於這狀況作出說明。

➔〔苦難之地〈但丁的地獄〉〕〔維吉爾〕

貪饕者平臺 ────【但】

但丁所作《神曲》煉獄中的第六層，此為犯下貪饕之罪者的滌罪場所。不單純只是暴飲暴食者，經常挑剔美食者也在此。正如為貪食者所設

之煉獄一般，此地的亡靈們受飢渴交迫之苦，形體乾瘦，目眶凹陷。

平臺上有兩株結實纍纍的果樹，以及一道小瀑布所流瀉的河水，樹木之中的一株，是由伊甸園裡的知善惡樹所分株而來。這些樹木會發出聲音阻止亡靈們飲水，也不能吃食。這是給與亡靈的試煉，訴說實踐節德之人以及因貪饕之罪而受罰之人的故事。實踐節德之人有耶穌之母瑪利亞、拒絕巴比倫尼亞王所提供飲食而獲神賜予智慧的但以理（Daniel），以及吃蝗、野蜜果腹的使徒約翰（Ioannes）等人為例。因為貪饕而受罰者，則有在庇里托奧斯的婚禮上因醉酒發狂，最後被忒修斯等人所殺的肯陶洛斯人，以及在前往敵陣途中的河邊，不警戒四周便跪下飲水，而被質疑戰士資質以致於無法參戰的基甸（Gideon）的手下等人的事例。

經過如此試煉而淨化貪饕之罪的亡靈，得以登上前往下一平臺的石階。此石階上有節德的天使在此，將亡靈額上刻記的 P 字消去一個，並以「如此燦然受天恩俯照的有福了。飲食之欲，不會在他們懷中不羈地浸漫；他們飢餓時，也不過求其所需」的福音，給與祝福。

➔〔煉獄〕〔聖彼得之門〕〔七大罪〕

酆都 ────【道】

道教陰間的首都。也稱為羅酆。原本是位於中國北方海上一處虛擬地名癸地的羅酆山上，但是後來被當作是四川省的酆都。

酆都三十六獄 ————【道】

存在於道教陰間首都酆都的地獄。酆都羅山的中央為總都阿鼻無間地獄，東西南北各配置有九獄，共三十六個地獄。地獄名稱為，東方之天一、監天、平天、虛天、皇天、九天、元正、刑正、太真，西方之鐵車、鐵馬、鐵牛、鐵驢、鐵錐、鐵床、鐵杖、鐵鏘、鐵鍱鏁，南方之流火、火丸、火箭、飛火、燒腳、火象、然身、元平、禁罰，北方之玄沙、北玄、女青、河伯、幽玄、累劫、律令、糞尿、冰池等。

→〔酆都〕

酆都二十四獄 ————【道】

存在於道教陰間之首都酆都的地獄。二十四獄的名稱隨各經典而異。《四極明科》之中為藍天、玄沙、無上、太真、虛無、火庭、毒刃、寒夜、律令、風刀、九幽、刑正、太平、清沼、玄陰、天玄、天一北、三十六天、元正、河伯、禁罰、黃天、累卻、女青等。

《要修科儀戒律鈔》之中則是金槌獄、鑊湯獄、拔舌獄、五牢大地獄、大檻獄、酆都獄、八闢獄、迷犂獄、北寒獄、火山獄、碓地獄、黑闇獄、大劍獄、燋火獄、石灰獄、黃泉大闢獄、障明獄、銅火獄、炎鑪獄、沸山獄、分形獄、磨山獄、餓鬼獄、黑水獄等。

→〔酆都〕

在中國的泰山亦有陰間或是地獄，但是泰山為中國北方黃河流域一帶地獄信仰的中心地，酆都便是長江中下流域的中心地。

羅酆山的陰間在此移至了現實的土地上，因此基本的組織與羅酆山的陰間相同，地獄的主宰者亦為酆都大帝。

身為地獄的首都，此處也有許多傳說，根據《聊齋志異》之中「酆都御史」的故事，酆都之外有一處深不見底的洞穴，傳說此為閻魔大王之府。傳說中酆都地獄所使用之刑具為人類製造之物，桎梏若過於破舊會棄而不用，舊品被拋出洞穴前。看到如此情景，縣知事會立即準備新品更替，在翌日，交換之物便會消失不見。

→〔羅酆山〕〔泰山〕〔酆都大帝〕

■ 施暴者地獄 ──────【但】

　　但丁所作《神曲》地獄的第七層，施暴者會墮入的地獄。此地獄位於陡峭聳立的高崖之下，崖口有怪物米諾陶洛斯（Minotaur）看守。崖上的岩石猛烈崩落，這是因為許久以前，基督下地獄時所引起的地震而致。

　　墮入施暴者地獄的施暴者共分三種，對應其罪狀而於地獄之內劃分為三個圓。外側為弗列革吞河，中央為自殺者之林，內側為烈火的沙地。

　➡[苦難之地〈但丁的地獄〉]〔耶穌・基督〕

　〈弗列革吞河〉施暴者中令其他眾人流血的暴君們會墮入此河，依捲入內側地獄般的圓周狀被放流。此河亦稱為火川，與阿刻戎河、斯提克斯河、科庫托斯河一樣，都是由希臘神話時代開始便以冥河而聞名。

　　如其名火川之意，河裡流著沸騰之血，其中有數千名暴君戴浮戴沉，受到永遠之罰的苦難。河的一側較深，另一側較淺，河岸邊有許多半人半馬之肯陶洛斯持弓監視，誰也無法逃離。馬其頓（Macedonia）的亞歷山大大帝（Alexander the Great）也在此受苦。

　〈自殺者之林〉位於施暴者地獄第二圈的森林中，對自己施暴結果自殺者，以及對自己財產揮霍的敗家精將墮入此處。森林裡的樹木茂密，無法通過，自殺者之魂便被禁閉於林中。位於第二層邪淫者地獄入口處的地獄判官米諾斯，會將自殺者之魂送入此

林，該靈魂落入森林的大地之後便成為種子，生成枝幹糾纏扭曲的醜陋樹木。這些樹木本身就是死者，若是受傷或是樹節折斷，樹木便會噴血，而發出痛苦哀鳴。但丁來到林中後，以手嘗試折下一段樹枝，結果該處馬上噴出鮮血以及哀號。森林之中棲息著許多具有女人臉孔的妖鳥哈爾皮埃，不停地咬下枝葉，令其受苦。

　　敗家精們的靈魂也擔任令自殺者之樹受苦的工作。敗家精被赤裸丟入此林，並遭嗜血的黑狗群追逐，當他們於林中全速奔逃時，便會四處將樹木的枝節撞斷。因此自殺者之林中，哀號聲一刻也不曾停歇。

　　而且敗家精也絕對無法逃離黑狗們的追逐，在終於被追上之後，便被撕裂肉體，之後黑狗們便會叼著還在發出痛苦之聲的敗家精肉體離去。

　〈烈火的沙地〉此處為施暴者地獄第三圈的地獄，對於神、自然以及技藝施暴者將墮入於此。此處為寸草不生的荒涼沙漠，如同舊約聖經之中，上帝毀滅所多瑪以及蛾摩拉城一般，天空傾注落下火團，以炎熱使死者之魂受苦。靈魂們若是拂去落身上的火焰，火焰便會一次又一次，接連不停地落下，不得片刻休止。

　　希臘神話中知名的攻打忒拜的七將武將之一，卡帕紐斯（Capaneus）亦以瀆神之人的原因墮入此地，他在火焰雨中，對宙斯罵不絕口。褻瀆自然的同性戀者，或是褻瀆技藝的高利貸者，也在此地獄中遭受苦難。

米克特蘭 ——————【馬】

Mictlan，馬雅阿茲特克族的冥界。在阿茲特克文化中，傳說有包含特拉羅肯（Tlalocan）在內的四個天堂，但是米克特蘭林並非天堂，而是死者之國。此處不是像地獄般的苦難場所，只是一般死者所前往的陰間，為非善也非惡的死者國度。

納瓦族（Nawa）所流傳的神話中，訴說前往米克特蘭的路途上會發生的故事，此路途非常漫長危險，需要手持死者陪葬品裡的一束標槍才能上路。旅程途中有險阻的高峰，八座沙漠以及八座山，再加上蛇、鱷魚等猛獸，以及可怕的旋風還有魔鬼的襲擊。經過如此重重困難之後，死者方能抵達米克特蘭，在此得到死者之王米克特蘭特庫特利（Mictlantecuhtli）的允許，能在米克特蘭棲息。

無間地獄 ——————【佛】

也稱為阿鼻地獄，為佛教的八大地獄中，最險惡的地獄，犯下殺生、竊盜、邪淫、買賣酒類、說謊、邪見、

犯持戒人（童女或比丘尼等清聖之人），加上殺害父母或是阿羅漢等，為佛教中最重罪者所墮入的地獄。位居八大地獄的最下方，規模較其他地獄大。大小為縱橫兩萬由旬的正方形，高度為兩萬由旬，也有說法指出較此範圍更大。

如同其名為最險惡的地獄一般，墮入無間地獄的罪人們，從中有[116]期間起便重重受到責罰之後墮入地獄。因為無間地獄的上方位於距離地面尚有兩萬由旬深的位置，因此罪人們直到墮入地獄為止，要花上兩千年持續以倒立的狀態墜落。

抵達無間地獄之後，此處有著其他地獄無法比擬的重大苦難在等著。地獄四周無一處不充滿火焰。有牛頭、馬面等的獄卒，還有身高四由旬、擁有六十四隻眼睛，會吐火的怪異之鬼棲息於此。罪人們將遭這些鬼怪追趕，永遠在熊熊燃燒的熱鐵之山攀爬。有的罪人會被拔出舌頭，並打入一百支鐵釘。除了鬼之外，尚有許多具有劇毒或會吐火的大蛇及蟲類令罪人受苦。由這些苦難看來，在大焦熱地獄所遭受的苦難，有如美夢般幸福。

罪人們在此地獄留滯的期間也最漫長，長達一中劫（比反覆每一百年用柔軟綿絮輕拂一次每邊一由旬的巨岩，直到岩石被磨滅消失不見為止還要漫長的時間）。

無間地獄的四方有四扇門，其外則附屬有烏口處、一切向地處、鐵野干食處、野干吼處、無彼岸常受苦惱處、黑肚處、身洋處、夢見畏處、身洋受苦處、雨山聚處、闍婆叵度處、星鬘處、苦惱急處、臭氣覆處、鐵鏶處、十一焰處等小地獄。

➡〔八大地獄〕〔六道〕〔十六小地獄〕

〈烏口處〉殺害阿羅漢（小乘修行的最高地位者）者所墮入的小地獄。獄卒會撕開罪人之口，固定讓它無法閉上之後，丟入流著沸騰泥水的河中。沸騰泥水由罪人的口部開始燒灼喉嚨，流入內臟，讓置人內外全部遭到焚燒。

〈一切向地處〉強姦格外尊貴的尼僧、阿羅漢者所墮入的小地獄。罪人以頭下腳上之姿被不停旋轉，以火灼燒，再入灰汁中烹煮。

〈鐵野干食處〉焚燒佛像、僧房等僧侶周身物品的罪人所墮入的小地獄。罪人們的身體上會噴出火焰，空中會有鐵瓦如豪雨般傾注而下，將罪人的身體粉碎。此外，具有火焰利牙，狀似狐的動物會前來啃噬罪人。

〈野干吼處〉對高尚的智者、開悟者、阿羅漢等誹謗之人所墮入的小地獄。具有鐵嘴並會吐火之狐在此群起將罪人以手、腳、肺、舌、鼻等有罪的部分一一咬食。

〈無彼岸常受苦惱處〉非禮自己母親者所墮入的小地獄。獄卒以鐵鉤將罪人之魂由臍勾起，再以銳利尖刺刺之。之後在罪人肚臍上打入椿釘，由口中注入高熱熔鐵。

坐於鐵製之箱中，遭杵搗擊成肉塊。

〈身洋受苦處〉對篤志家[110]與出家者或病人布施之財物，偽裝為僧侶而奪取者所墮入的小地獄。此處有高達一百由旬、燃燒中的鐵質樹木，位於該樹下的地獄有人世間所有的病痛，使罪人受苦。

〈雨山聚處〉搶奪辟支佛（較菩薩層次為低的佛）的食物而自己食用者所墮入的小地獄。此處有巨大鐵山由上空落下將罪人壓爛。被壓爛的罪人將會再生，重覆同樣的狀態。獄卒們將罪人的身體撕裂，再於切口灌注高熱液體。

此外，這裡存在有人世所有的病痛，使罪人受苦。

〈黑肚處〉併吞佛所屬物品以為己有者所墮入的小地獄。罪人們遭受飢渴之苦，在難耐之下吞吃自己的肉。此處有黑腹之蛇，會由腳趾甲開始吞吃罪人，而且，被吞吃殆盡的部分開始再依次生出新肉，因此苦難將永不結束。

〈身洋處〉竊盜獻予佛之財物者所墮入的小地獄。地獄位在兩棵燃燒中的巨大鐵樹之間，因為強風吹襲，兩棵樹會相互磨擦，將待在中間的罪人化為碎末。樹枝上還有具金剛喙的鳥類，會吃下化為碎末的罪人。

〈夢見畏處〉搶奪僧侶們的食物而令其飢餓者所墮入的小地獄。罪人被迫

〈閻婆叵度處〉將供給農田或是飲水的河川破壞，而使人們渴死者所墮入的小地獄。此處有如象一般巨大，能由喙中吐出火焰的巨鳥閻婆，叼起罪人飛至高空，再由該處令罪人摔落而粉碎。此外，地面上有無數銳利刀刃突出，割裂罪人的腳，並有火焰利齒之犬啃食罪人。

〈星鬘處〉對因修行而飢餓的僧侶搶奪食物者所墮入的小地獄。地獄中的兩個角落皆有施予極大苦難之處。一方為將罪人丟入釜煮至沸騰，令其不停翻轉，另一方則有烈風吹起無數刀劍，將罪人削成肉塊；之後再將罪人丟入釜中，以熔融的銅液烹煮。

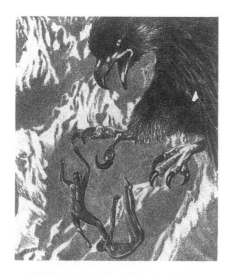

〈**苦惱急處**〉將傳述佛法之書籍或圖
畫，予以塗鴉、毀損、惡作劇者所墮
入的小地獄。獄卒將罪人的雙眼灌入
熔融的銅液，再將眼睛以炎熱沙粒磨
削，身體其他部位也會同遭此刑。

〈**臭氣覆處**〉將僧侶們的農田，或是
歸屬於他們之物燒毀者所墮入的小地
獄。此處有張熊熊燃燒的大網，上有
無數的針突出將罪人捕住、刺穿並焚
燒。

〈**鐵鍱處**〉在食物不足的貧瘠時代
中，對於僧侶們的請託無動於衷，坐
視其受餓者所墮入的小地獄。罪人們
被大火包圍，遭受飢渴之苦。

〈**十一焰處**〉破壞佛像、佛塔、寺廟
並燒毀者所墮入的小地獄。獄卒們手
持鐵棒追趕罪人，罪人將在遭蛇咬以
及受火焰灼燒之中，一面不停逃竄。

■幽冥界 ——————【日】

復古神道[111]之中，認為人類死後所
前往的陰間。由江戶時代的國學者平
田篤胤（1776～1843）所確立之思
想。

平田篤胤認為，為了鞏固大倭心[112]，
非得了解死後的世界不可，因此展開
了對陰間的研究，而此研究與宇宙觀
相結合所產生之獨特理論而成幽冥
論。

篤胤的宇宙觀之中，宇宙的基本由
天、地、泉所組成，意義上則是天為
太陽、地為地球，泉為月亮。此三者
雖然如今分離，但是起初卻是結為一
體，呈現混沌的狀態。

於此狀態下，首先是神之國的天分
離，其後不久，黃泉之國的泉分離。
記紀神話之中，伊耶那岐命或大國主
神通過位於出雲的黃泉比良坡前往黃
泉之國，可謂是在泉由地分離以前所
發生之事。泉由地分離之後，生者要
往返人世與黃泉之國成了完全不可能
的事。

人世與黃泉之國之間，死者之魂一
樣無法往來。最初篤胤不認為黃泉之
國為死者靈魂所前往的國度。伊耶那
美命死後確實往赴黃泉之國，但她並
非單純死亡，而是被解釋為在生下火
神之後，全身燒傷的模樣恥於讓伊耶
那岐命見到所致。此外，記紀神話
中，由黃泉之國逃回的伊耶那岐命，
以千引岩將黃泉比良坡堵住，並以該
境之神的岐神鎮住。從此黃泉之國的
眾神再也無法於人世現身，人世的死
者們也無法前赴黃泉之國。自伊耶那

岐命以後，大國主神尚可於黃泉之國間往返，但篤胤指出，此為特別的神之意志方有可能。

雖然以此作為死者靈魂不可能前往黃泉之國的證明，但是如此一來，死者魂魄的去所便形成了問題。在此主張死者之魂的去所，便是幽冥界。

那麼，幽冥界又位於何處？據篤胤指出，幽冥界同樣位於人類所生活之地上。因為死者魂魄所滯留之處，基本上亦為墳墓旁邊之故。如日本眾神於神社之中一般平靜，死者魂魄也會於墓邊永久靜息。

但是，死者之魂並非只是靜止不動而已，幽冥界中也需要衣、食、住，與人世有著同樣的生活。人世中，趣味相投者會彼此聚集，幽冥界裡也是如此。篤胤是以其師本居宣長之靈的生活作為想像，據此說法，宣長之靈與有志於相同學問的前輩們一同詠歌、為文，以此度日。

只有這點與人類生活幾乎完全相同，但是靈魂們之於人世，卻擁有不可思議的能力，這就是人類的世界會發生不可思議的靈異現象的原因。雖然從人類的世界無法看見幽冥界，但是靈魂牽掛的人們，卻能以靈異來對其援助。人世所發生的不可思議現象之中，自古著名者有天狗或妖怪等怪異的存在，棲息於幽冥界之中。

幽冥界裡當然也有掌理的神祇，即為大國主神。大國主神在日本神話中為人所知的便是將日本讓予天照大神嫡系之神，據稱於其後，人世便由天照大神的子孫（即天皇）所治理，冥界則由大國主神所治理。身為幽冥界

之王的大國主神，擁有與佛教的閻魔大王一般的權限，能在冥界對於現世之中的功過進行裁決。人世雖然看不見幽冥界，幽冥界卻能看見人世，故大國主神對死後的靈魂在生時作過何事，能完全一目瞭然，連該人未加以意識、他人也不得知曉的功過亦能明白，而能於該人死後，細細對其功過作出裁判。但是，對於會給與何種形式的責罰，篤胤並未提出相關詳細敘述。這一點被認為是幽冥界並非地獄的考量，但是若該靈魂之罪相當重大時，篤胤表示或許亦有可能被送往自古以來被認作是污穢之地的黃泉之國。

➲〔伊耶那岐命〕〔大國主神〕〔黃泉之國〕〔伊耶那美命〕

黃泉之國 ————【日】

日本古代認為死者前往的地下陰間，亦稱為夜見之國。

記紀之中，為了帶回死去的伊耶那美命而下至黃泉之國的伊耶那岐命，受到伊耶那美命生膿長蛆的污穢模樣驚嚇，因而逃回地上的故事之中可得知，黃泉之國並非如天國一般能輕鬆度日的陰間，而被認為是污穢不祥的國度。因其位於地下，故四處陰暗，為了看見伊耶那美命的模樣，伊耶那岐命必須攜帶火把前往。

黃泉之國的王為黃泉神，或稱為黃泉大神，在伊耶那美命下至黃泉之國時起，她便化為黃泉大神。須佐之男命所下訪的根之國，也是日本自古以來所相信的陰間，與黃泉之國被視作

同樣之地，傳說在伊耶那美命之後，須佐之男命亦成為黃泉大神。

服侍這些神祇者，則有黃泉醜女或八雷神之類以僕人的身分在此活動的鬼族。伊耶那岐命由黃泉之國逃回時，亦遭到此班鬼族的追逐。

僅就記紀內容而言，黃泉之國被認為位於地下，此地下世界與地上之間則有名為黃泉比良坂的山坡。黃泉比良坂究竟是何狀態雖然並未詳述，但是此坡被認為位在出雲。伊耶那岐命由黃泉之國逃回時，將黃泉比良坂以千引岩堵住，再以該境之神的岐神鎮住，從此黃泉之國的居民無法來到地上。

黃泉之國雖然四處皆是陰暗污穢的場所，但是被認為並非只有有罪之人才會墮入的地獄，而是凡死者皆會前往該地。此外，由黑暗以及生蛆之類的描寫可知，黃泉之國應是由橫穴式墳墓[117]而來的聯想。

➡〔伊耶那岐命〕〔伊耶那美命〕〔黃泉比良坡〕

■ 羅酆山 —————【道】

位於道教陰間首都羅酆或是酆都的虛構山，也稱為酆都山。

陶弘景[113]（452～536）於《真誥》中指出，羅酆山位於北方癸地，高兩千六百里，周圍三萬里。北方癸地位於中國北方海上遠處，山腰上有周圍一萬五千里的巨大洞穴，山上與洞內均有為六天鬼神所設宮殿各六座，在山上者稱為外宮，洞中者稱為內宮，宮殿之大小為周圍一千里。

山上、洞內的六宮的制度相同，人死後將來到此六宮中。第一宮名為紂絕陰天宮，死者必須先到此處接受處分。但是，先前往或泰山或是江河之人不必前來，必須於領受處分之日，或是訂定責罰吉凶之日前來才可。第二宮為泰煞諒事宗天宮，為猝死者所前往。第三宮為明晨耐犯武城天宮，為賢人、聖人所前往之第一處。但是，無論是猝死者或賢人、聖人，接下來仍必須前往第一宮。第四宮為恬昭罪氣天宮，處理禍福吉凶、續命罪害之事。關於第五宮宗靈七非天宮，第六宮敢司連宛屢天宮，《真誥》中則無記載，但亦有說法為在現世信仰不堅、懵懂度日者將往第五宮，無視所學之道而破戒者將往第六宮。

一般而言，道教的陰間主宰者被認為是酆都大帝，但《真誥》中，第一宮的北帝君統掌六天宮，第四宮則是由鬼官北斗司所掌理。

羅酆山除了上述的天宮外，尚有酆都二十四獄、酆都三十六獄、九幽地獄等名稱的地獄之說。

羅酆山原本即為位於中國北方的虛構之山，但是其所在地為陰間首都羅酆，之後被認為是四川省名為酆都的土地，因此亦被跟著稱為酆都。現實中的酆都有名為平都山之山，以此取代羅酆山。

➡〔酆都〕〔酆都大帝〕〔酆都二十四獄〕〔酆都三十六獄〕〔九幽地獄〕

■ 煉獄 —————【基・但】

基督教中的天主教派（Roman

Catholicism）的冥界之一。新教派（Protestantism）則不認為有煉獄的存在。

　　基督教自古以來便認為人在死後，特別高尚的義人會升上天堂，罪人則會墮入地獄。在這樣的想法之下，不完全算是犯下大罪的一般基督徒，死後尚不得前往天堂。因此，在前往天堂之前的預備場所，便是名為煉獄的陰間，這想法成為普認的信仰，亦即犯下無可饒恕大罪者人會墮入地獄，但是犯下可寬恕程度之罪者，能在死後前往煉獄，受到煉獄之火焚燒而淨罪後，則必定能夠前往天堂。

　　這種死後滌清在地上之罪，而能赴天堂的想法，在公元二世紀左右教父們的著作中開始萌芽，直至十三世紀的羅馬天主教會的大公會議[114]中，才正式為煉獄定義。但是，將煉獄之中苦行的狀況系統性記述，使其化為確實的存在者，則以但丁的《神曲》為主要著作。

　　根據書中所描述，煉獄位於由大海包圍之煉獄山上。煉獄山從耶路撒冷看來是在地球的背面，高聳入天。此山的圓周上，圍繞著給與死後之魂試煉的七個平臺，其整體為如下之構成：

煉獄山麓……煉獄前界
　　　　　　前界之一……絕罰者之地
　　　　　　前界之二…臨終懺悔者
　　　　　　　　　　　　之地
煉獄入口……聖彼得之門
第一平臺……驕傲者平臺
第二平臺……嫉妒者平臺

第三平臺……憤怒者平臺
第四平臺……懶惰者平臺
第五平臺……貪婪者、揮霍者平臺
第六平臺……貪饕者平臺
第七平臺……邪淫者平臺
煉獄山頂……伊甸園聖林

　　前往煉獄的死後之魂將在羅馬特韋雷河口集合，於此處搭乘天使之船來到煉獄山山腰上的平臺，為了滌清自身之罪而於該處經歷各式各樣苦行之後，方能升登天堂。

　　在煉獄中滌罪的時間因魂而異。在陰間旅途中與但丁結識，最後一同飛升天堂的羅馬時代詩人斯塔提烏斯，便在第四平臺度過四百年，在第五平臺度過五百年。

　　是否滌清罪孽一事，沒有任何人告知，而是由本人清楚自覺，能夠自覺者便得以離此平臺而去。此外，與自身之罪無關的平臺，靈魂也可不受懲罰便得以通過。

　　煉獄山的入口處有聖彼得之門，此處將會在之靈的額上刻記七個P字，每當之靈通過一個平臺時，便會消去一個P。靈魂的罪孽完全滌清，被賦予前往天堂的資格之後，煉獄山全體便會為此魂發出如地震般的激烈震動，其他靈魂們則會同聲合唱。

　　如此被賦予前往天堂資格的靈魂將自行登山，走向位於山頂之伊甸園。之後，位在煉獄山上空的天堂上，便會有來到伊甸園迎接靈魂的天使，將靈魂帶往天堂。

➲〔聖彼得之門〕

煉獄前界 ——————【但】

但丁所作《神曲》的煉獄島海灘上的平原，直到煉獄入口的聖彼得之門前的地帶。煉獄島全島有如高塔一般高聳入天，是一座巍峨之高山，山腰上的煉獄具有七座平臺，死者們在平臺間往上攀，依序滌清生前之罪。不需前往地獄的幸運死者之魂從羅馬的特韋雷河口集合，搭乘由天使掌舵之船——此船不著水而能在海面上飛馳——來到煉獄前界的海灘。凱撒時代於政爭失利而自殺的小加圖在此地擔任煉獄的守護者，將亡靈們驅趕至山腳附近的煉獄之門。

但是，歷盡辛苦而來的亡靈之中，也有因為欠缺資格而無法立刻通過聖彼得之門者。這些亡靈在一定的期間內等待的場所，有名為「絕罰者之地」與「臨終懺悔者之地」兩處。

➜〔煉獄〕〔加圖〕

〈絕罰者之地〉此處為煉獄山最下層，位於陡峭懸崖的第一座高臺上，是拘留遭教會驅逐的絕罰者之地。絕罰者在人生最後的瞬間就算悔悟前非，也必須要用三十倍的絕罰（excommunication）期間，待在絕罰者之地，如同沒有牧人的羊群一般不停地徘徊。但是，生活在地上的人們如果為他們祈禱，便會使拘留期間縮短。此點與地獄不同，這項規則通用於全部煉獄。

〈臨終懺悔者之地〉此處為煉獄山下層第二座高臺，是拘留歸順教會、在人生最後時刻才開始懺悔者之地。在此處的亡靈們雖然必須停留與其人生同樣漫長的時間，但是根據其延遲懺悔的理由，卻可分為三種集團。第一團是因為自己的怠惰而不斷延長懺悔的時刻者，在此地必須忍受與生前相同之怠惰生活。第二團是因為戰爭或是殺人等，於意外的時刻而死者，這些無法接受懺悔告解之人，在此地則必須不停忍受與臨終之時一樣的慌亂與不安。第三團是如王侯或政治家等，因為投身於必須忘我的職務之中而拖延懺悔者，在其中算是居住於最為幸福之處。詩中除了王侯或政治家之類崇高地位的人物，並無其他介紹，只有提及因為家庭而忘我工作的人們，也包含於第三團體之中。

六道 ——————【佛】

佛教的宇宙觀裡人類會輪迴轉生的六個世界，共有天、人、阿修羅、畜生、餓鬼、地獄。會轉生於各種世界，與前世之業有關，業基本上分為身體行動、言語行動、精神行動等三種，行善者被分類為上、中、下等三階段，各自轉生進入天、人、阿修羅的世界。行惡者也以上、中、下分類，各自轉生進入畜生、餓鬼、地獄。因為入畜生、餓鬼、地獄等三道之惡道者即為懲罰，故又稱為三惡趣。

輪迴轉生永遠反覆不停，即使入地獄，也非無限滯留，終有能轉生往其他世界的可能性。此於天界之中亦然，縱使在天界一般的眾神世界有壽

命者，也可能會於來世墮入地獄。

六道存在於同一個宇宙之內，此此宇宙稱為須彌山宇宙。佛教中認為如此的宇宙有近乎於無數的存在，但與人類有關係的，則只有須彌山宇宙而已。

若要認為須彌山宇宙是現今地球所在之太陽系亦可，但是其構造則是佛教的獨特形式。此宇宙觀中，人類所居住之大地為平面圓形，中心有名為須彌，高十六萬由旬之山。由旬為長度的單度，一由旬或七公里或是十四公里。須彌山周遭有具有相同中心，以正方形狀排列之七座山脈重重包圍。其四周為廣大海洋，海的四周則是被圓周上延伸之鐵圍山所圍住。此為水平面世界的盡頭，但是此圓形的平面直徑卻長達約一百二十萬由旬，於此平面之下仍有物體，故整體為圓筒狀。此圓筒的厚度為十一萬由旬，上層稱為金輪，下層稱為水輪。水輪之下有名為風輪之巨大圓筒支撐大地。

鐵圍山所包圍的海洋，上面浮有四片大陸。這些大陸分別位於須彌山的東、南、西、北，各自名為勝神洲、瞻部洲、牛貨洲、俱盧洲。

其中瞻部洲為人類所居住大陸。六道之中作為人類世界的人道，即位於瞻部洲上。動物、昆蟲、魚等世界的畜生道，則分布於瞻部洲與海裡。

餓鬼道與地獄道位於瞻部洲地下。餓鬼道在深度較淺之地下五百由旬處，地獄道則由地下一千由旬處開始，以八大地獄縱向重疊構成。但是，其深度與大小等距離依文獻而具

各種記述：作為最初地獄之等活地獄為止共五千由旬；亦有由上往下至第七層之大焦熱地獄為止共十億由旬等說法。

阿修羅道所在亦是地下世界，但是並非位於瞻部洲下，而是海底的更下方。

六道的最後一個為天道，在須彌山極高之上空處。天道大致可分為欲界、色界、無色界等三個界，該處存在的眾多天界全以縱向排列，但是最上方的無色界，卻幾乎是位於突出宇宙盡頭之處。

➡〔地獄道〕〔餓鬼道〕〔阿修羅道〕〔畜生道〕〔輪迴轉生〕

▌海神之國 ──────【日】

日本古代認為其為位於海中的陰間。特別是於海上討生活的人們，更相信此為死者之靈所前往的場所。

傳說中提及海神之國的模樣者，有記紀神話之中的海幸、山幸的故事。據此說法，向兄長海幸借釣針卻遺失的山幸，因為遍尋不著而坐困愁城之時，鑽入鹽土老翁所製之無目籠裡，獨自一人來到一處美麗的小海濱。

此處原為海神之國的海濱，而山幸捨籠而出之後，旋即來到海神之殿。

此殿極其華麗，有氣派城牆圍繞，高殿上發出光輝。在這裡，山幸與海神之女豐玉公主結婚，度過三年幸福生活，由此故事中可知，海神之國並非如地獄一般的場所，而是死者魂魄永遠幸福生活之處。浦島太郎的故事亦相仿，而浦島所造訪之龍宮城亦被

說是海神之殿的延伸。

如此幸福的海神之國，連田耕之水都能自由取用，可見得海神本身對於人類而言，應非可怕之神祇。

1　此字為義大利文之「malo」（罪惡）以及「bolgia」（囊）所組成（bolge為bolgia之複數形態），為但丁所創造之字，專指《神曲》地獄的第八層。

2　為我國民初著名翻譯家、教育家王維克先生（公元1900～52）當時之譯名；從音譯。王先生早年留學法國，曾受教於居里夫人；其門生華羅庚為我國近代少數之世界級數學家。王先生於1939年出版之譯作《神曲》，為漢語版本《神曲》三部全譯本之第一作。其他尚有《法國文學史》及印度史詩等多部。

3　Geryon，據傳說描述，此怪物具有三個頭顱，三個相連的身體。在《神曲》中為「欺詐」的象徵。

4　Argo，伊阿宋為了前往科爾基斯（Colchis）尋找金羊毛，號召五十名勇士，搭乘這艘大船出發。船上的成員稱為「阿爾戈船英雄」（Argonauts）。

5　Lemnos，島上的女人因為忽略愛神阿芙蘿狄蒂的祭禮，而遭受全身發出惡臭的懲罰，女人們的丈夫因此愛上女奴或是外國女子。女人們為了報復，便殺死島上的男人，以及島上男人與雅典女人所生子女。

6　Hypsipyle，列姆諾斯島的女王，為伊阿宋生下一對孿生子，但後來被拋棄。

7　Medea，科爾基斯國王之女。伊阿宋要她幫助阿爾戈船英雄盜取島上的金羊毛，並答應事成後娶她為妻。但伊阿宋後來移情別戀。她為了報仇，殺了伊阿宋的新歡，以及自己與伊阿宋生下的兩個兒子。

8　Thais，古羅馬喜劇家泰倫提烏斯（Terentius）於《宦官》（Eunuchus）劇中的角色，並非實際人物。

9　Thebes，古希臘時期的城市國家；另一埃及都市也寫作「Thebes」，但會以英語發音之「底比斯」作為區別。

10　忒提斯與佩琉斯結婚時，邀請了奧林坡斯眾神，卻唯獨遺漏爭執女神艾利斯（Eris）。艾利斯大為光火，故意留下一顆金蘋果，上頭寫「最美麗者能得到它」。愛神阿芙蘿狄蒂（Aphrodite）、智慧女神雅典娜（Athena）、天后赫拉（Hera）為此爭執不下，要特洛伊王之子帕里斯來評定。帕里斯因為收了阿芙蘿狄蒂的賄賂——就是斯巴達的王后，天下第一美人海倫——而把蘋果交給愛神。因而帕里斯在一次造訪斯巴達的機會中，擄走了海倫。斯巴達國王為追回王后以及奪取特洛伊的豐財，聯合其他希臘的國家，向特洛伊發動戰爭。雙方僵持十年，後來特洛伊城被「木馬計」攻破而結束。

11　Diomedes，藏身於木馬中進行突擊人之一。在戰爭僅次於阿基里斯之最活躍勇
士。

12　凱撒（Caesar）為古羅馬著名的政治家、軍事家、獨裁者。出身貴族，後來並與其
他兩股勢力三分羅馬天下大權。羅馬名義上的最高政治機關「元老院」畏其大權獨
掌的可能，命其交出兵權，而凱撒刻意違反規定，帶兵渡過與另一勢力之間的界河
盧比科河（Rubicon），遂引發羅馬內戰。但此事與庫里奧之間的關係，史實上也
有別的看法，與《神曲》內容不見得完全相符。

13　Plato（約公元前427年～347年），古希臘著名的哲學家、思想家。其影響後世的
著述和思想非常多，而所創辦的「學園」（Academy），則為後世高等教育「大
學」的前身。

14　Phaedo，柏拉圖的著述之一。書中以其師蘇格拉底在獄中將死時，召集弟子進行
對話，而以斐多其人為主角。內容為蘇格拉底談論對於死亡的想法，以及關於靈魂
不滅的說法。斐多為一名曾被蘇格拉底救命的年輕人，後來成為蘇格拉底的弟子。

15　Veda，吠陀時代為印度進入信史時代的初始。

16　公元942～1017年。日本平安時代中期的天台宗僧侶，被尊為日本淨土真宗的第六
祖。。

17　源信所作，集合多篇佛經典與論述之書籍。書中提倡死後要往極樂淨土，非一心念
佛不可，影響日本後世對佛教宗派之「淨土宗」的創立與發展。

18　古印度計里程的數目，每由旬有三十里、四十里、五十里、六十里的四種說法，但
以四十里為一由旬者居多。一說小由旬四十里，中由旬六十里，大由旬八十里。

19　亦有作「羅睺羅阿修羅王」者，但「羅睺羅」為佛陀未出家之前所生之子其名，而
兩者並無關聯。為免混淆，應以「羅睺」為正。「睺」音同「猴」。「羅睺」為兩
大凶星之一，「羅睺」為主星，意指「月蝕」；另一輔星為「計都」，意指「日
蝕」。印度以為日、月蝕之現象為有「大身者」（巨大身軀之人）阻擋，此「大身
者」即指能自由變化身軀大小之羅睺阿修羅王。

20　音「慢」。

21　毘，音同「皮」。

22　Penelope，埃涅阿斯的妻子。潘妮洛普為絕世美女，埃涅阿斯遠征參加特洛伊戰爭
之後，就一直留守在家，但是其美貌仍然吸引了一百零八位求婚者。潘妮洛普為了
守住對丈夫的堅貞，不斷用計謀拖延阻撓，但求婚者並未退散。後來埃涅阿斯歸
國，才把求婚者殺光，與妻子相認。

23　Patroclus，阿基里斯從小一起長大的好友，亦是參加特洛伊戰爭，在阿基里斯身邊
的大將。故事中，阿基里斯與阿伽門農發生嫌隙，憤而離營，當聯軍戰況極差時，
阿基里斯拒不出戰。帕特洛克羅斯不忍己方傷亡，而穿上阿基里斯的盔甲出兵，結
果被殺，方才激起阿基里斯的戰意。

24　Aias，在特洛伊戰爭亦是戰功輝煌的英雄之一。戰爭結束後，與奧德修斯爭奪阿基

里斯死後所留下的神兵盔甲。沒想到在不公平的條件下落敗，因而欲殺奧德修斯；雅典娜為了救奧德修斯，令艾亞斯發狂。艾亞斯清醒後，深感失落與不平，憤而自殺。又，特洛伊戰爭中有兩個同名的艾亞斯，而本文所指為前述之人，為區分而稱為「大艾亞斯」。

25　Agamemnon，希臘邁錫尼（Mycenae）國王，希臘諸王之王。其弟之妻海倫被擄走，而藉故參加攻打特洛伊之戰，實則想稱霸愛琴海。為希臘聯軍的統帥。

26　Abydos，古埃及的聖城。傳說歐西里斯最終埋葬在此地，故埃及法老多在此為歐西里斯建立神廟或紀念碑，留有許多珍貴文物，為著名考古遺址之一。

27　Epicurus，古希臘哲學家，其學說與柏拉圖、蘇格拉底等哲人不同，強調享樂主義。

28　Viking，約為公元800～1050年間。此時的北歐民族，維京人，駕戰船於歐陸一帶經商、掠奪。雖然給歐陸帶來恐懼，但是也促成維京人與歐陸間文化與物資的交流基礎。

29　Leradr，為「世界樹」伊格德拉西爾（Yggdrasil）之別名。

30　Nereus，希臘神話中，與海有關的神祇不少，彼此多少有血緣關係。此神的特徵，除了常以老人之姿出現外，也有預言能力。

31　Menelaus，斯巴達的國王，海倫的丈夫，妻子被奪的苦主。

32　Chaos，希臘神話之中最先出現的神祇。現今科學指大宇宙未開，一切能量與物質均未出現之狀態，即中文之「渾沌」。

33　希臘神系的第一代。由原始神誕生出的泰坦神族則為第二代。眾所熟悉的奧林坡斯眾神由泰坦神族所生出，為第三代。

34　Rg-Veda，《梨俱吠陀》為最古老的文獻之一，記載各種古印度時之信仰、詩歌等內容。

35　佛教世界中，位於天界，亦即神佛的居處之一。

36　又作「閻魔羅遮約曠野」。

37　白鑞，錫鉛之合金。

38　一種用來打落豆類或穀類，使其外殼剝落的農具。由一根長棍，於前頭接上一排竹條或木條組成。

39　Eden，猶太教、基督教聖經世界中的極樂天堂。人類原先被神創造於伊甸園中，因墮落而被神逐出，才降至地球。

40　Hebrews，中東一帶的古民族，為現代猶太人（Jewess）的祖先。

41　Arka，七個大地由最底下往上，依序為：帖貝爾（Tebel）、阿爾卡（Arka）、茲依亞（Tsiah）、希亞（Neshiah）、喀依（ge）、阿達瑪赫（Adamah）、埃列斯（Erets）。

42　六層分別的原名為：亞巴頓（Abaddon）、貝埃亞·夏翁（Beer Shaon）、貝埃亞·夏法特（Beer Shahat）、哈札瑪弗仕（Hazarmaveth）、畢塔迪亞（Beer

Tahtiyah）、提哈亞文（Tit Hayaven）。

43 Asiel，如下所述。

44 Azel，與Asiel二者其實都是源自希伯來文化，阿撒瀉勒（Azazel）的別名。原先為希伯來語「神所創造的」的意思。

45 John Milton（公元1608年12月9日～1674年11月8日）。英國清教徒詩人，生於倫敦。因為寫作《失樂園》等鉅著，死後與莎士比亞等齊名。

46 Paradise Lost，米爾頓於1667年寫成。內容為墮天使路西法對神反叛而被打入地獄，又用計化身為蛇，引誘亞當吃下禁果，讓其被逐出伊甸園。被喻為最後一部偉大的史詩。

47 聖經可分為「新約」與「舊約」。舊約內容以上帝創世開始，以及古希伯來人與神之間的故事，含括耶穌出世之前大約到公元一千四百多年左右；新約為記載耶穌基督出世之後的事跡。舊約聖經同時也是猶太教的經典。

48 Behemoth，聖經譯為「河馬」，描述也最詳細。有人說這怪物就是恐龍。

49 Leviathan，在聖經中與比蒙巨獸一樣，為上帝於創世第五天所造，而一個居住陸上，一個居住深海。原先只是單純的巨大怪物，而在後來的傳說中漸漸才被附上邪惡的意義。

50 Lucifer，原希伯來文意思為「帶來光的人」，也指黎明時發亮的晨星（即金星）。後來在各種傳說裡逐漸被改寫成墮天的天使，與上帝大戰而被放逐，墮落至地獄後成為魔鬼的大王「撒旦」。

51 Beelzebub，聖經之中的鬼王。原先是古時候地中海沿岸地區，與希伯來人交戰的腓力斯人（Philistines）地方信仰中所崇拜的神祇，但是希伯來人卻把諧音寫成希伯來語的「蒼蠅之王」，並且歸類為魔鬼，編入經典中。因此形象上常被畫成像蒼蠅的模樣，在中世紀後被描寫成魔鬼的王子，僅次於撒旦的魔鬼。著名的小說與電影《蒼蠅王》（Lord of the Flies）即意指「魔鬼的王子」。另外，因為發音的關係，別西卜也常和巴爾的意思混淆，同為「異教之神」的代名詞。

52 閃族（Sem）裡所崇拜的神祇名稱之一；所謂「閃語族」指的是語系接近的中亞、西亞一帶民族集合體，也包括希伯來民族。巴爾一字原來也有「主；主人」的意思。現今黎巴嫩還有城市名為「巴貝克」（Baalbek），即意為「巴爾的村落」；村落裡從原先信仰的主神厄爾（EI）轉而變成巴爾，後來希臘‧羅馬勢力興起，信仰再次轉換，建有如朱比德（Jupiter；即希臘神話中的宙斯）神廟等建築。該建築並於1984年被聯合國列為世界遺產之一。

53 Moloch，希伯來文「王」之意。為古代迦南地區（西亞一帶）所崇拜的太陽神；故在希伯來語中也被視為惡魔之一。巴爾被視為其父親。

54 Mammon，古敘利亞語「財富」之意。新約聖經中被用為指責貪婪的形容詞，被視為以財富誘人行惡之邪神。

55 Belial，古希伯來語為「無價值；無一是處」之意。常被描述為駕火炎戰車出現的

117

惡魔。

56 Chemosh，古希伯來語為「鎮壓者」之意。閃族其中一支摩押人（Moabites）所崇拜之主神。大抵此處所提之神祇，多少都有獻祭生人的信仰，此亦為被看作邪神的理由之一。

57 Tammuz，蘇美人的神祇，主管食物或作物。

58 Dagon，古希伯來語為「魚」之意；因此在形象上常被描述為半人半魚的模樣。閃族人信仰之農業、豐產之神。據傳為巴爾之父。

59 Astarte，古代迦南地區腓尼基（Phoenicia）人信仰之豐饒與愛之女神。

60 Chimera，希臘神話中，泰坦神族所生出的怪物之一。傳說中具有獅頭、羊身、蛇尾，能噴火。

61 Scylla，希臘神話中的女海妖。原先只是美麗的少女，因為得罪女巫克爾凱而被變成六頭十二足的怪物，在海中吞食附近海域的航海者。

62 Johann Weyer（公元1515～88年）。中世紀知名惡魔學家。

63 St. Petros，耶穌的十二門徒之首；天主教會認定他為第一代教宗。

64 外典（Apocrypha）雖非正式經典，但仍有宗教修行上的參考意義。

65 Gnosticism，也稱為「靈智派」。公元二至三世紀盛行之基督教教派，主張由知識與哲學途徑認識基督教，認為必須要獲得奧祕的知識方才獲得救贖。此語源自希臘語「知識」（gnosis）。後來亦對其他宗教教派，或是各地的神祕學產生影響。

66 Pistis Sophia，「信心與智慧」之意。為諾斯底主義教派之經典。主要描述耶穌於地上復活之後十二年所講述之教誨。

67 日本的時代區分概稱之一，約為公元1338年～1573年。

68 「草子」為日本稱呼書籍類的稱呼之一。內容可包括詩詞、傳奇、雜記、歌謠，等等。室町時代所流傳下的民間故事，統稱室町物語，也稱為「御伽草子」。《富士人穴》為草子故事之中的一篇。人穴，即中文之火口穴，火山熔岩冷凝成的洞穴，能住人。

69 Hesiodos，古希臘詩人，約生活於公元前七百年。著有《神譜》（Theogonia）等。

70 Antonius，公元前82／81～30年。古代羅馬將軍，原先為羅馬領導者之一。但在成為克蕾婀帕特拉情夫之後，與羅馬漸行漸遠。在戰場上不意遭到克蕾婀帕特拉出賣，最後因走投無路而自殺。

71 以亞瑟王為中心，對於其出生，以及他的騎士們的奇遇所作的傳奇小說。有許多作者寫作，故每段傳奇的內容版本均有出入不同。

72 亞瑟王傳奇的一部分。描述圓桌武士之一的特里斯坦與康沃爾（Cornwall）君王馬克（Mark）的妻子伊索爾特特姦，並且用許多偽詐手法掩飾，而最後被馬克以毒矛刺死。

73 長阿含經為由印度傳來的數部阿含經之一。「阿含」意指傳承教說，亦即傳承佛陀

教法的經典。《世記經》為長阿含之中的一部，主要內容在描述世界的形態，天道、地獄與人世等各界的情況。

74　the Papyrus of Ani，紙草為古埃及以莎草製造類似紙張之物，用來書寫。亡靈書為放置於古埃及死者棺木中的陪葬書卷，記載死後之旅的細節，以安慰、保佑死者。《阿尼紙草》為現今發現最為完整而詳細的亡靈書，故又稱為「大亡靈書」。

75　Brutus，公元前85年～42年。古羅馬共和國政治家。原先反對凱撒等人的執政，也與龐培結有殺父宿怨。但是凱撒與龐培內戰時，他仍倒向龐培一方。龐培死後，轉投靠凱撒，獲得凱撒的寬恕和接納。但最後仍領導其他議員，謀殺凱撒成功。

76　Pompeius，公元前106年～48年。古羅馬政治家、軍事家。原先與凱撒等三人共通執政於羅馬，後與凱撒發生權力爭奪，引發內戰。被凱撒追擊至埃及，遭埃及人殺死。

77　女性，伊耶那岐命由黃泉歸來後，在洗臉時由左眼誕生。太陽神，也是日本天皇家的守護神。

78　Nyx，夜之女神，亦被指為非人格化的黑夜。

79　Stasius（約公元45～96年）。古羅馬時代的著名詩人。著有《忒拜戰記》（Thebais）、《阿基里斯紀》（Achilleis）之第一卷與第二卷未完，等等之鉅著。

80　Beatrice（公元1266～90年）。小但丁一歲。但丁於九歲時遇見貝緹麗彩，驚為天人，從此念念不忘，但貝緹麗彩二十四歲便卒世。但丁甚至寫詩《新生》（Vita Nuova）以歌頌她。

81　日本古代的歷史書籍，約在公元720年完成。以編年的方式記載神話時代（神代）至六世紀末左右的天皇之間的記事。

82　又名曼杰特之船（Manjet Boat）。

83　兩者皆為類似天珠的彩石。

84　亦稱為阿波畢斯（Apophis）。

85　Khepri。甲蟲神，亦為早上的太陽神。

86　尼古拉為人樂善好施，成為日後「聖誕老人」傳說的原型。

87　希臘、羅馬神話中，冥王主宰土壤與礦產，也被視為財富的象徵。故此處亦有論說指出所指者可能為羅馬神話中的冥王，並不衝突。

88　Helice，某些神話中的版本，名為卡麗絲酡（Callisto）。

89　Diana，阿爾忒彌斯（Artemis）為希臘神話中的名字，實為相同。亦是月神、狩獵之神。

90　Nirai Kanai為敬體，一般傳說或是口語中多半只稱「Nirai」。

91　共三卷。最先被認為是日本最古的史書，但有學者指稱可能為後人偽作，因此其內容便只存在於民間傳說中，而不被列為史學所研究。

92　德川家康於公元1603年任大將軍開始，直到德川慶喜於公元1867年大政奉還於天皇為止，共兩百六十五年的期間。

93 Argolis，古希臘南部伯羅奔尼撒半島東部一地區

94 Pontos，位於黑海南岸小亞細亞東北部的古王國。

95 希臘神話的原始神之一，曾攻打奧林帕斯，一度戰勝宙斯，後又被宙斯之雷霆制服。他是許多妖怪，包括三頭地獄看守犬克爾貝羅斯在內的父親。

96 Cassius，古羅馬時代護民官。內戰期間支持龐培，但戰後獲凱撒赦免，待之甚厚。後來仍與布魯圖共同主謀刺殺凱撒成功。

97 亦被譯為「中蘊」、「中陰」、「中陰有」等，意指「中介境界」。

98 亦稱為《西藏度亡書》。被譯為英文並改寫後，名為《西藏生死書》（The Tibetan Book of Living and Dying），流行一時。

99 全部中有共被分為六種，但此三種專指生死之間所發生之中有狀態。

100 即「大日如來」。

101 Akkad，古代地區，位於今伊拉克中部，為古代巴比倫的北部，或是蘇美的南部。

102 Pisistratus，約公元前六世紀～527年。希臘的政治形式原為貴族政治，但佩西斯特拉托斯藉由鬥爭以及內戰掌握政治權力，得以大權獨攬。故稱為「僭主」。

103 Homerus，相傳寫下《伊利昂紀》與《奧德修紀》的古希臘盲眼詩人。荷馬的其人其事至今仍有不同的看法，故生平尚無定論，兩部史詩是否為荷馬所作，也尚有爭議。荷馬的史詩可說是為古希臘的諸神以及信仰作一整系統的整理與描述，後人所認識的希臘諸神架構，多半由此而來。

104 Aristotle（約公元前384～322年）。古希臘著名的哲學家、科學家、教育家，柏拉圖的學生。其人與柏拉圖、蘇格拉底，為影響西方思想甚鉅的古代哲人，並稱「希臘三賢」。重要的學說或論述不計其數，人類歷史上重要的政治制度：君主制、貴族政治、民主政治，即為其所提出。

105 Socrates（公元前469～399年），古希臘著名的哲學家，柏拉圖的老師。個人未曾著述，其思想散見於如柏拉圖等其他學生著作裡。因與貴族的利益衝突，被迫飲毒而死。

106 Cicero（公元前106～43年）。古羅馬著名演說家、哲學家、政治家。

107 Euclid（約公元前330～275年），古希臘著名數學家，著有《幾何原本》。

108 Ptolemaeus（約公元90～168年），古希臘天文學家、數學家、地理學家。

109 Israel，即雅各（Jacob），以撒之子，亞伯拉罕之孫，被認為是以色列人之祖。他在毗努伊勒跟天使摔跤，天使賜福給他，將他改名為「以色列」，為「神的戰士」之意。

110 對社會公益熱心，樂善好施之人。

111 於日本江戶時代，學者們所提倡之神道的支流。亦稱為「古神道」。因為日本傳統之宗教「神道」在佛教傳入後，漸漸與之混同。但神道不同於佛教，並無固定的戒律或根本之經典，為一單純的精靈信仰，因此有學者主張將其獨尊而立。教義中以為日本是世界中心，世界人種源自日本，世界五大洲對應至日本領土各州。此一思

想被認為是引發第一、第二次世界大戰的遠因。

112 所謂日本大和民族的精神力量、向心力。

113 字通明，自號華陽隱居，卒諡貞白先生；後人亦世稱陶隱居。南北朝時代南齊、南梁人，為道士、醫家。也是道入茅山宗 的開創者。自幼聰明而博學，於天文、曆算、醫藥、地理都有一定的學問成就。受梁武帝禮聘而不出，但梁武帝仍經常向其請問朝政，人稱「山中宰相」。除修道之外，醫學成就亦對於後世影響深遠。

114 Ecumenical Councils，天主教派的重教會議，由主教集合召開。於會議中決定重要教務或教理爭端。

115 在埃及的神祕傳說中，開比特是三位一體（歐亞里斯、伊西斯、荷魯斯）真神中的第三位。卡（Ka）是星光體，巴（Ba）是靈魂體，開比特則是影子。

116 見P.94-98頁「中有」之介紹。

117 日本古墳型態之一，即內有甬道相通，門可開啟的石砌墓室。

世界・種類 II

III

神裁判官

死後的世界之中，有一般人所前往的普通陰間、罪人所往的地獄，或是善人往赴的天堂。但是，一般人或是罪人，甚至是善人，究竟又是以何種基準區別？

執行此區別者，即為住於陰間之神或裁判官。

陰間之神和裁判官多為令人不寒而慄、教人恐懼的角色，但在多數場合執行裁判之際，其判斷亦十分公正確實。這些神、裁判官能知道連當事者也不明白之事，因此想要欺瞞他們根本不可能，而且他們也幾乎不會出錯。在此，我們將介紹這類擔任神、裁判官之人物。

埃阿科斯 —————【希】

Aeacus，希臘神話裡冥界的判官之一。傳說中，他是有名的英雄阿基里斯一族的祖先，因備受眾神寵愛，而於死後被賦予陰間判官的地位。他掌管著冥界之門的鑰匙，門房也成為他的工作之一。在亞里士多芬尼斯[1]的喜劇《蛙劇》之中，就有一幕他與喬裝成狄奧尼索斯[2]而造訪冥界的海格力斯，在冥界之門前相互詰問答辯的橋段。

奧夫 —————【埃】

Auf，古代埃及的太陽神拉的別名。太陽神拉乘著船，日間在天空旅行，而夜間的十二小時則是遊歷在稱為杜亞特的冥界，在冥界期間會被稱為奧夫，代表「死亡的太陽神」。

→〔拉〕〔杜亞特〕

阿努畢斯 —————【埃】

Anubis，模樣為胡狼頭人身的古代埃及死者之神。有些敘說中是直接描述成胡狼。胡狼出沒在沙漠之中，時常出現在墳墓四周，據說因此被當作死之神崇拜。他比死者之神歐西里斯還要早成為人們的信仰，因之他也是陰間的最高神祇。

然而隨著歐西里斯信仰的擴大，被

認為是拉或者歐西里斯之子的阿努畢斯，在歐西里斯神話中，擔任令歐西里斯被塞特（歐西里斯之弟）切碎的身體復原，施以軟膏與數種藥材作為防腐措施，並以麻布包裹一事上的重要角色。在古埃及，死者為了獲得永恆的生命，身體必須要保存成在生時的模樣才行，因此這項作業為不可或缺的一環。

阿努畢斯接著更為歐西里斯執行葬禮儀式。因此，阿努畢斯成為埃及第一名製作木乃伊的神祇，而他在傳說中為死者舉行的儀式，就成為往後埃及葬禮儀式的模範。當死者在天國復活時，為了令其能夠說話以及攝食，而以手斧一類的物品在死者的口部觸碰的「開口儀式」，最早也是由阿努畢斯所進行的。

就連死者搭乘的船前往歐西里斯法庭時，阿努畢斯也擔任了重要的角色。阿努畢斯站立於船頭，開出通往冥界的道路。正式來說，這個角色是名字含有「開路者」意義的神祇烏普奧特（Upuaut）的工作。這名神祇因為模樣與阿努畢斯酷似，時常被混為一談，所以在傳說中阿努畢斯也擔任了這份工作。在阿努畢斯與烏普奧特同時被描繪出的場合中，兩名神祇也被認為指示的是冥界的南北方向。

在歐西里斯的法庭中，阿努畢斯的職責更顯重要。阿努畢斯會在此接收死者的心臟，負責將其置於真理之秤上並量測的工作。法庭中還待著一頭會大啖死者心臟的怪物阿梅米特，在結果明確呈現之前，阿努畢斯同時還必須保護死者的心臟免於怪物之害。

死者是否能獲得永恆的生命而在天國復活，端視使用真理之秤量測心臟重量而定，因此阿努畢斯的工作對於死者而言，其重要性可說是無以復加。

➡〔歐西里斯〕〔歐西里斯的法庭〕〔阿梅米特〕

■ 阿努那基 ──────【美】

Anunnaki，古代蘇美、巴比倫尼亞的陰間眾神。雖然阿努那基這個字也被指為所有的眾神，但是後來專指為地上與陰間的眾神。傳說中，冥界的阿努那基們在監視著死者們。

■ 昂拉・曼由 ──────【瑣】

Angra Mainyu，與瑣羅亞斯德教的唯一最高神祇阿胡拉・瑪茲達（Afra Mazda）對立的最大魔鬼，也被稱為阿里曼（Ahriman）。所有的魔鬼都在他的統治之下，這些魔鬼棲息於惡思界、惡語界、惡行界等地獄之中，責罰著死者。人類之所以會死亡，也都是因為這些魔鬼所致。

在瑣羅亞斯德教之中，自瑣羅亞斯德誕生三千年後，將會進行最後審判，而在此刻所發動的最終戰爭裡，惡魔們也將遭受決定性的敗北，昂拉・曼由也將逃往地獄而消失無蹤。

➡〔惡思界、惡語界、惡行界、無始暗界〕〔最後審判〕

■ 伊耶那美命 ──────【日】

日本神話的女神，黃泉之國的統治

III
神・裁判官

者。伊耶那美命最廣為人知的，便是在生時與伊耶那岐命一起誕生出日本列島，並且誕生出數名神祇。她在誕生火神迦具土時，因為全身著火死亡，而下到黃泉之國。

因此大為傷悲的伊耶那岐命，為了要將妻子接回而赴黃泉之國，不料卻被伊耶那美命變得極為醜陋的模樣嚇得逃回地上。伊耶那岐命將黃泉之國與人世交界的黃泉比良坡以千引岩堵住，並宣告就此與伊耶那美命離緣而去。據說伊耶那美命雖然因此無法返回人世，卻在之後以黃泉大神的身分，統治黃泉之國。也有說法認為，伊耶那美命在下到黃泉之國時，該處應已有黃泉神統治，而在伊耶那美命確定無法返回人世的時候，才搖身一變成為黃泉之國的統治者。

若根據平田篤胤的說法，伊耶那美命統治黃泉之國只有一段極短的時候，當須佐之男命前往黃泉之國開始，須佐之男命就成為該國的統治者，而伊耶那美命就成為次於其位的陰間之神。不過在記紀神話中，須佐之男命所下的根之堅州國，或稱根之國，被視為與黃泉之國相同。但普遍情況是把黃泉之國看作另外之地，在這個前提下，須佐之男命應該就不是黃泉之國的統治者，而是由伊耶那美命繼續統治。

　➔〔伊耶那岐命〕〔黃泉之國〕〔須佐之男命〕

■伊西斯 ──────────【埃】

Isis，古代埃及的女神，陰間之王歐西里斯之妻。她被認為是偉大的魔

法師，這位女神的咒語能使死者復活，在死後的世界獲得永恆的生命。塞特將歐西里斯的身體分解時，伊西斯將碎片尋回，得力於托特與阿努畢斯，將屍體施以防腐措施而使歐西里斯復活。傳說中，這位女神的影響力遍及冥界各角落，死者要靠著她的氣息才能呼吸。

　➔〔歐西里斯〕〔阿努畢斯〕〔托特〕〔塞特〕

■伊斯拉菲爾 ─────────【伊】

Israfil，伊斯蘭教的天使（Mala'ika）之一，被任命為從生者身上奪去靈魂的死亡天使。伊斯蘭的天使之中，有各式各樣在天國或地獄擔任工作的角色，但其中以伊斯拉菲爾最為重要，他負責宣告世界末日的工作。屆時，伊斯拉菲爾會吹奏兩次喇叭，第一回的喇叭聲一響起，生者會死亡，死者們也會失去意識。接著在第二回的喇叭聲中，所有的死者都會復活並前往神的跟前，接受最後審判。

　➔〔最後審判〕〔哲哈南木〕

■瓦爾基里[3] ─────────【北】

Valkyrie，在北歐神話之中，她們是一群以主神奧丁的使者身分上戰場，發現優秀的英雄後給與死亡命運的戰鬥女神。女神們所發現的英雄戰死者，會馬上被送往位於神之國阿斯加爾德的瓦爾哈拉宮殿，成為被稱為艾赫加而過著美好生活的人。他們每天進行不可或缺的戰鬥訓練，其餘的時間就是盡情大吃大喝，瓦爾基里也

會服侍在瓦爾哈拉裡頭生活的艾赫加。

➡〔奧丁〕〔瓦爾哈拉〕〔艾赫加〕

厄里什基迦勒 ————【美】

Ereshkigal，古代蘇美、巴比倫尼亞的冥界「不歸之國」女王。豐穰的女神伊南娜（阿卡德語稱為伊什塔爾）的姊姊，與其丈夫內爾格勒一起統治陰間。

➡〔不歸之國〕〔內爾格勒〕〔伊什塔爾〕

閻魔王 ————【佛】

佛教的地獄之王，也被稱為閻羅王、閻羅魔王、閻魔大王。

在伊朗或印度是自古流傳而來的神祇，經典《阿維斯陀》中出現的伊瑪（Yima），以及《梨俱吠陀》裡出現的夜摩為其起源。兩本經典都提到閻魔是人世間最早的人類，但在《梨俱吠陀》之中，則清楚強調了他是死者之神。因為身為最早人類的夜摩，在人世間也是最早死亡，因而發現了死者之路。

但是，《梨俱吠陀》的夜摩與後來閻魔王棲息的地下世界不同，他居住在天界，也沒有被賦予裁判死者罪行之類的恐怖形象。相反的，夜摩帶著歡樂的形象，死者的靈魂升到天上的夜摩世界去，在那裡每日飲酒，聆聽樂音，就這樣過著美好的生活。天界的夜摩還有兩隻名叫沙羅摩（Sarama）的神話四眼母看門犬作伴，這兩隻狗也不如傳說中地獄的看門犬一般恐怖，而是扮演將死者的靈魂平安送至夜摩世界的引路角色。

具有這般歡樂形象的夜摩，在佛教中成了被稱為夜摩天或是夜摩天的天界之神，與現在所謂地獄的閻魔王有所區別。

但是被當成死者之神的夜摩，隨著人們對死亡抱持的恐懼，而漸漸地在傳說中有了恐怖的形象。在囊括了公元前後數世紀期間的敘事詩《摩訶波羅多》（Mahabharata）之中，夜摩已經被當作地獄之王，身著大紅血色的上衣，頭上戴冠，用姆指上的大鉤由人類體中將靈魂拉出。

這般可怕的夜摩形象在佛教中更加發展，成為了現在的閻魔王。

這名佛教中的地獄之王教人生懼，他雄踞在位於地下閻魔界的氣派閻魔王宮中。根據《世記經》（《長阿含經》）記載，閻魔王宮位於人類居住之閻浮堤（瞻部洲）之南，大金剛山之內，其治理的範圍縱橫達六千由旬。在這裡，閻魔王通常是和身邊的侍女們一同愉快度日，但是教人不可思議的是，他時常也會像地獄的亡者一般，作出藉大獄卒的手將熔化的銅倒入口中之類的事來承受痛苦。但是，這畢竟只是一時而已，若獄卒帶來了罪人，他就會以地獄之王的身分對他們進行審判。在這項審判之中擔任重要角色的有三名使者，三使者即以老、病、死之事，對於閻魔王向使者訊問該罪人的問題，調查其罪狀。例如以老為例，會質問「你在生前是否曾見過老年白髮而體弱之人？」接著，無論實際上是否見過，便進入為何沒有頓悟人生的無常而放逸度日的

議論中，以證明罪人的罪孽之深重。如此對老、病、死三使者訊問之後，將放逸度過人生的罪人們由獄卒帶走，並送下地獄。

在這裡所敘述的審判方式是根據《世記經》而來，但是在《十王經》之中，閻魔王宮之中有一面名為淨玻璃鏡的特殊鏡子，它將死者一生鉅細靡遺反映出來，並根據其罪行而決定死後的去所。這部受到道教影響的經典，稱閻魔王共有十位，名為十王，各自並在不同地點擁有宮城，這裡所述不過是在其中第五名出現的一位而已。此外，在閻魔王宮中的閻魔王底下，尚有泰山府君或小野篁等數名判官會隨侍在旁，對罪人制裁的說法。

傳說中，閻魔王為地獄之王，同時亦是餓鬼界之王。餓鬼尚具有一層祖靈的含意，在《梨俱吠陀》的時代裡，祖靈與夜摩一同居於天上，所以當祖靈變為餓鬼而在地下生活時，其君王夜摩變為閻魔也就沒有什麼突兀之處了。

➡〔十王〈閻魔王〉〕〔夜摩〕〔淨玻璃鏡〕

■ 大國主神 ──────【日】

復古神道中，死者前往之幽冥界的統治者。記紀神話之中，大國主神曾經為日本之王，將國家讓與天照大神嫡系之神，之後閉居在出雲，但是在平田篤胤為首的復古神道中，此一大國主神則成了日本的陰間幽冥界之王。這名君王也有擁有類似佛教閻魔王的權限，在平田篤胤的學說裡，大國主神對於人類在現世所行之功過，

能在幽冥界進行審判。雖然由人世看不見幽冥界，但幽冥界卻能看見人間，因此大國主神對死後的靈魂在生前的作為能夠一目瞭然。就連本人沒有意識、別人也不知覺的功過，大國主神亦全都明白，並在此人死後，能細細地對於該功過審判。

➡〔幽冥界〕〔大國主神（Ⅵ）〕

■ 歐西里斯 ──────【埃】

Osiris，古埃及的冥界之王，他在歐西里斯的法庭決定死者靈魂的命運。原本是古代的穀物神，但後來成為冥界之王而廣受古埃及人歡迎，第十八王朝左右時興起，被當作是埃及的最高神祇崇拜。

歐西里斯所居住的是被劃分為十二州的杜亞特（陰間）之中的第六州，該處有歐西里斯的公館，設有歐西里斯的法庭。君臨死者的歐西里斯被描繪為普通木乃伊的模樣，端坐在法庭深處所設置的壇上王座。穿戴象徵統合南北埃及[4]的阿特夫[5]王冠（Atfw；飾以羽毛的白色王冠），手持表示和平與統治的代表物──笏。王座的背後則有妻子伊西斯與妹妹奈芙蒂斯隨侍，前方即是荷魯斯[22]的四個兒子。歐西里斯就這樣在埃及的眾多神祇陪審之下，由托特與阿努畢斯量測死者的心臟，決定死者的命運。只有經審判獲無罪的人，才能前往被稱之為和睦平原的天堂。

歐西里斯成為死者之王的經過，在神話中有詳細的相關傳述。根據神話中所述，歐西里斯為大地之神蓋布

（Geb）與天空女神努特（Nut）的兒子。努特本來是太陽神拉的妻子，這件事因此讓拉大為光火，於是宣告努特，只能在這個世上不存在的月份中不存在的日子生下孩子。因此，努特向月神托特商量，將既有的十二個月之中，各抽出少少的時間來，創造出新的五日。據說，埃及就從自古以來的一年三百六十日，由此時開始成為一年有三百六十五日。

因此而附加上的五日，與過去的一年沒有關係，努特便在這五個日子之中生下孩子。歐西里斯是在第一個日子中誕生。之後的每一日，荷魯斯、塞特、伊西斯、奈芙蒂斯相繼出生，歐西里斯便與妹妹伊西斯結婚，塞特則與妹妹奈芙蒂斯結婚。後來，繼承了大地之神蓋布的王位的歐西里斯，成為地上之王而統治上下埃及，他教化埃及人民穀物的栽培法與葡萄酒、麥酒的釀造法，並向全世界傳播此一文化，因此歐里西斯受到埃及人的深深崇拜。

只不過，哥哥所受到的愛戴卻遭受弟弟塞特的嫉妒。他與七十二名夥伴共謀，引歐里西斯赴宴，佯裝遊戲，

令歐西里斯躺進預先合他身體而作的箱中。待歐西里斯照作之後，塞特便將箱蓋閉合，牢牢上釘之後焊錫，將之流放入尼羅河中。

獲悉之後的伊西斯拚命尋找，終於發現箱子漂流至敘利亞（Syria）的比布魯斯[6]。此時的歐西里斯已經死亡，伊西斯在悲傷痛哭之餘，將箱子運回埃及，藏在位在三角洲地帶名為布托（Buto）的城鎮附近，卻恰好被正欲打獵外出的塞特發現。塞特立刻就了解此為誰的屍體，便將屍體分解為十四個部分，散置於埃及各地。

伊西斯靠著不屈的精神，將丈夫的身體全部找回來，只有生殖器被尼羅河的魚吃掉。

見到此景的太陽神拉，便派下胡狼頭的神阿努畢斯，令他藉伊西斯、奈芙蒂斯、托特的協助，將歐西里斯的身體復原之後，以麻布包裹，進行防腐措施，因而成為埃及製作木乃伊的創始者。此外，並進行了埃及人於之後仿效的儀式，將歐西里斯復活。

但是，復活後的歐西里斯不願再成為地上之王，選擇了陰間之王身分。他在陰間對無論神祇或人類，一律進行死者的審判，而成為萬人之王。

死後復活，並於陰間得到永恆生命的歐西里斯，成為埃及人的模範。埃及人對於死者進行如同歐西里斯所接受之一樣的儀式，認為能因此讓死者於死後獲得永恆的生命，藉由包含製作木乃伊在內的各種儀式，認為死者也能成為如同歐西里斯一般的存在。

→〔歐西里斯的法庭〕〔杜亞特〕〔和睦平原〕〔阿努畢斯〕〔伊西斯〕

奧丁 ——————————【北】

Odin，北歐神話的獨眼主神，亦是死者之神，也稱為瓦爾哈拉「戰死者之父」。基督教傳入之前的北歐，認為戰死者享有榮譽，而戰死者其中一半，奧丁會收歸麾下，令其住在位於神之國阿斯加爾德的瓦爾哈拉宮殿裡。北歐神話之中，為了發生在眾神時代的尾聲，名為雷格那諾克[7]的戰爭，奧丁將戰死者集合起來為該日準備，這些戰死者被稱為艾赫加。為了集合這些優秀的英雄，奧丁派遣名為瓦爾基里的戰爭女神為使者，前往戰場，物色戰士。奧丁重視優秀的戰士，可由他在十世紀前半的挪威（Norway）王埃里克[8]在死後到了瓦爾哈拉時欣喜若狂一事得見。奧丁也是咒術之神，能將死者們喚起。

→〔瓦爾哈拉〕〔艾赫加〕〔瓦爾基里〕

小野篁 ——————————【日】

平安時代初期和歌詩人（802～852），傳說中屢屢往返於陰間，擔任閻魔殿裁判官的人物。他在閻魔府執行裁判的故事，散見於《今昔物語集》（卷二十）、《江談抄》等。

據《今昔物語集》描述，當時任右大臣之藤原良相身染重病而死，立刻被閻魔王的來使逮捕，帶往閻魔殿。該處有數名隨侍閻魔大王的臣下，其中就有小野篁。篁對閻魔大王秉告，良相為人親切而高尚等事，為其請命，大王應許，並隨後對逮捕者下令，命其帶良相重返人世。

華山府君 ————— 【道】

中國陰間神祇之一。依據中國五行思想將中央以及東、西、南、北所在之聖山，稱為五嶽並敬拜之。五嶽之中有東嶽‧泰山（山東省）、西嶽‧華山（陝西省）、南嶽‧衡山（湖南省）、北嶽‧恆山（山西省），中嶽‧嵩山（河南省），其中西嶽華山的山神則為華山府君。

華山神自古以來，被認為擔任司掌某人之工作前途如何等人類命運之事，亦擔任人類陽壽盡後，將靈魂招至陰間的工作，而中國之中的東嶽泰山的泰山府君為地獄的首長，執行死者之魂的監督。因此，華山府君的權位應該是在泰山府君之下，故泰山府君召喚人類之魂時，將名簿送與華山神，再依此由華山神的屬下將死者帶來。

➜〔泰山〕〔泰山府君〕

韓擒虎 ————— 【中‧道】

中國隋代的將軍。歷任都督、知事等官職的英雄，被認為於死後擔任閻魔王。《隋書》第五十二卷中有一段關於此事之逸話，他在說過「生為上柱國，死作閻羅王，斯亦足矣」後，僅隔數日便死亡。

中國自古以來即為施行官僚制度的國家，閻魔王亦被認為屬於地位之一種，在一定期限之後，便會換上他人就任。因此，傳說死後成為閻魔王的人物所在多有，除了韓擒虎，北宋將軍寇準，宋代儒家范仲淹，同樣於宋

因此良相一度死亡而又復生，恢復健康。但是他對於黃泉路上發生之事深覺不可思議，因此於某次在宮中和篁相會之時，詢問閻魔殿中發生之事。而篁答道，當他年少，於宮中被問罪之時，良相仔細而親切地為其辯護，因此，此番之事為當時之報答，並且希望今後不可對任何人訴說，務必保守祕密。

《今昔物語集》的故事到此結束，但是還有其他篁前往陰間時所用通路的傳說。根據傳說，篁由位在京都之六道珍皇寺後方的一座水井往陰間，天明之時，便由嵯峨藥師原的水井返回人世。

➜〔閻魔王〕〔六道叉路〕

III

神‧裁判官

代被譽為名裁判官之包拯等人，皆在死後被傳述成為了閻魔王。

→〔閻魔王〕

克爾 ─────── 【希】

Ker，希臘神話的死亡女神。克爾為「破壞」之意。此一具有陰慘形象的女神，有著可怕的外表，驅使人盲目、老化或是死亡。荷馬在特洛伊戰爭中描述，士兵死亡是受到克爾的作祟。此外，亦傳說克爾會身著染血的長掛牽引死者。她亦是塔那托斯（死）與休普諾斯（睡眠）的姊妹。

→〔塔那托斯〕

五道將軍 ─────── 【道】

道教的陰間之神，為在地獄中監督行刑的猙獰司令官。宋、元之時被認為有五人，最後結合成一位神祇之名。敘述釋迦十大弟子之一的目連進入地獄之《大目乾連冥間救母變文》中，便有極其猙獰之五道將軍登場。據此書所言，五道將軍的金鎧閃閃發亮，佩帶眩目寶劍，目如電光，帶領百萬以上的手下，在地獄之中威名遠播，故在黃泉路上最教人喪膽者，當屬五道將軍。

→〔目連〕

崔府君 ─────── 【道】

古代中國磁洲（河北省磁縣）縣令，亦為陰間的判官。據說他在日間於人界為官，夜間則在閻魔大王手下擔任陰間判官之職。

關於崔的出生時代有種種傳說，像是後漢人士，名媛，字子玉之說，亦有隋朝人士，名珏，字子玉之說。

據《例仙傳》所述，崔府君自幼頭腦聰穎，公元633年進士及第之後，不但監督人間，也同時捉拿陰間鬼怪之惡事，治縣有方。某日，一名獵人在禁止狩獵的禁令發布之後違禁捕兔。子玉立即捉拿此人，並以懲罰要在現世或是來世，執行詢問此人。犯人回答希望在來世，子玉便將其釋放。之後的夜裡發生一件奇事，該名男性犯人在就寢時，有一不知何處而來的鬼怪，將此男性裝入棺內帶往府衙。正殿之上，正是子玉著官服坐堂，並對人犯進行判決。子玉看見此男後，依例審視其罪狀，告知判決將於明晚作出，令其入棺中返家。之後自隔日起，此男每晚夢中都須領受刑罰，因而後悔不已。

《西遊記》中有唐太宗一度墮入地獄而生還的故事，其中來到地獄裁判所的太宗返生者，據說正是擔任判官的崔子玉。

→〔唐太宗〕

地藏菩薩 ─────── 【佛】

住在地獄的菩薩，亦即一般所熟知的地藏王。佛教中，菩薩各有其主宰的淨土，但地藏菩薩則不同，其獨自在地獄或是六道之中居住，救濟墮入此道的罪人。為了救濟亡者，地藏菩薩有無數分身出現於各處。

《今昔物語集》之中，收錄多篇地

藏菩薩顯靈的故事,其中多數為生前對地藏菩薩具有信仰之人,在死後墮入地獄時,地藏菩薩便於該處出現,令亡者返回陽世,並給與能到達極樂往生機會。在地獄遭受苦難的亡者之苦,由地藏菩薩代其領受的故事亦有不少。例如:「墮越中立山地獄蒙地藏助語」故事之中,一名女性死後墮入立山地獄裡,但是僅因其生前曾參拜過一、兩次地藏菩薩的理由,地藏菩薩便於地獄出現,於早朝、正午、日沒三次,代替領受該女的苦難。

地藏菩薩的行為看似與地獄之王閻魔敵對,但是據說單憑閻魔王之力亦無法驅逐地藏菩薩。於《十王經》等書所述,閻魔王為地藏菩薩的本地[9],其實為同一存在。十王之中位於第五處的閻魔王殿之中,亦附屬有名為善名稱院之地藏菩薩專屬院寺。在日本,一般人會地藏菩薩稱呼為「地藏爺」以示親切,據說他也能指引死去之人在前往陰間的路上不致迷途。

➡〔賽之河原〕

寂靜尊 ──────【西】

於西藏密教中,會於中有狀態之死者面前出現之群神。據《西藏生死書》(Bardo Thotrol,《中有聞教解脫》)所述,人類在死後會通過臨終中有、實相中有、投生中有等三種階段,而於通過臨終中有期間的最初六日裡,會出現許多寂靜尊的神群。

於此期間,六道所發出的暗光亦同時與寂靜尊出現,對死者扮演著一種試金石的角色。寂靜尊為佛所改變姿態者,具有柔和的模樣,全身發出直教人害怕的光輝。因此對死者來說,比之寂靜尊眩目的光芒,六道所發出較不眩目的光芒會更感覺親和。若於此逃離寂靜尊的光芒而接近六道之光,死者便無法成佛,而在中有的迷惑中繼續徘徊。

於中有期間出現的寂靜尊數量繁多,其中心者為第一日的毘盧遮那佛與女尊虛空法界自在母,第二日的金剛薩埵與女尊佛眼母(Buddhalocani),第三日的寶生佛與女尊我母(Maamakii),第四日的阿彌陀佛與白衣母(Paa.n.daravaasinii),第五日的不空成就佛與女尊三摩耶多羅(Taaraa),而於第六日,則過去所有已出現之寂靜尊將一起出現。

➡〔中有〕〔忿怒尊〕

十王 ──────【佛・道】

佛教與道教的陰間中,有十名衡量死者罪業的裁判官,各是秦廣王、初

江王、宋帝王、五官王、閻魔王、變成王、太山王、平等王、都市王、五道轉輪王。受到中國文化影響，這些王入畫時，經常畫成穿著中國官服，於案前端坐於椅上的模樣。與佛教的閻魔王有十人之說相仿，但在此說法之下，閻魔王亦為十王之一而已。

原本道教的思想中，死者於中有期間，將依序經過各十王殿，接受各王的裁奪，以決定來生的生處。死者尋訪十王之日亦有固定。死者於頭七日（第一週）到達秦廣王殿，接著於二七日（第二週）至七七日（第七週）為止，由初江王至太山王，每週抵達一殿，往後的一百日，一週年，三週年之日，再前往其餘各王之殿。

根據《十王經》（《佛說地藏菩薩發心因緣十王經》），人死後閻魔王立即會派遣三名閻魔卒前去。此三名為名叫奪魂鬼、奪精鬼、縛魄鬼之鬼卒，死者將與鬼卒同往，翻越險峻的死出山前去陰間，之後，死者便在歸定之日前往十王之處。十王各自的特徵如下文所述。

〈秦廣王〉死者於頭七之日所造訪的陰間判官，不動明王為其本地[21]。王殿位於尚未渡過三途河處。對於遠道而來的死者，秦廣王會責罵其生前不行善，才會誤入此地。更會質問其是否曾殺生。道教中，認為秦廣王為司掌記錄人類壽命的帳簿之王。

〈初江王〉本地為釋迦如來，由秦廣王殿來到此殿之間有三途河。可以渡過三途河地點有三處，此三處為山水

瀨、江深淵、有橋渡，依其罪之輕重，渡江處亦有不同。過河之後，旁邊即有一名為衣領樹的大樹，樹下有名為奪衣婆與懸衣翁之男女鬼。死者抵達後，奪衣婆會將犯有盜業死者的兩手手指折斷，懸衣翁則與牛頭一起將死者們趕至衣頂樹下集合。奪衣婆會在此脫去死者們的衣服，懸衣翁將其衣服掛於衣領樹上，依照衣服垂下的模樣來衡量死者之罪之輕重；之後，死者再赴初江王殿，接受裁判。道教中，初江王司掌大海之底，此處某殿之中則附屬有十六個小地獄。

〈宋帝王〉本地為文殊菩薩，殿前有大批可怕的貓與大蛇。在此處的死者，有人的乳房被會扯破，被綁赴殿中。道教中，宋帝王司掌海底，殿中則附屬有黑繩大地獄與十六小地獄。

〈五官王〉本地為普賢菩薩，此殿中會秤量罪之輕重。秤有七種，依殺生、偷盜、邪淫等身業三罪，以及妄語、綺語、惡口、兩舌等口業四罪，來衡量重量。依照罪之輕重，死者將決定來世的生處。生處由罪輕者開始依序分為畜生、餓鬼、八寒八熱地獄。死者在還沒有登上秤之前，秤便會自行擺動來衡量罪業的重量。死者雖有抱怨，則實際登上秤時，結果不會改變。計量的結果會由名為勘錄舍之部署傳達，記錄於帳簿，接著製作成送往下一位閻魔王的文件。道教中，五官王司掌大海之底，殿中有合地獄與十六小地獄。

〈閻魔王〉閻魔王在佛教中，基本上是陰間的大王，司掌陰間的全體，但十王的思想受到道教的影響，因此閻魔王的地位被下降，成為第五殿之王，本地為地藏菩薩。原本居住在陰間之中大王般氣派的宮殿，在《十王經》裡，則變為道教的陰間之王泰山（太山）府君的麾下。宮殿之門兩側有一名為檀荼幢之棒，棒端有人頭，立於該處以為閻魔王的標識。

死者於殿中接受閻魔王制裁，王的左右有兩名記錄官。左側者有如鬼般模樣，連死者細枝末節的惡行皆有記錄，右側者如吉祥天女般美麗，記錄死者各種善業。閻魔王審查兩方之一切，決定死者的善惡。閻魔王亦會利用淨玻璃鏡作判斷。此鏡位於殿中所附屬之光明王院中殿裡，能將死者生前一切的行為照映出來。在此鏡之前，死者無論如何說謊皆無效。

閻魔殿之外亦有名為善名稱院之院寺，四處皆裝飾得猶如極樂淨土，據說為地藏菩薩休憩之處。傳說中的地藏菩薩，將自己置身於六道中，為了救濟迷途眾生而賣力。

道教中，閻魔王司掌大海之底，殿中有叫喚大地獄與十六小地獄以及望鄉台。

➡〔望鄉台〕

〈變成王〉本地為彌勒菩薩，來到此殿之前，會有名為鐵丸所的河邊平原。鐵丸所上常有大石滾動，施予死者極大苦痛。殿中有兩株樹，其下有三條道路。死者自行選擇其中一條前往，決定自己的命運。道教中，變成

王司掌大海之底，殿中設有大叫喚大地獄與十六小地獄。

〈太山王〉本地為藥師如來。來到此殿之前，會有一名為闇鐵處之險境。闇鐵處為一漆黑細窄的道路，兩側有尖銳鐵刺突出的場所，死者於此通過時，會受到皮膚綻裂的極大痛苦。殿中有六道牌坊，死者自行選擇其一通過，以此決定來世的生處。道教中，太山王司掌大海之底，殿中附屬有熱惱大地獄與十六小地獄。

〈平等王〉本地為觀世音菩薩。來到此殿之前，會有名為鐵冰山的河邊平原，令死者因寒冷而受苦。道教中，平等王司掌大海之底，也有都市王為第八王的說法，殿中附屬有大熱惱大地獄與十六小地獄。

〈都市王〉本地為阿閦如來之王。殿中有衡量罪業重量之箱，罪重者打開之後，會噴出烈火將其焚化。道教中，都市王司掌大海之底，也有平等王為第九王的說法，殿中附屬有阿鼻大地獄與十六小地獄。

〈五道轉輪王〉本地為阿彌陀如來。在之前殿中尚未能決定來世生處的死者，則會在此處作下最終決定。

道教中，五道轉輪王會對每一個死者作下詳細的帳簿，並將之送往中國地獄所在的酆都，以據此決定死者將轉生為何。殿中有金、銀、玉、石、木板、奈何等六座橋，死者渡過這些橋，被送往轉生之處。此外中殿尚有

轉劫所、醧忘台等設施。

➡〔醧忘台〕〔轉劫所〕

城隍神、土地神 ────【道】

中國所信仰之土地的管理神。城隍神為府州縣之官衙，統理城牆所圍起之廣大城鎮，土地神則掌理較小的鄉村。城隍神與土地神，以前者之格較高，服裝上也以城隍神穿著官服，而土地神則作一般老翁之裝扮區別。

城隍神、土地神皆為該土地之守護神，以中國陰間最高權威之泰山為頂點，形成官僚組織化的金字塔。人一死亡時，被認為首先報到之處，便是該土地祭祀之城隍神或是土地神廟，於此處接受裁判後，再被送往泰山或是酆都等陰間去。與閻魔大王一樣，此二神亦能夠鉅細靡遺地明白人類的惡業，因此亦受到敬畏。此外，城隍神並非單純進行死者仲裁，尚司職其守護都市之管轄地域的民眾生死，廟中亦放置有記載人們壽命的命簿。

➡〔泰山〕〔酆都〕

須佐之男命 ────【日】

日本神話的神，為被稱作根之國或是根之堅州國之陰間統治者。以制服八岐大蛇而著名。

根之國與黃泉之國一般被認為是不同的陰間，但在平田篤胤的學說中，則將此二處認為是同一地，須佐之男命前赴黃泉之國時，統治者由伊耶那美命轉為須佐之男命。記紀的記述亦不夠明白，其中也有將根之國與黃泉之國視為相同之部分。

根據《古事記》中，須佐之男命是由黃泉之國歸來的伊耶那岐命，在進入位於九州的日向之阿波岐原的清流中洗滌身體時所誕生的，但是須佐之男命卻不顧伊耶那岐任命其擔任海原的統治者，執意前往母親所住之根之堅州國。

在他成為根之國國王之後，發生了大國主神造訪根之國，將其女兒須世理毘壳奪去並逃走事件，此時須佐之男命亦只追趕逃走的大國主神到黃泉之國與人世的邊境黃泉比良坡而已。由此可見，由《古事記》編纂的時代開始，黃泉之國與根之國已經被視為一同。

如同大國主神能將須世理毘壳帶回人世一般，活人並沒有被禁止在根之國與人世之間往來，這一點與黃泉之國有決定性的差異。因此，須佐之男命應並非黃泉之國的國王，而是另外的陰間根之國的國王。

➡〔根之國〕〔黃泉之國〕〔大國主神〕

斯拉奧沙 ────【瑣】

Sraosha，瑣羅亞斯德教中，順從與規律化身的天使（亞札塔；Yazata）。為了保護世界避免遭受魔鬼們的毀滅，亦司職於冥界，與密斯拉、拉什努一同裁判死者之魂。瑣羅亞斯德教中，認為死者之魂會於死後三日內在屍體邊徘徊，而在此期間保護靈魂遠離魔鬼者，亦為斯拉奧沙。

➡〔密斯拉〕〔拉什努〕

III

神・裁判官

▌祖魯旺 ———————【瑣】

Zurwan，瑣羅亞斯德教異端之祖魯旺教的最高神，但是於《阿維斯陀》中，卻是作出讓所有人類通往冥界之道路的神祇。

▌塞克 ———————【埃】

Seker，古埃及曼非斯地方，以鶹的模樣出現之墓場的女神。拉在夜間十二小時橫越陰間杜亞特，於四時與五時的時候，正好位於她所統治的國度中，該處是一完全的沙漠地帶，拉的船於該領域中要變換為雙頭蛇的模樣才能前行。此外，該處亦十分黑暗，有可怕的蛇棲息於此，因此成為拉夜間航行中的最大難關。

➲〔拉〕〔杜亞特〕

▌塞特 ———————【埃】

Seth，古埃及的死者之敵，邪惡的魔鬼之神。身為歐西里斯之弟，因嫉妒兄長受愛戴而殺害歐西里斯，更與歐西里斯之子荷魯斯搶奪埃及王位而爭戰。自古以來，他便被視為不毛沙漠地帶之神，具有與日間對立的夜間，與生對立的死的意味，也被認為是破壞一切之神。太陽神拉乘船於天空或杜亞特（冥界）中航行時，塞特化為怪蛇阿倍普阻饒，因此，他便成為死者們渡過冥河時的敵人。但是，因為他原本非邪惡之神，傳說只要搭乘太陽神拉的船，便能擊退阿倍普。

➲〔歐西里斯〕〔杜亞特〕〔阿倍普〕

▌塞勒凱特 ———————【埃】

Selket，頭頂有蠍子的古代埃及女神。有時也會被描繪成蠍身而有女性臉孔的樣子。原本是尼羅河的女神，但最後似乎定居於杜亞特。她在杜亞特活躍的場所，為太陽神拉夜間航行接近尾聲的十時或十一時的領域。在拉的船上的眾神此時擊退了最大的敵人怪蛇阿倍普，塞勒凱特鉗住蛇首，一手握住鎖鏈，監視阿倍普令其不得脫逃。

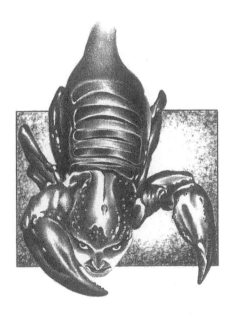

▌太乙救苦天尊 ———————【道】

道教之神。與佛教中之地藏菩薩一樣，會救濟墮入地獄的亡者們。尤其

在台灣，據信若死者的遺族手持書有神名的符紙，為其進行祈禱，便能救濟死者之魂。

→〔地藏菩薩〕

泰山府君 ──────────【道】

中國自古以來認為死靈所集聚之泰山的山神。因為地獄思想的發達，亦被認為是地獄之首長閻魔大王。

中國的地獄與現世一樣具有複雜的官府組織，居於長官之泰山府君其下有各種屬僚，稱為泰山主簿、泰山錄事、泰山五伯等等，在佛教思想強力滲透的思想中，亦有泰山府君在閻魔大王之下擔任記錄工作的說法。

圍繞泰山府君傳說眾多，約於四世紀左右寫成之《搜神記》[10]中，有一則關於住在山東省，喚作胡母班[11]之人曾收到泰山府君託付之信，因而遭受意外厄運的故事。

此事之後，某日當班行於泰山山腳下時，身著紅色衣物的騎者[12]出現，自稱為泰山府君使者。接著班依其所言，閉起雙眼隨之同行，不多時，便身置於氣派的宮殿之中，受到府君款待，府君並委託其遞送一封信給嫁予黃河之神的女兒。班在詢問過詳細的送信順序後，便退出宮殿，回到原來的路上，稍後他來到黃河，搭船渡江，於江上扣擊船緣並叫喚青衣[13]。稍後，果真如府君所言，水中有一婢女出現，取過信後再沒於水中。片刻，婢女再次浮出水面，請班閉上眼睛，將之帶往河神的宮殿中，於該處再次受到款待。

此後，班接受府君之女託付回信，數年後再次經過泰山之旁時，扣擊樹木並報上自己名號，告知有事求見。接著便如過去一般，紅衣騎者再次出現接引班至府君處。班將交待之事處理完後，如廁之時，赫然看現自己的父親身披首枷，與數百人一同勞動。

班不禁上前，其父流淚說道，希望能代向府君求情，免於勞役。其父在獲釋之後，又希望成為土地之神。班於是再向府君請託。府君初聞，只說「生死異路，不可相近」，不答應班的請求，但在班一再央求之下，終究償其所願。

但是，當班返家之後，孩子卻於一年內相繼死去。班大為驚異，火速趕往泰山求見府君，說出現時遭受的厄運。府君笑稱早有此預感，並喚來現已成為土地之神的班父。之後才明白，班的孩子相繼死去的原因為其父所致，因為父親想念孫子，便將其招至身邊。將土地之神撤換之後，往後班新生的孩子才平安成長。

約五世紀左右之《幽明錄》中，有一名為舒禮的巫師，在祈禱時供上各種生物作為牲禮，因此以殺生之罪而墮入火焰地獄的故事。此故事中亦有身為裁判官之泰山府君登場，但是其言行則如閻魔大王一般教人驚駭。

→〔泰山〕

塔那托斯 ──────────【希】

Thanatos，希臘神話中登場之古希臘死神。為尼克斯（夜）之子，與克爾（命運）、歐涅洛斯（Oneiros；

夢）、休普諾斯（睡眠）等人是兄弟。雖然是抽象形態的人格神，但是常被認為是顏容蒼白的老人，造訪壽命將盡之人，並以攜帶之刀將其頭髮切下一縷，接著於獻給黑帝斯之後，將此人帶往陰間。

當埃奧羅斯[14]之子西緒福斯要告發宙斯的風流事時，宙斯即刻派出塔那托斯將西緒福斯帶往陰間。西緒福斯運用策略，欺瞞過黑帝斯而一度生還，但壽命終結而死之時，還是去到塔爾塔羅斯接受懲罰。

歐里庇得斯（Euripides）所作之《艾爾克斯提斯》中有一則故事，描述身穿黑衣的塔那托斯，要前去迎接為了代替丈夫阿德墨托斯（Admetus）而死的艾爾克斯提斯。正好此時阿德墨托斯的友人赫拉克勒斯來訪，與塔那托斯搏鬥之後，將原本要被帶至陰間的艾爾克斯提斯奪回。

特洛伊戰爭中，特洛伊英雄中的宙斯之子薩耳珀冬（Sarpedon）戰死沙場時，塔那托斯與休普諾斯依照宙斯的命令，將薩耳珀冬的屍體由他的領地運到呂西亞（Lycia）。

➔〔西緒福斯〕

▌搭模斯 ─────── 【美】

Tammuz，每半年輪流在地上與冥界居住的古代美索不達米亞之神。他亦是自然的生殖力具現化之神，傳說當他在地上的期間，植物滋長茂盛，動物生長，當他潛入地下之後，地上萬物則全部停止生長。他的妻子是豐

穫之神伊什塔爾，留下了為了尋找搭模斯而下至陰間的神話。他在蘇美語之中被稱為杜木茲（Dumuzi），是伊什塔爾的前身伊南娜的丈夫。希臘之神中，冥后普西芬妮的愛人阿多尼斯（Adonis），也被認為轉化成搭模斯。

➔〔伊什塔爾〕〔普西芬妮〕

▌道反之大神 ─────── 【日】

日本神話之中位於黃泉之國與人世的邊境，禁止兩個世界往來之神。據說是由當伊耶那岐命由黃泉之國歸還之時，為了阻擋追兵而在黃泉比良坡上放置的千引岩所化之神。

➔〔黃泉比良坡〕〔千引岩〕〔伊耶那岐命〕

▌池頭夫人 ─────── 【道】

司掌道教中地獄血污池（血池的地獄）的女神。現今的台灣也有對池頭夫人的信仰。難產而死的女性，被認為皆會入墮血池地獄中，必須祭拜池頭夫人才能得救。

➔〔血污池〕

▌質怛囉笈多 ─────── 【印】

Chitragupta，印度教地獄的記錄官。聽命於地獄之王夜摩，保管記載人們行為的記錄簿。

人死後必定要在夜摩之前接受裁決，此時質怛囉笈多會呈出記錄簿，宣讀死者生前的行為，並據此制裁死者。傳說中在夜摩的法庭裡，除質怛

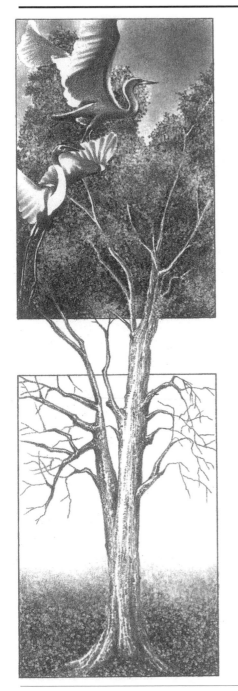

囉笈多之外尚有許多記錄者。

➡〔捺落迦〕〔夜摩〕

■狄斯 ──────【希·羅】

Dis，希臘神話冥王黑帝斯的別名。羅馬神話中為正式稱呼。如黑帝斯的另一個別名普魯托具有財富的意味，狄斯亦有財富的含意。

➡〔黑帝斯〕

■東嶽大帝 ──────【道】

中國中，被認為是死者所前往之山「泰山」的神祇。與地獄首長泰山府君被視為同一人物。但是，之後東嶽大帝與泰山府君分離，泰山府君成為地獄的首長，而東嶽大帝則擁有近似天帝的權威。

➡〔泰山〕〔泰山府君〕

■托特 ──────【埃及】

Thoth，擁有朱鷺的頭與人類身體的古代埃及神祇。有的描述中亦作狒狒的相貌。他是神聖的知性之神，因為能夠書寫文字，因此也以身為眾神的書記而活躍，在古埃及之中，文字與魔法之間具有強烈的關聯。因此托特被認為是偉大的魔法師，為死者頌唱的咒語被認為讓死者的身體能夠經歷時間的流逝而不致腐敗。當歐西里斯被塞特所殺，身體再次復元之時，使用魔法讓歐西里斯復活的，傳說是其妻子伊西斯，但是教授其必須的咒語的則是托特。

身為眾神的書記的托特，亦被認為是埃及神聖法的作者，而與歐西里斯的法庭產生關聯。因此，托特成為計量死者心臟的執行者。死者的心臟由阿努畢斯計量，依據其報告記錄於書板上則是托特的職責。此記錄獲得歐西里斯認可後，便能決定死者的復活。

➡〔歐西里斯〕〔歐西里斯的法庭〕

■ 特里普托勒摩斯 ──────【希】

Triptolemus，希臘神話中，陰間的裁判官之一。他是埃勒夫西斯王（Eleusis）克勒俄斯（Keleos）與墨塔涅伊拉（Metaneira）的兒子。大地之神得梅忒爾（Demeter）停留在埃勒夫西斯的時候，給與特里普托勒摩斯翼龍的戰車與及小麥，囑咐他要傳授全世界作物的栽培方法，並且同時也要宣揚法律與正義，因此他在死後成為陰間的裁判官。

《蘇格拉底的申辯》[15]（Apology）之中，蘇格拉底提及死後的裁判情節時，在米諾斯、拉達曼提斯、埃阿科斯之後，也提到他的名字。

➡〔米諾斯〕〔拉達曼提斯〕〔埃阿科斯〕

■ 奈芙蒂斯 ──────────【埃】

Nephthys，古代埃及女神，殺害歐西里斯的塞特之妻，但是卻和歐西里斯之妻伊西斯之間有著不可分的關係，因此也一起被當成與死者的生活有深切關係的女神而崇拜。伊西斯令歐西里斯復活之後，奈芙蒂斯亦和托

特及阿努畢斯一起給與協助。因此，她與歐西里斯的法庭也有關係，當歐西里斯於法庭監視計量死者的心臟之時，她和伊西斯一同長侍於歐西里斯左右。

➡〔歐西里斯〕〔塞特〕〔歐西里斯的法庭〕

■ 內爾格勒 ──────────【美】

Nergal，蘇美、阿卡德、巴比倫尼亞等古代美索不達米亞的冥界之王。也被稱作伊爾拉伽爾（Erragal）。他原本是住在天界，為疾病與戰爭之神，但是與陰間女王厄里什基迦勒結為夫妻後，就以統治者的身分君臨陰間。

內爾格勒與厄里什基迦勒結為夫妻

的經過，在名為「內爾格勒與厄里什基迦勒」（Nergal and Ereshkigal）的神話之中，有詳細的相關描述。神話中提到，某日，當天上眾神開設宴會時，該年為陰間女王的厄里什基迦勒無法造訪天界，而天界也不可將宴會的美食帶往陰間。因此天上的父神埃努（Anu）徵詢是否有陰間之人能將美食取走，便派卡喀（Kakka）為使者前往陰間，告知厄里什基迦勒。

厄里什基迦勒立即命家僕納姆塔爾上天將餐飲帶回。之後，她對納姆塔爾如此說道：「找出你去天上的時候，沒有起立迎接你的神，我要殺了他。」

聽令之後的納姆塔爾再往天上，與眾神會面，並知道了沒有迎接也沒有招呼他的是內爾格勒，便要將他帶往陰間。內爾格勒並不想前去陰間，便轉往父神埃努處，請求協助。

埃努神（又作艾阿神）愛護兒子，為了讓他安心，便仔細告訴他前往陰間也能平安返回的方法。而因為陰間之中有七道門，所以就派給內爾格勒十四名鬼怪隨行。

內爾格勒聽從父神所言，不帶劍，而以樹枝為杖前往陰間，獲准通過陰間之門後，就在七道門旁，各安排兩名鬼怪待命。

就這樣來到厄里什基迦勒面前的內爾格勒，在她的跟前親吻地面。

見狀的厄里什基迦勒為了招待他，叫人送來了許許多多東西。有椅子、麵包、肉、酒、水。但是，內爾格勒依父命令，不坐椅子，其他物品也不吃，更不以水洗腳。

但是當女王為了沐浴而脫去衣服的時候，內爾格勒卻動念而與她交合。

就這樣，兩人在床上度過六日，在第七日時，內爾格勒突然返回天上。厄里什基迦勒悲傷得不能自已，便命納姆塔爾前往迎接。

納姆塔爾到達天上後對眾神傳達，內爾格勒已經和女王同寢，因此自然應當住在陰間，否則厄里什基迦勒將令死者復活，並啃噬生者。

聽聞此言的眾神大驚，便許可內爾格勒成為厄里什基迦勒之夫。從此以後，內爾格勒便成為陰間之王。

→〔不歸之國〕〔厄里什基迦勒〕

■ 黑帝斯 ————————【希】

Hades，希臘神話的冥王，也作「哈得斯」的發音。他住在地下世界，被認為具有讓地上穀物結實的力量，因此他也被以代表財富的普路同（普魯托）名稱來稱呼。

黑帝斯原本是表示冥王的意思，但是也會被轉用為代表冥界本身。一般所熟知基督教的陰間「冥府」，即為希臘語「黑帝斯」的希伯來翻譯。

於希臘神話中登場的冥王黑帝斯，為希臘神話中第二代最高神的克洛諾斯之子，與宙斯、波賽頓（Poseidon）為兄弟。誕生之後，波賽頓與黑帝斯立刻被克洛諾斯灌酒，宙斯因而起來推翻克洛諾斯，救了他們。克洛諾斯死後，波賽頓、黑帝斯、宙斯三神則以抽籤決定各自的統治領域，此時決定了宙斯為天界之王，波賽頓為大洋之王，而黑帝斯

為冥界之王。與克洛諾斯一族戰爭時，黑帝斯由獨眼巨人庫克洛佩斯（Kyklops）手上，獲得一件披上後能夠隱身的「隱身甲冑」，此物從此便成為黑帝斯如註冊商標一般的物品。

決定統治陰間後，黑帝斯便極少出現在地上。除了為納為自己的王后而離開冥界，擄走大地之神得梅忒爾的女兒普西芬妮涅是唯一的例外。此時的黑帝斯騎著不死的神馬，將大地分開之後，於地上現身。

即使出現在並非冥界的地上，黑帝斯的力量還是絕對的，故他又被稱為「陰間的宙斯」。他任用米諾斯、拉達曼提斯、埃阿科斯三人作判官，以冷酷無情的方法統治整個陰間。但是他絕非橫暴之王，而是始終在維持正義。

但丁的《神曲》裡的地獄中，其最下方的中心有一惡魔之王。作為但丁嚮導，也是羅馬時代詩人的維吉爾，便對惡魔之王以黑帝斯的羅馬名「狄斯」來稱呼。但是，這只是但丁用來說明維吉爾時代背景的一種寫實手法，但丁本身對於惡魔之王仍是以撒旦、路西法、別西卜等名稱呼之。

◆〔冥府〕〔別西卜〕〔撒旦〕

■哈托霍爾 ──────【埃】

Hathor，古代埃及女神，名字有「天界之家」的意思。她是將女性之美與優雅具象化的偉大天空女神，對於死者而言，猶如母親一般的角色。她與死者一同搭乘拉的船航行於陰間的尼羅河，在歐西里斯審判之中，她也在場列席；不只如此，據說死者們在抵達陰間之時，哈托霍爾還會在河岸的埃及無花果樹旁迎接死者，給與肉以及飲料，照顧死者前往天國之前的大小事。她雖然會被描繪成人類的形態，但也常常被畫成乳牛的模樣，給與死者牛乳。

◆〔拉〕〔歐西里斯〕

■岐神 ──────【日】

日本神話之中，傳說在黃泉之國與人世交界的黃泉比良坡上，禁止人世與陰間通行的神祇。《古事紀》中，

岐神為由黃泉之國歸返人世的伊耶那岐命,在日向小門的清流中滌身之時所誕生之神;而在《日本書紀》中,則介紹了如下的故事,舉出了另一種說法,即伊耶那岐命由黃泉之國逃回的路上,被八雷神追趕,他將手持之杖拋出化為岐神,以防止陰間的鬼怪進一步往前。

■忿怒尊 ──────── 【密】

西藏密教中,在中有狀態的死者面前出現,顯露忿怒狀的可怕神群。據《西藏生死書》所述,人類在死後會通過依序通過臨終中有、實相、投生中有等三種中有階段,而在通過實相中有期間的後半,即第八日起至第十四日中,會出現五十八尊忿怒尊神群。

這些忿怒尊其實只是平和的寂靜尊所變化姿態,並且全部皆是死者自身的幻影而已。但是因其外觀可怕,便以此用來試驗死者。

忿怒尊們出現之時,如能頓悟此恐懼感不過是自己本身幻影而已的死者,將能夠成佛(解脫),若是抱持恐懼而心慌,則死者便要在中有的迷惑裡繼續徘徊。

忿怒尊的眾神之中,有佛部嘿嚕嘎、金剛嘿嚕嘎(Vajra Heruka)、寶生嘿嚕嘎(Ratna Heruka)等,每尊都有三張臉,六隻手,四隻腳的恐怖模樣。

➡〔中有〕〔寂靜尊〕

■普魯托 ──────── 【希】

Pluton,希臘神話的冥王,黑帝斯的別名,又作普路同。有財富的意思。黑帝斯住在地下,而被認為與穀物的生長有關,因而被以此名稱呼。

➡〔黑帝斯〕

■赫卡忒 ──────── 【希】

Hecate,希臘神話女神。如希西奧德以長篇來歌頌她一般,赫卡忒原本即是自古以來的地母神之一,為一位擁有天、地、海三界力量的有力女神。但是,有時她被當作是得梅忒爾的女兒普西芬妮(又作佩瑟芙涅)的別名,與這些女神之間有極深的關係,因此在陰間裡,為具有次於黑帝斯、普西芬妮的第三高之地位。

自希臘神話的時代起,赫卡忒與魔法就有深厚的關係,尤其是成為守護三岔路的女神,而被稱為「三岔路的赫卡忒」。許多三岔路上建有她的雕像,以司職旅行者吉凶的身分而受人崇拜。

傳說赫卡忒還會在每晚帶領高哮的野犬,舉起火炬在黑暗的街道上疾行。赫外忒陰森的模樣,著實像極魔女,因而在中世紀歐洲時認為是不折不扣的魔女之女王。

➡〔黑帝斯〕〔普西芬妮〕

■赫爾 ──────── 【北】

Hel,北歐神話中,陰間尼福爾海姆的女王。為惡神洛基與女巨人安格

爾波達（Angrboda）所生的女兒，此外還有哥哥芬利路狼（Fenrir）以及世界蛇約爾姆加德（Jormungan）。此三兄妹被預言會給眾神帶來災禍，因此三人分別被幽閉於人世之外。赫爾被丟入冰之國尼福爾海姆，成為女王而君臨死者。她棲息在名為埃流得尼爾的宮殿中，對於來到陰間的死者，就分派住處給他們。

赫爾有著如死者之女王般名符其實的可怕樣貌，上半身雖然是活生生的女性身體，但下半身卻是死者的身體，青黑而腐爛。英語中的「地獄（hell）」，即是由赫爾（Hel）的名字而來。但是，赫爾所統治的，並非是讓生前犯罪的死者受苦的地獄，而只是單純讓死者前往的陰間而已。

➋〔尼福爾海姆〕

■ 赫爾梅斯 ──────【希】

Hermes，希臘神話之神。奧林帕斯十二神之一，以眾神的傳令使的身分而活躍，也擔任將死者引領至陰間的角色，因而被稱為「靈魂的嚮導」（Psychopompos）。

在眾神傳令使的身分上，赫爾梅斯有著多采多姿的表現，但是以靈魂的嚮導而言，赫爾梅斯也十分活躍。奧爾甫斯要將戀人歐呂蒂凱（Eurydice）帶回地上，但將她的手拉住再帶回陰間的，便是赫爾梅斯；將在特洛伊戰爭中死去的普特西勞斯（Protesilaos）引導回人世，只復活短短數小時，讓他與妻子再次相會的，也是赫爾梅斯。

赫爾梅斯手拿一把名為傳令使之杖（Kerykeion）[16]的魔法黃金之杖，此杖能夠讓怪物阿爾戈斯[17]睡著而將其制服，但是此杖並非只有催眠的能力，對於引領死者更是相當有用。

奧德修斯在特洛伊戰爭後，經歷十年的流浪才返國，將糾纏在妻子潘妮洛普身邊的求婚者殺光，而此時赫爾梅斯便來到死者身旁，使用此杖令他們的靈魂清醒，帶往通向陰間的黑暗道路上。

率領者靈魂們的赫爾梅斯，順著奧克阿諾斯之流而行，橫過琉卡斯（白色斷崖），由太陽進入之門旁通過，而抵達死者所棲息的水仙平原。

赫爾梅斯原本是在道路旁所建的行路神[18]（Herma），被稱為守護邊界的神祇。如同地藏菩薩最後成為指引陰間死者以免迷途的神祇一般，赫爾梅斯也是死者的嚮導。

➋〔奧爾甫斯〕〔奧德修斯〕

■ 卑利特塞利 ──────【美】

Beletseri，古代蘇美、巴比倫尼亞陰間的記錄者。傳說她所持有的書板上，記載了人類的命運。

➋〔不歸之國〕

■ 普西芬妮 ──────【希】

Persephone，希臘神話中冥王黑帝斯之妻，陰間的女王，又作佩瑟芙涅。普西芬妮原本是大地母神，與被稱為是穀物女神的母親得梅忒爾一起生活在地上。但是，在母女倆背後，

宙斯與黑帝斯決定要將普西芬妮納為黑帝斯之妻，因為得梅忒爾非常寵愛普西芬妮，便決定在不告知她將入陰間之事的情形下，由黑帝斯將普西芬妮綁架，強娶為妻。

一般說法裡，普西芬妮被綁架的地點為西西里島（Sicilia）上，恩那（Enna）的平原。當時她在該地，正與美麗的奧克阿諾斯的女兒們在摘花，她發現了一朵令見到的人無不發出驚嘆聲的脫俗水仙。那正是由宙斯授意，為了要將普西芬妮自她的同伴之間引開，而令蓋亞（Gaia；大地）特別開出的一朵由根上長出一百枝莖的水仙。毫不知情的普西芬妮看到水仙，便開心地遠離了夥伴。

就在此時，大地崩裂，由裂縫處躍出騎著不死神馬的黑帝斯，帶普西芬妮乘上黃金馬車之後便往陰間而去。普西芬妮雖然高呼宙斯之名求救，但是聽到她的聲音的，只有女神赫卡忒一人而已。

得知女兒下落不明的得梅忒爾大驚，如飛鳥一般在地上與海上奔走。事發後第九日，得梅忒爾舉著火炬，在地上來回尋找女兒。第十日，她遇見女神赫卡忒，詢問她是否知道誰綁走普西芬妮，但是赫卡忒也不知道究竟是誰將其擄走。之後，得梅忒爾與赫卡忒一同造訪在天空上能看見一切的太陽神赫利俄斯（Helios）處，終於明白是冥王黑帝斯與宙斯共謀將普西芬妮綁架。

知情之後的得梅忒爾大為光火，趕赴埃勒夫西斯的城鎮，該城中的人們正在建築神廟，她為了表示對於宙斯的忿怒，便潛入其中不出。但是，由於她完全棄置讓穀物生長的工作於不顧，導致希臘的地上長不出任何作物。

宙斯對此事十分困擾，便派眾神的使者，也是死者嚮導的赫爾梅斯去找黑帝斯，令其將普西芬妮歸還。聽聞赫爾梅斯之言的黑帝斯欣然允諾。但是，他在之後親手讓普西芬妮吃下了一顆陰間的石榴果實。吃了陰間食物之人，便由此刻開始成為陰間的人，再也無法回歸到地上。因此，普西芬妮一年之中三分之二的時間在地上渡過，而剩下的三分之一則必須在冥界生活不可。

此點在日本之中也相同，《古事記》中將吃下陰間食物稱作「黃泉戶喫」，伊耶那美命也是因此無法歸返地上。但是，普西芬妮吃下石榴一事還有別的涵意。石榴的果實為赤紅色，該樹是由狄奧尼索斯、扎格列歐斯[19]的血而生出，因此與死者之間的關聯十分緊密。有說法指出，吃下石榴果實並非單純地吃下陰間的食物而已，而是更進一步，代表與黑帝斯結婚的關係。

普西芬妮一年中有三分之一的時間要生活在地下的世界，這點也時常被與穀物生長的關係作關聯。普西芬妮與得梅忒爾為一體兩面之穀物女神，因此地上植物枯萎的冬季為她在陰間時，而植物生長的春季與夏季，則被認為是她重返了地上。

如此，成為陰間女王的普西芬妮，往後便一直與黑帝斯隨行不離。

另外，普西芬妮與得梅忒爾自古希

臘以前的上古時代開始，就是在地中海一帶遍布的埃勒夫西斯祕教的主神，希臘時代亦深受其影響。埃勒夫西斯祕教是與農耕有深厚關係的宗教，但是其本質卻如同於普西芬妮故事中能看到的一般，以死後的復活與死後的幸福為救贖保證。祕教具有強烈祕密性，嚴重禁止其信仰者將密儀的內容外洩予教外之人，因此埃勒夫西斯的祕教持續的時間並不長，其內容也無法被確知。

➜〔黑帝斯〕

▌鄷都大帝 ────────【道】

為道教陰間首都鄷都的統治者、地獄之王，天下鬼怪的統率。傳說於每三千年會輪替一次，與佛教的閻魔大王被認為是同一角色。

➜〔鄷都〕

▌北帝君 ────────【道】

道教陰間首都的鄷都之中，權掌天下鬼怪之王。鄷都中有一座六天宮，天下鬼怪便是統括於其中。身為鄷都地獄之王的鄷都大帝相當有名，但北帝君與鄷都大帝之間的關係不明。

➜〔鄷都〕〔鄷都大帝〕

▌北斗星君、南斗星君 ──【道】

道教之中，將北斗七星、南斗七星神格化之神。所司掌者為人間的生死、壽命、貧富、貴賤，前者司職人類的死後，後者則掌理人類的生前。

北斗星對於陰陽道來說，是相當重要的星辰，傳說北斗星君與天界、地界、水界的三官一同，能調查地上人們或死者們的功過。人們若為惡，則天、地、水的三官便會向北斗星君報告，若惡業為大，就由北斗星君命令地獄之王，該人死後許久不得離開地獄。

南斗星君則是司掌活著的人們，性格上被認為是較北斗星君來得親和。

在一則裡頭有一名叫作管輅的卜算者登場的故事中，便對北斗星君與南斗星君的性格作了如此的介紹：

根據故事，管輅某次看到一名青年面露早死之相，不禁因為可憐他而脫口說出此事。青年聽了之後，不多久便與其父親一同前來，懇求延壽之方。因此管輅便說需準備清酒一樽以及鹿肉乾一斤，於明日前往麥田之南的大桑樹下，有兩人正在下棋，在他們身旁斟酒伺候，稍稍放上肉乾。就算被兩人發現，也不可動聲色。

於卯日之時，青年依言來到松樹下，果然有兩人在下棋，於是快快將酒食準備妥當。下棋中的兩人不自覺地開始飲酒吃肉，飲食大半之後，坐於北側之人發現青年，便怒斥為何在此。

青年作揖不應，坐於南側之人則調停說，既然吃人酒食，總是要予以回報。語畢，取出記有壽命的命簿，將記載青年之處的十九改寫為九十，為其延壽。之後青年才知道，坐於北側之人為北斗星君，南側之人為南斗星君。

III

神・裁判官

荷魯斯四子 ————【埃】

荷魯斯（Horus）為歐西里斯與伊西斯之子，古代埃及之神。此神有艾姆謝特（Imset）、哈碧（Hapi）、多姆泰夫（Duamutef）、凱布山納夫（Qebshenuf）四個兒子，在製作木乃伊時，會由屍體中取出死者的內臟納入卡諾卜罈（Canopic jar）中守護，再由荷魯斯的四子保護，送往陰間。

❍〔歐西里斯的法庭〕

瑪亞特 ————【埃】

Maat，古代埃及的真理女神。被描繪成頭上飾有真理的羽毛的模樣。她是太陽神拉的船上乘員之一，與死者一同航行在陰間的尼羅河上，於歐西里斯之國上岸後，將死者引導至歐西里斯的法庭。在歐西里斯的法庭之中，以真理之秤計量死者的心臟時，計量的基準就是用她身上佩戴之真理的羽毛或是她自身的小雕像，置於心臟另一側的秤皿上。

❍〔歐西里斯的法庭〕

密斯拉 ————【瑣】

Mithra。瑣羅亞斯德教的天使（亞札塔）之一。他是光的精靈，乘著由四匹白馬所拉的戰車自天空馳過，以一千隻耳朵與一萬隻眼監視著世界。他也是契約之神，會降罰給破壞誓言之人。以其無所不知的能力，在陰間裡擔任死者的裁判中，居於首席法官的地位。

密斯拉信仰對於各個地區皆產生影響，印度神話之中亦以密特拉（Mitra）之名出現。此外他亦是於羅馬中流行的密斯拉教（Mithraism）的起源。

❍〔斯拉奧沙〕〔拉什努〕

米諾斯 ————【基·但】

Minos，希臘神話中，陰間的裁判官之一。生前是克里特島的國王、制服出名的怪物米諾陶洛斯的忒修斯之父，死後與兄弟拉達曼提斯等人一起在陰間擔任裁判官。

也有說法指出，是黑帝斯親自以記載有死者們所有言行的善惡簿進行裁判，但多數的說法則是米諾斯、拉達曼提斯、埃阿科斯等三名裁判官執行，根據其判斷來決定死者們的去向。《蘇格拉底的申辯》之中，除了上述的三人之外，還列舉了特里普托勒摩斯之名，他也是陰間的裁判官。柏拉圖的《高爾吉亞篇》（Gorgias）中，米諾斯、拉達曼提斯、埃阿科斯等有名裁判官各有司職，拉達曼提斯是亞洲方面的靈魂，埃阿科斯負責歐洲來的靈魂，兩人無法決定之時，便由米諾斯作出判決。

死者們的去向，有水仙平原（普通的亡靈棲息之所），埃律西昂平原（有幸的亡靈棲息之所），塔爾塔羅斯（罪人的亡靈棲息之所）。其他如希西奧德的《工作與生活》（Works and Days）等之中，亦有名為極樂島的場所。

III 神·裁判官

奧德修斯在造訪陰間之時所目擊的裁判官只有米諾斯而已，但在描述中，米諾斯手持黃金的笏杖，坐在黑帝斯之殿中，進行亡者的裁判。

尋求米諾斯判決的亡者為數眾多，所有人都圍聚在米諾斯的周圍，幾乎要滿出黑帝斯之殿。

但丁所作《神曲》地獄中也有米諾斯，位在地獄的第一層與第二層的邊界，被賦予對死者們進行裁判，決定其應往赴之地獄的角色。《神曲》之中，由第二層的邪淫者地獄開始，才算是真正的地獄入口。米諾斯以駭人的表情悍然佇立，質詢死者們的罪業，判定應往的地點。但是此處的米諾斯長有尾巴，並用這條尾巴指示死者們的去向。他將死者應墮入地獄的層數，纏繞在其身體上，如應該墮入第八層罪惡之囊（獻詐者之囊）的圭多·達蒙特菲爾特羅，米諾斯以尾巴在他的身上纏繞了八圈，所以他就墮入了地獄的第八層。

➜〔奧德修斯〕〔邪淫者地獄〕

■ 摩賴 ──────【基·但】

Moirai，希臘神話的命運女神們，單數表示為摩拉（Moira）。共有克羅托（Clotho）、拉克西斯（Lachesis）、阿特羅坡斯（Atropos）三人，傳說中由拉克西斯決定命運的比例，克羅托紡織生命

之線，阿特羅坡斯則剪斷生命之線。

在英雄墨勒阿格羅斯（Meleagros）的故事中，摩賴在英雄出生之後的第七日，在他的母親面前出現，預言在暖爐的柴薪燃盡之時，他將會死亡。這時候母親靈機一動，立刻將木頭上燃燒的火熄滅，因此墨勒阿格羅斯能長成偉大的英雄，但是後來他因事惹母親生氣，母親便將藏起的柴薪投入暖爐中，墨勒阿格羅斯就此暴斃。由此可知，摩賴在人們出生之時，便能決定其人的命運。

摩賴並非陰間的女神，但是因為能夠決定命運，而和陰間有深厚的關係。尤其是對於如柏拉圖等主張輪迴轉生說之人而言，在陰間棲息的亡靈們轉生之時，摩賴便擔任決定性的角色。《理想國》（Republic）中提到，有個名為厄耳的人在陰間遍歷的故事，摩賴是在一處應是天界的地方，司掌天球上眾星的運動。陰間的亡靈們會應輪迴而登上該處，由摩賴決定新的人生。

但丁的《神曲》之中，說到決定人類命運的女神時，也提及克羅托與阿特羅坡斯的名字。

●〔厄耳〕

墨特 ————————【美】

Mot，古代烏加列[20]（腓尼基；Phoenicia）的死神。他不斷向生殖力之神巴力挑戰，如果墨特勝利，地上則會有萬物不生的季節來到。

夜摩 ————————【印】

Yama，印度自古流傳之印度教死者之王。《阿維斯陀》中，與伊朗神話裡的伊瑪為相同的角色，後世裡也對佛教造成影響，而成為閻魔王。

以公元前1200年為中心時期所寫作的印度教經典《梨俱吠陀》中，夜摩是人世上第一個誕生，也是最初死亡的存在（人類）。

結果他發現了死者之路，升上天界，而成為死者之王。

夜摩所住的天界也被傳說是月亮，所謂的天界也如想見一般，此時代的夜摩與之後登場的佛教閻魔王之間，有著截然不同的性格。《梨俱吠陀》的夜摩絕非制裁死者的可怕神祇，對於死者而言，理想中會希望能夠升上夜摩所在的天上。夜摩之國為充滿歡樂的理想國度，此處有身為祖先之靈的祖靈們，與夜摩一起在茂密的樹上飲酒、賞樂。樂園之中有兩隻身上有斑，四隻眼的狗作為看守犬，這些狗並不像希臘神話中的克爾貝羅斯那樣恐怖，而是擔任將死者之魂引導進入夜摩之國的任務。

但是，同樣的印度教經典，更後代的著作之中，則將夜摩的地位予以改變，成為與佛教的閻魔王一般可怕的地獄大王。夜摩之國也不再位於天上，而移到南方的地下，死者們變成都需要接受夜摩的裁判。夜摩的裁判所有書記質恒囉笈多，宣讀記載死者生前行為的記錄簿，依次決定死者要墮入何種地獄。

在此，夜摩成為地獄大王之時，印

III

神・裁判官

度教中的天堂統治者則是因陀羅神。因陀羅為雨神，也是戰神，在善人之中，尤其是英勇的戰士，死後被認為可以前往由因陀羅統治的名為娑縛羅誐天的天堂，過著永遠歡樂的生活。

➲〔閻魔王〕

■ 黃泉大神 ──────【日】

日本自古以來認為的陰間──黃泉之國──統治者，也簡稱為黃泉神。他住在黃泉之國，麾下有黃泉醜女、八雷神等。與伊耶那岐命一同誕生日本列島的伊耶那美命，在死後前往黃泉之國，自此以後，伊耶那美命便成為黃泉大神。須佐之男命雖然成為根之國國王，但是在根之國被與黃泉之國視為一同的思想下，須佐之男命是接在伊耶那美命之後，成為了黃泉大神。

➲〔伊耶那美命〕〔須佐之男命〕

■ 拉 ──────────【埃】

Ra，鷹頭人身的古代埃及太陽神。在以赫利奧波利斯為首都的第五王朝左右開始，被視同是創造神阿托姆（Atum），在很長的期間中身為最高神而受到崇拜。

埃及的陰間為杜亞特，一般認為是由歐西里斯所統治，但是在歐西里斯信仰興盛之後，信仰拉的人們，則認為杜亞特仍然是受拉的統治。

身為太陽神的拉本身即是太陽，每天搭乘「百萬年之船」在天空旅行。這艘船在拉於白日之間照耀地上的十

二州（十二小時），到了夜晚，拉會一度死亡，於杜亞特的十二州中旅行。期間，拉被稱為奧夫，太陽之船則被稱為「梅塞克德特之船」。結束杜亞特的十二州之旅後，拉會復活，再次於東方天空升起。

這樣的思想不只存在於拉的信仰者之中，信仰歐西里斯的人也是如此相信。拉的信仰者的理想是在死後搭上拉的船，和在杜亞特旅行的拉一同復活，獲得永恆的死後生命，在拉的天國生活。

對於歐西里斯的信仰者而言，拉具有將死者送往歐西里斯的法庭的角色。死者們搭乘拉的船在杜亞特旅行，目的地為位在杜亞特的第六州之歐西里斯的法庭。

理想中，接受歐西里斯的審判之後，便能在由歐西里斯統治的天堂，蘆葦平原，獲得永恆的生命。

無論是何者思想，在拉的船上會有托特神、瑪亞特女神、荷魯斯神等等，眾多的埃及諸神同行，成為拉的助手。

因為在拉的航海之途上會有重重難關，這些難關在杜亞特之中特別艱鉅，拉每日必須要戰勝以怪蛇阿倍普為首的怪物們。戰鬥過程非常棘手，拉雖然有時會居於下風，但是每日仍能戰勝怪物，於隔日早晨再以年輕的模樣復活。

➲〔杜亞特〕〔歐西里斯〕〔歐西里斯的法庭〕

拉達曼提斯 —————【希】

Rhadamanthus，希臘神話陰間的裁判官之一。與他的兄弟米諾斯，以及受到眾神眷顧的埃阿科斯一樣，擔任死後陰間的裁判官。此外，拉達曼提斯亦被傳說是陰間之中稱作極樂世界的埃律西昂平原的統治者。

➲〔米諾斯〕〔埃阿科斯〕〔埃律西昂平原〕

拉什努 —————【瑣】

Rashnu，瑣羅亞斯德教的天使（亞札塔），與密斯拉神、斯拉奧沙神一同，執行死者的裁判。拉什努神手持衡量死者所為之善行或惡行的黃金之秤。

➲〔密斯拉〕〔斯拉奧沙〕

Ⅲ

神・裁判官

注釋

1　Aristophanes（約公元前448～385年），古希臘喜劇作家、諷刺作家。詳細的生平不詳。據說一生共創作有四十四部喜劇作品，但現今只有十一部傳世。為當時代表性的喜劇作家。

2　Dionysus，豐產與植物的自然神。傳說中是酒的發明者，所以又特別以酒神與狂歡之神為人所知。原先並非主要神祇，但因祭祀活動少不了酒與狂歡，而成為受歡迎的神祇之一。

3　這個名詞在坊間有許多譯法，包括從意譯的「女武神」或是「鬥天使」，音譯更是不勝枚舉。但是該名神祇的角色如本文所述，並不單純的是「武神」；而「天使」一詞在中文裡，泰半指猶太教、基督教、伊斯蘭教等的神的使者。又，一方面為避免與本書中眾多之「武神」、「天使」混淆，故在此僅採用諸多音譯之一種。

4　傳說中，在第一王朝之前，埃及土地上演化成南方的上埃及（Haute-Egypte）與北

方的下埃及（Basse-Egypte）兩大勢力集團。兩地的文化略有不同，時而有爭戰，勝利者則成為兩埃及的統治者，建立起王朝。朱鷺是上埃及的象徵，眼鏡蛇是下埃及的象徵，法老皇冠上會以紅白相間的圖示或是同時以朱鷺與眼鏡蛇來裝飾的雙王冠，表現上下埃及的統一。

5　和前一個譯注所述之雙王冠稍有不同；也有人稱之為「北方之冠」。

6　Byblos，位於黎巴嫩貝魯特省的古海港，自石器時代便有人居住的記錄。

7　Ragnarok，意思為「諸神的黃昏」。

8　Erik，又稱為「血斧埃里克」（Erik Bloodaxe）。

9　指神佛的本來面貌。

10　魏晉南北朝時，由晉朝人干寶（？～公元336年）所作。原著三十卷，現流傳有二十卷，為中國後世奇幻志怪小說寫作開山之祖。成語「含沙射影」、「黃粱一夢」，皆語出《搜神記》。

11　「胡母」為姓，「班」為名，字季友。《三國志‧袁紹傳》中亦有類似記載。

12　《搜神記》書中作「絳衣騶」。「騶」音同「鄒」，為貴族出行時，居前導或後隨的騎士。絳，大紅色也。

13　古時稱呼婢女為「青衣」。

14　Aeolus，風神，傳說為宙斯之子。

15　柏拉圖所作，內容為記錄蘇格拉圖遭到逮補後，為自己申辯的內容。

16　拉丁語寫作「Caduceus」。現在被描繪的模樣為黃金色權杖，杖頭飾有赫爾梅斯之翼，杖身有兩隻蛇纏繞，象徵藥學。

17　Argos，百眼的巨怪，一百隻眼睛遍布全身上，而且輪流休息，沒有閉眼的時候。原本是赫拉派出作為看守者的怪物，但是被宙斯派出的赫爾梅斯所殺。赫拉感念阿爾戈斯的忠心盡職，便把百眼鑲在她所飼養之鳥的尾羽上，成為孔雀的由來。

18　中國古代在荒野路旁會立有小石碑，以保祐來往旅人的平安，名為「行路神」。流傳至日本後，稱為「道祖神」。

19　Zagreus，關於狄奧尼索斯與扎格列歐斯來由的傳說並不一致，但是都含有死者重生的意味。

20　Ugarit，位於今敘利亞北部的地中海沿岸。此城市的廢墟中發現有楔形文字以及各種古文明遺跡，為考古上研究腓尼基提供許多寶貴史料。

21　十王本地之說，十王皆由本地之佛菩薩應化轉變而來，例秦廣王的本地即為不動明王。

22　此處的荷魯斯指的是歐西里斯和伊西斯之子，歐西里斯之弟荷魯斯於日後被與其子混而為一。

IV

守衛

居民

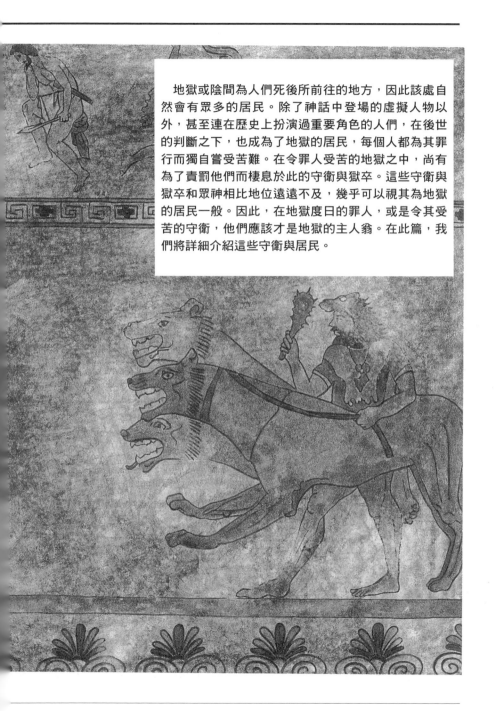

地獄或陰間為人們死後所前往的地方，因此該處自然會有眾多的居民。除了神話中登場的虛擬人物以外，甚至連在歷史上扮演過重要角色的人們，在後世的判斷之下，也成了地獄的居民，每個人都為其罪行而獨自嘗受苦難。在令罪人受苦的地獄之中，尚有為了責罰他們而棲息於此的守衛與獄卒。這些守衛與獄卒和眾神相比地位遠遠不及，幾乎可以視其為地獄的居民一般。因此，在地獄度日的罪人，或是令其受苦的守衛，他們應該才是地獄的主人翁。在此篇，我們將詳細介紹這些守衛與居民。

阿基里斯 ————【基・但】

Achilles，希臘神話的英雄。在特洛伊戰爭中的希臘軍裡，是最偉大的英雄，但是在《奧德修紀》中，他與一般的亡靈們一起住在黑帝斯王國的水仙平原。奧德修斯前往陰間後，他以作為亡靈們的國王，不如在地上作一個沒有土地的小工要來得強，如此感嘆陰間的枯燥。在但丁的《神曲》之中，阿基里斯卻是墮入地獄第二層的邪淫者地獄。一般的說法中，阿基里斯是在特洛伊的攻城戰中遭到帕里斯的弓箭射死。但是在後代，卻創作出他因為愛上特洛伊王普里阿摩斯（Priamos）的女兒玻麗瑟娜，被誘騙至阿波羅神殿後，遭到帕里斯殺死的傳說，因而墮入邪淫者地獄。

➡〔水仙平原〕〔邪淫者地獄〕

撒旦 ————【但】

但丁所作《神曲》的地獄中，棲息於最下層的地獄大王。但丁的地獄全部共分為九層，整體為漏斗狀的構造。此構造的最下層，是犯下最重罪者所墮入的出賣者地獄，而位在其中心處者，就是撒旦。中心有一通往煉獄，如水井般的深穴，撒旦的下半身插入穴中，只有胸部以上突出在地獄。

出賣者地獄四周站立的巨人，身長都有十五至十八公尺，但是身為地獄主宰的撒旦和這些巨人相較起來，更是顯得巨大無比，光是手臂的長度就遠超過巨人的身高，背後有六隻如蝙蝠般沒有羽毛的翅膀，鼓動時會掀起冷風，使出賣者地獄成為冰的世界。肩上有紅、黃、黑色三個臉孔。這些顏色為世界上最多的三個人種，分別代表歐洲人（紅）、閃族的亞洲人（黃）、非洲人（黑）。此外，撒旦的口中還有但丁認為是世上犯下最罪無可赦者的三個人，正在被咀嚼。他們是背叛基督的加略人猶大，以及背叛凱撒的布魯圖和卡西烏。

撒旦，還有路西法、別西卜等等稱呼，與但丁一同下至地獄的維吉爾，也以黑帝斯的羅馬名狄斯來稱呼他。這是因為對羅馬時代的維吉爾來說，地獄之王是狄斯，而對但丁來說，則認為地獄之王是路西法。之後但丁的地獄說明了當撒旦由天上墜落之時，大地因為抗拒和撒旦接觸，所以形成了漏斗狀，這也是遭天上驅逐的墮天使路西法的故事。撒旦自從天上墜落之時開始，因為身體插入地獄底部的深穴，便一直維持插入地獄之中的狀態，無法拔起。

➡〔出賣者地獄〕〔黑帝斯〕〔魔鬼〕

阿修羅王 ————【佛】

佛教的六道之一，阿修羅道之王。此為印度自古以來即存在的惡神，吠陀時代則稱為阿斯拉。佛入之中有四名阿修羅王組成聯軍，與帝釋天發生激戰，最後敗北收場。是羅睺阿修羅王、勇健阿修羅王、華鬘阿修羅王、毘摩質多羅阿修羅王四名。

➡〔阿修羅道〕

阿斯卡拉弗斯 ─────【希】

Askalaphos，希臘神話之中，阿刻戎河河神（陰間之河）與仙女（Nymph）戈爾究拉（Gorgyra）的兒子。

黑帝斯為了將大地母神得梅忒爾的女兒普西芬妮強納為后而綁架了她，大神宙斯以普西芬妮未曾吃過陰間的食物為條件，允許她回到母親身邊。但是，普西芬妮待在陰間之時，已經吃過了陰間石榴的果實，目擊此一事實的阿斯卡拉弗斯便向宙斯告狀。

普西芬妮從此必須一年中有三分之一的時間要在陰間度過，得梅忒爾為此憎恨阿斯卡拉弗斯，將他壓在塔爾塔羅斯的巨石底下。阿斯卡拉弗斯在巨石底下受了很長時間的苦，當赫拉

克勒斯為了生擒克爾貝羅斯而來到陰間將大石舉起，因而順道獲救。得知此事的得梅忒爾，便將阿斯卡拉弗斯變為貓頭鷹。

→〔普西芬妮〕

阿斯圖・維達特 ─────【瑣】

Asto Vidatu，瑣羅亞斯德教地獄的魔鬼。與維沙魯夏一樣，會將死者之魂以繩綁赴地獄，但是阿斯圖・維達特的繩子是將所有生者的脖子一律套住，善人在死後則能將其取下。

亞當師傅 ─────【但】

Adamo，但丁的時代製作精製的偽金幣。他墮入《神曲》的地獄第八層，罪惡之囊的詐獻者之囊中患了嚴重的腹水症，全身上下腫脹，乾裂的嘴唇上下翻開，遭受不得喝下一滴水的痛苦。

→〔罪惡之囊〈作偽者之囊〉〕

阿倍普 ─────【埃】

Apep，古埃及太陽神拉的頭號敵人，是條怪蛇。紙草中通常會畫成蛇的姿態。人們認為拉會乘船，日間在天上，夜間在陰間杜亞特旅行，隔日早晨則再次復活，但是阿倍普每夜都會出現在拉的船前，妨礙這段航程。太陽神拉每日必定會復活，拉與阿倍普的戰鬥，必定是以拉的勝利落幕，但是戰鬥每天都會持續，拉有時也會有陷於不利的時候。古代的埃及人認

阿傍羅剎 ────────【佛】

佛教的地獄獄卒名稱。獄卒集體稱為阿傍,具有牛頭人手以及牛蹄,並有能移山的怪力,手持鋼鐵製的叉。羅剎則是鬼的意思。

阿梅米特 ────────【埃】

Amemet,埃及神話裡,在歐西里斯的法庭之中的怪物。有鱷的頭、獅子的前腳、河馬的後腳。

歐西里斯的法庭是一處與佛教的閻魔殿極為類似的場所,這是以名為拉的一種能衡量善惡的天秤來量測死者的心臟,以判斷死者生前行為善惡的地方。若是死者之魂判定為正義,就能前往名為和睦平原的永恆的樂園,獲得永恆的死後生命。若是死者生前所為是惡行之時,就無法前往樂園。

阿梅米特的工作就是靜候審判,當拉的天秤倒向一側時(代表死者有罪),在天秤一側放置的死者的心臟,就會被大快朵頤一番。失去心臟的死者無法獲得死後的永恆生命而當場消滅。古埃及中,並沒有給與死者刑罰的地獄,無法獲得永恆的生命即為最大的痛苦,因此被阿梅米特吞食心臟一事,對死者而言應該是一種無上的恐懼。

　●〔歐西里斯的法庭〕

阿里 ────────【但】

Ali,伊斯蘭教的創始者,穆罕默德的女婿。一般被認為是第一代正

為天候惡劣之時,就是拉與阿倍普苦戰之時,日蝕之時則是認為拉被阿倍普所吞吃。死者們搭乘拉的船前往杜亞特,因此阿倍普的存在對於死者而言十分關鍵,若是敗給阿倍普,死者就無法於天堂復活。杜亞特之中還有許多蛇是阿倍普的夥伴,與阿倍普一樣會阻饒拉的航行。拉的船上有眾多諸神搭乘,他們會與阿倍普交戰,而拉頭上所攀附的眼鏡蛇(Uraeus),傳說會噴火與阿倍普交戰。

這場戰鬥對於活著之人來說十分重要,因此以蠟製作綠色雕像,寫上阿倍普的名字,將之投入火中焚燒,象徵殺死阿倍普的儀式,一日之中被反覆進行多次。

　●〔拉〕〔杜亞特〕

統哈里發[1]。但是，縱使他被認為是正統哈里發，卻仍舊引發了伊斯蘭教分裂為什葉派（Shi'a）以及遜尼派（Sunni）的分裂。因此阿里在但丁的《神曲》中，墮入地獄第八層罪惡之囊的製造分裂者之囊，遭受頭被縱分兩半的苦痛。

➡〔罪惡之囊〈製造分裂者之囊〉〕

▊ 阿爾貝里戈 ——————【但】

Alberigo，但丁所作《神曲》的出賣者地獄之中多利梅界的居民，是實際上還沒死，只有靈魂墮入地獄的特殊人物。他與但丁是同時代的人，為位於波隆亞（Bologna）東南方法恩扎（Faenza）的教皇黨首領之一，與其弟曼弗瑞迪（Manfredi）爭執之後，佯裝設宴招待親弟與其子阿爾貝戈特（Alberghetto），卻以「拿水果來」為暗語，令手下之人將其殺害。因為犯了如此重罪，所以他尚在生時，靈魂就飛往地獄，被施予冰凍之罰。書中並說明在此期間，他位於地上的肉體仍然活著並可以活動，但是靈魂遭奪去的肉體，活著的期間都是受到惡魔所支配。

➡〔出賣者地獄〈多利梅界〉〕

▊ 安泰奧斯 ——————【但】

Antaeus，但丁所作《神曲》的出賣者地獄中，站立於邊緣的谷地中的巨人之一。他原本是在希臘神話中登場的巨人，是波賽頓與大地蓋亞的孩子。他的特徵是每當腳接觸大

地，力量就會越來越大，幾乎沒有敵手，住在利比亞（Libya），與過往的旅人比賽摔跤每戰必勝，之後會將敗者的骨骸拿來裝飾波賽頓的宮殿。但是，當為了取得格里奧涅奧斯（Geryones）的牛而旅行的赫拉克勒斯向他挑戰時，因為被舉起而腳無法著地，最後因此被殺。

但丁的出賣者地獄裡，還有寧錄、厄菲阿爾忒斯、布里阿柔斯等人，但是與其他的巨人相比，安泰奧斯較為自由，當但丁與維吉爾來到此處時，他還出力將他們送到出賣者地獄之底。

➡〔出賣者地獄〕

▊ 安菲阿拉奧斯 ——————【但】

Amphiaraus，但丁所作《神曲》的地獄第八層罪惡之囊中，棲息於占卜者之囊的預言家之一。他是希臘神話中攻打忒拜的七將之一，擁有優秀的預言能力，在攻打忒拜的時候，已經預先知道幾乎所有的士兵都會死亡。因為妻子的背叛使得他不得不出戰，結果如預言一樣大敗，許多士兵死亡。安菲阿拉奧斯自己也被敵人培利克琉梅諾斯（Periklymenos）追殺，當他背後就快要被長槍刺殺時，看見安菲阿拉奧斯的大神宙斯，因為不想見到他從背後被殺，所以就引發大地震，讓大地裂開，安菲阿拉奧斯便掉入裂縫之中。他墮入但丁的地獄便是在此事之後，地獄判官米諾斯將掉下來的安菲阿拉奧斯逮捕，以他占卜未來如此不遜的行為，判他墮入罪惡之

囊中。在那裡，他被罰以臉孔前後顛倒的模樣，不停向後方行走。

➜〔罪惡之囊〈占卜者之囊〉〕

■ 伊阿宋 ——————【但】

Jason，但丁所作《神曲》的地獄第八層罪惡之囊——淫媒、誘姦者之囊裡的希臘神話英雄。他廣為人知的事蹟是為了取得金羊毛，以阿爾戈號隊長的身分，朝位在黑海東岸的科爾基斯而去，展開遙遠的大航海冒險。但是，他勾引了列姆諾斯島（Lemnos）的女王希蒲西琵麗（Hypsipyle）然後拋棄，又要和科林斯（Korinthos）的公主結婚，拋棄已經是他妻子的魔女美狄亞。因此，但丁將伊阿宋寫作淫媒、誘姦者之囊的居民。但是，相對於其他的居民被惡魔們鞭打而狼狽逃竄，伊阿宋卻依然不失王者風範，態度坦然。

➜〔罪惡之囊〈淫媒、誘姦者之囊〉〕

■ 伊克西翁 ——————【希】

Ixion，希臘神話的人物。他對色薩利（Teselia）拉庇泰族（Lapithae）之王狄奧涅斯（Deioneus）承諾，會送上大筆的聘金與他的女兒狄亞（Dia）結婚。但是，之後狄奧涅斯前去收受聘金之時，伊克西翁卻製作了陷阱並投入炭火，讓狄奧涅斯摔死。

希臘神話之中，這是地上最初的殺害親人案例，他也因此發狂。因為懼怕於他的罪狀，誰也不敢滌清伊克西

翁的過錯。看到這個情形的最高神宙斯同情他，將他帶到天上界，予以滌罪。但伊克西翁反倒忘卻宙斯的恩情，想要誘惑宙斯之妻赫拉。赫拉將這件事告訴宙斯，宙斯為了確認真相，便以雲化作妻子的模樣。伊克西翁以為是真的赫拉，與之交合，結果生出了肯陶洛斯。宙斯對於伊克西翁的積重難返怒不可遏，便給與他眾神所吃的仙饌（Ambrosia），使其不死後，再綁上永遠不停疾馳的四輪火焰車，丟下塔爾塔羅斯。從此伊克西翁便在塔爾塔羅斯被火焰車拖行，必須永遠不停地奔跑。

不過，當奧爾甫斯為了尋找戀人而在陰間旅行時，因聽到他彈奏豎琴的美妙音樂，連拉動伊克西翁的火焰車都曾為此而一時停止疾馳。

➜〔塔爾塔羅斯〕

■維沙魯夏 ━━━━━━【瑣】

Vizaresha，瑣羅亞斯德教的地獄之魔鬼。崇拜名為德弗的魔鬼們之不義者在死亡時，該魔鬼便會於死後的第三個黎明時分出現，將死者以繩索捆綁帶往琴瓦特橋，甚至直接牽往地獄。

➡〔琴瓦特橋〕

■維吉爾 ━━━━━━━━【但】

Publius Vergilius Maro，羅馬時代的詩人（公元前70～19）。《埃涅阿斯紀》的作者。在但丁所作《神曲》之中，以人類智慧代表者身分，作為但丁陰間之旅的嚮導因而著名。

維吉爾本人為基督誕生之前的人物，自然並非基督教徒，因此於《神曲》中成為地獄的居民，但是他居住於地獄最外側之幽域中，該地除他之外，尚有如荷馬、亞里士多德、柏拉圖、蘇格拉底等基督教誕生之前的偉大詩人或哲人居住於此，而在該處，似乎並沒有如地獄一般的刑罰存在。

他在如此身分下為但丁引路，經歷地獄以及煉獄的過程如後述。

此事正當但丁三十五歲之時。在人生旅程中半途迷路，於深邃的森林中摸索。這座森林雖然被稱為含有罪惡的寓意，但是但丁那住在天國的永恆戀人貝緹麗彩卻知道此處，為了救他脫離罪惡之道，她將住在幽域的維吉爾派到他身邊。接受委託的維吉爾認為要拯救但丁，就要讓他活著看到地獄、煉獄、天堂。就這樣，但丁與維吉爾開始了在陰間的旅途。

這趟旅途的開始，一般認為起於公元1300年4月9日（週五）的夜晚，直到隔週禮拜五為止一星期。維吉爾因為身為地獄的居民，因此無法飛升至天堂，故他帶領但丁的日子為受難日至隔週禮拜三之間[13]。

➡〔苦難之地〈但丁的地獄〉〕

■烏圖庫 ━━━━━━━━【美】

Utukku，古代蘇美、巴比倫尼亞的惡靈，被認為會帶給人們疾病與死亡。像這樣類似的靈體，還有葛魯拉、納姆塔爾等等。葛魯拉與納姆塔爾在《伊南娜下降冥界》之中，記載為棲息於死者之國，因此烏圖庫也被認為棲息於該處。這些靈體有分為善惡兩種，亦有守護人類者。

➡〔不歸之國〕

IV

守衛・居民

凡尼・富奇 ————————【但】

Vanni di Fuccio de' Lazzeri，與但丁同時代的皮斯托亞（Pistoia）惡徒，與兩個同謀者在聖雅科坡（San Iacopo）的教堂裡竊取聖器。墮入但丁所作《神曲》的地獄第八層罪惡之囊中的盜賊之囊，受到遭毒蛇嚙咬，纏捆身體之苦。當但丁來到之時，自我介紹後仍出言不遜，預言了皮斯托亞與翡冷翠（Firenze）將遭到攻擊之後，因言行仍不改惡徒本性，而被看守地獄的怪物卡科斯追趕而逃。

➲〔罪惡之囊〈盜賊之囊〉〕

艾赫加 ————————【北】

Einheryar，北歐神話之中，被允許生活於近似天堂的瓦爾哈拉之中的戰死者。在維京時代以前的北歐，認為因戰爭而死去是光榮的事，因此在戰爭中勇敢而死的戰死者們，便能在眾神的國度阿斯加爾德之中的瓦爾哈拉宮殿裡過著幸福的生活。

主宰瓦爾哈拉宮殿的主神奧丁，會將戰死者中的一半收為麾下，送往瓦爾哈拉。戰死者的另一半為歸予女神芙蕾雅（Freya）。

被送往瓦爾哈拉的戰士們，在該處受到天女瓦爾基里的照顧，過著可以隨意吃喝的暢快生活。瓦爾哈拉的屋

頂上有流著蜜酒乳汁，名為海茲倫的牝山羊，以及無論料理幾次都會復活，名為塞弗利姆尼魯（Sahrimnir）的牡豬，因此艾赫加們可以不愁吃喝。

他們每日必須要身著戰士鎧甲，於瓦爾哈拉宮殿的中庭進行戰鬥訓練。北歐神話之中，當發生世界的終結，名為雷格那諾克（諸神的黃昏）的戰爭時，眾神要與怪物們決戰，而奧丁讓艾赫加們生活在瓦爾哈拉中，正是為了這個時刻，讓他們能夠為眾神效力。

傳說中，奧丁每當在戰爭發生之時，會派出天女瓦爾基里們前往戰場，挑選優秀的戰士。當發現有潛力的戰士時，便會將他們培育成傑出的戰士，之後由瓦爾基里們以槍刺之，給與其死亡的命運。

➲〔瓦爾哈拉〕

耶提姆 ────────【美】

Etemmu，古代蘇美、巴比倫尼亞的死者之靈，在人們死後亦會永恆地生存。當遺族或是生存者們未能妥切埋葬死者，或是沒有舉行供奉食物與飲水的追悼儀禮時，便會憑附，令家族的人們受苦

➲〔不歸之國〕

厄菲阿爾忒斯 ───────【但】

Ephialtes，但丁所作《神曲》中在出賣者地獄周邊山谷中的巨人。也是希臘神話的巨人族之一，在世界初創之時，向以宙斯為中心的奧林帕斯眾神挑戰，被阿波羅所殺。因為向最高神宙斯挑戰的傲慢而被打入地獄，以左手在前，右手在後被鎖鏈縛住，不得動彈的模樣站立著。

➲〔出賣者地獄〕

厄里尼厄斯 ───────【希】

Erinyes，希臘神話中的復仇三女神。住在地獄的塔爾塔羅斯，對殺害族人等重罪之人窮追不休，依罪施刑，直到發狂為止。她們所復仇的對象不論是在地上的活人，或是在塔爾塔羅斯裡的死者之魂都有。一般來說，女神之中有阿勒克托（Alecto）、梅蓋拉（Megaera）、提西福涅（Tisiphone）三人。阿伽門農之子奧瑞斯忒斯（Orestes）為了替父報仇而殺了母親克呂泰涅斯特拉（Clytemnestra）時，為了責罰奧瑞斯忒斯而出現在地上的厄里尼厄斯，模樣為一隻身上生滿了無數毒蛇之犬。為了讓她們息怒，犧牲品必須用黑羊，並奉上以水、蜜、牛乳混合，名為涅帕利亞的飲料。

➲〔塔爾塔羅斯〕

閻魔卒 ──────────【日】

在佛教的閻魔王手上責罰罪人的鬼。也稱為獄卒。其中以具有牛或馬頭的牛頭、馬面，以及阿傍羅剎最為有名，據說亦有具有豬、虎、鹿、獅等頭者。與紅鬼和青鬼是夥伴，在各種經典中登場，手持鐵杖或刀對罪人

用刑。地獄的罪人們必須不斷忍受重
覆的折磨，常常輕易便死去，但是在
獄卒喊著「活過來！活過來！」後又
重生，因此罪人的苦難便永遠持續下
去。

《往生要集》裡提到，「有獄卒十
八名」，頭為羅剎，口為夜叉，六十
四隻眼中發射鐵丸，有利牙，高四由
旬，頭上生十八個牛頭，牛頭上生十
八隻角，是這種如此恐怖的獄卒。

獄卒們不只是在地獄責罰罪人，也
擔任於人世迎接死者，帶往閻魔王殿
的任務。

➲〔牛頭、馬面〕〔阿傍羅剎〕

▌奧克諾斯 ───────【希】

Ocnus，在希臘神話的地獄塔爾塔
羅斯中，永遠不停地編網的人物。
奧克諾斯本人雖然勤勉，但是妻子卻
非常敗家，把他所賺得的收入全都花
光。因此他本人雖然並不壞，死後卻
落在塔爾塔羅斯編網。他編成網後，
後方有一匹牝驢馬會跟著一口吃掉，
所以網子永遠也無法完成。

➲〔塔爾塔羅斯〕

▌奧利安 ───────【希】

Orion，希臘神話之中登場的巨
人，是一名獵人。身高極高，就算在
海中行走，肩部以上仍能超過海面，
但是有一天他在海中步行時，卻被在
海岸上的女神阿爾忒彌斯所射的箭殺
死。阿爾忒彌斯在不知情下殺死奧利
安，因此便將他化為天上的星座，名

為獵戶座。但是在《奧德修紀》中，
奧利安死後被送入陰間的水仙平原。
他在那裡的平原上被獸類追趕，據說
那些野獸即是他生前所殺。

➲〔水仙平原〕

▌卡 ───────────【埃】

Ka^2。古代埃及人所認為人類死後
的精神形態之一。在天堂（和睦平
原）獲得永恆的生命的巴（靈魂體）
會在人類死後出現，而卡則是人類與
生所俱來，擁有清楚的個人特徵或性
質，有如抽象的人格。卡可以和人類
的身體分開行動，也能夠與人類的身
體合而為一，在天堂快樂度日，十分

自由。卡與在生時的人類身體具有的特徵別無二致，因此亦作為人類死後的「代役」。

但是，卡並非能夠完全獨立於人類的肉體之外，死後仍需要飲食。因此在人們死後所供奉給死者的供品，可以說都是為了卡所供應的。事實上，古埃及人為了在人們死後能持續過著幸福的日子，認為墓地的供品絕對不可欠缺。若是沒有實際的供品時，卡會食用壁畫上所繪製的供品。壁畫上繪製的供品，被認為在生者的祈禱之下，能變化成為卡能夠食用的形態。在沒有實際的供品亦無壁畫所繪之供品時，卡會像現實中人類般飢餓，最後走向死亡而消滅的命運。因此，死者的棺木或墓中的壁上等處，會刻上供奉卡的供品絕對不可缺乏等句子。

卡居於人類與巴中間的地位，也被認為是人類之魂在死後由卡轉變成巴。死者之書中有一則阿尼的故事，便記述卡為如此的性質，也有阿尼的妻子在祈禱中，希望阿尼的卡能夠平安進化成巴的部分。在這樣的想法下，巴被認為具有卡所沒有的能力。那是能夠看見靈界景象的能力，而在實際敘述中，阿尼的靈魂由卡成為巴後，便開始能在眼中清楚看見靈界的湖、雲等景色。

➔〔巴〕

■ 開比特 ────────【埃】

Khaibit，古埃及人認為在人類死後，遺留下的人類的組織一部分，一般被譯作「影子」。和卡與巴一樣，

是一是種可由肉體切離，或是自由逍遙行動的存在，但是有時候仍然需要由自己的墓裡外出，食用供品。

如同「影子」的翻譯一樣，它被描繪成全黑的人間外形。古代尚有明確的定義，但是隨時代演變，說法被認為在已經與巴相近。

➔〔卡〕〔巴〕

■ 卡科斯 ────────【但】

Cacus，但丁所作《神曲》的地獄第八層罪惡之囊的盜賊之囊裡，擔任負責讓罪人的亡靈受苦的獄卒角色，是半人半馬的肯陶洛斯。但是，希臘神話中所登場原本的卡科斯並非肯陶洛斯，而是有著三個頭的半人怪物。當赫拉克勒斯在執行「十二苦差」之一，搶奪格里奧涅奧斯的牛群時，他打算悄悄偷取其中的數頭牛，便將牛隻藏在洞窟中，但是牛叫聲被赫拉克勒斯聽見，因此被發現偷盜事跡而被殺掉。在地獄作為但丁的嚮導的維吉爾，也對卡科斯的故事作了說明，但是，但丁卻介紹其為肯陶洛斯人。卡科斯在腰附近纏繞了無數條蛇，背上有展翼的火龍，對著在盜賊之囊的罪人們吐火。

➔〔罪惡之囊〈盜賊之囊〉〕〔肯陶洛斯〕

■ 卡西烏 ────────【但】

Cassius，但丁所作《神曲》中，在最為罪行重大者所墮入的出賣者地獄裡，被撒旦放在口中咀嚼的三人之一，為古羅馬時代的護民官。

在與安息人（Parthia）的戰爭中活躍，跟隨龐培後，向敵對的凱撒投降。凱撒不僅沒有殺死身為敵人的卡西烏，甚至任命其為執政官。但是，卡西烏在之後卻與布魯圖一起成為串謀暗殺凱撒的首謀者。凱撒為基督以前的人物，因此但丁依所見，他會墮入地獄的幽域裡，但因為他同時是背叛羅馬帝國建國者如此偉大人物的信賴並予以暗殺的人，故但丁認為應該墮入罪行最為重大的地獄之中。

➲〔出賣者地獄〕〔撒旦〕

活無常、走無常 ————【道】

在道教中，會來迎接死者並帶往陰間的一種獄卒。但是在佛教中，迎接死者的獄卒之鬼本身就是陰間的居民，而活無常、走無常則是由在生的人類兼任執行。中國對於死神會以「無常鬼」表現，因為是由在生的人類代替執勤，故稱之為活無常、走無常。在中國的地獄裡，獄卒的人手不足，因此住在附近一帶村莊裡極為平常的下級宗教家等，便會接受此一工作的委託。

活無常或走無常為在生的人類，其特徵為，當附近有病人等即將出現死者時，他們便會有如被施予催眠術般，一直陷入沉睡中，直到病人死去才會清醒。《搜神記》卷十五中介紹一名為馬勢的男人，他的妻子被描寫成如此的人物，而她被認為即是走無常。據《搜神記》的內容，此女姓蔣，當村人患病將死時，便會像靈魂出竅一般連續沉睡數日，當病人死時

才會清醒過來，而且蔣女在睡眠之間周遭所發生之事都能清楚道出，因而被傳說她是前往病人處，取其魂魄者。

加圖 ————————【但】

Marcus Procius Cato，公元前95年出生的加圖（小加圖），為但丁所作《神曲》的煉獄看守者。在凱撒掘起的時代，為了守護共和而戰，並於公元前46年自殺。雖然是基督教以前的人物，但丁將小加圖當成為守份際之人而尊敬，認為他不該身處地獄的幽域，而是在比地獄更有希望的煉獄，成為該地的看守者。但是，因為加圖並非基督教徒，所以也無法擔任看守者以上的身分，只能常駐煉獄前界，而無法登上煉獄山，進行淨化。

➲〔煉獄〕〔煉獄前界〕

該亞法 ————————【但】

Caiphas，決定基督受磔刑的猶太祭司長。在但丁所作《神曲》的地獄中，墮入罪惡之囊的偽君子之囊，躺在地面的十字架上，受到磔刑。偽君子之囊中的罪人們都受到穿上外表鍍金而裡面是鉛製的沉重外套，必須不停步行的刑罰，而該亞法例外，他必須受到被眾多罪人們踐踏的痛苦。

➲〔罪惡之囊〈偽君子之囊〉〕

卡戎 ————————【希·但】

Charon，希臘神話中擺渡陰間之

河，滿頰長鬚的老人。他位在一般最為人熟知的冥，阿刻戎河的河岸，當亡者來時便收取金幣，讓其乘船並擺渡過河。在但丁的《神曲》中，他也是在圍繞地獄的阿刻戎河擺渡。但畢竟是指陰間之河，因此有時也會指斯提克斯河。擺渡費為一個硬幣（obolus），為此希臘有為了保祐死者能平安抵達陰間，而在死者口中放入一枚硬幣的習俗。

對於生者，卡戎一般是不肯擺渡的，但是赫拉克勒斯在來到這裡時，揍了卡戎一頓，所以卡戎最後仍為他擺渡，因而在往後的一年中，受到被鎖鏈捆縛的懲罰。奧爾甫斯來到之時，卡戎因為被他的音樂所打動，也讓他渡了河。卡戎的扁舟是為了讓輕盈的靈魂搭乘的，所以赫拉克勒斯、埃涅阿斯、但丁等人在乘船時，吃水會特別深。

此外，《埃涅阿斯紀》中，卡戎只讓土葬屍體之魂渡河，被拋下的靈魂則無法乘船。因此，在陰間之河的岸邊，仍有許多無法渡河的孤魂野鬼在游蕩。

餓鬼 ──────────【佛】

佛教的六道之一，餓鬼道的居民。一般而言會被描寫成有著如山一般隆起的腹部，其他部分則是枯瘦如柴的形象。餓鬼的原語「Preta」或是「Peta」，原先是只有「祖靈」的意思，在將閻魔稱為夜摩的《梨俱吠陀》的時代，其住處也在天上。但是隨著因果報應思想的發展，普通的祖靈轉成餓鬼，變為棲息在名為餓鬼道的地下世界之中。

餓鬼道為精神上或是物質上有貪欲的生者所轉生的世界，在六道之中，位於畜生道與地獄道之間附近，墮入這個世界的人們，會受到不至於如地獄一般悲慘的刑罰。刑罰基本上是飢餓與口渴，餓鬼們一直不停地在尋找飲水和食物。

但是，餓鬼的地源為祖靈，餓鬼道因而也被認為是一種幽冥界，所以概括來說，餓鬼並非皆是遭受飢渴之苦。在極少數的狀況下，因為生前的果報，亦有幸福者能身為餓鬼卻免於受苦，過著黃金財寶圍繞的生活。此外，也有於日或夜其中一方嘗受痛苦，而在另外一方卻能與美女同樂的奇妙餓鬼。一個名為億耳的沙門[3]便是遇見了如此的餓鬼，根據此餓鬼的說明，他在生前經常為禮他人妻子，但是受到僧侶的感化，只在日間過著謹守五戒的生活，所以他死後在日間可以與美女享樂，而夜間則要過著被蜈蚣啃咬的生活，不斷重覆。

像這樣的餓鬼還有許多不同種類。餓鬼的種類，以他們所嘗受的苦難內容為準而決定，在《正法念處經》裡，有著如以下三十六種的說明。

➡〔六道〕〔餓鬼道〕

〈鑊身餓鬼〉為了賺錢而虐殺動物，而且在殺害之後感到高興、毫無悔意

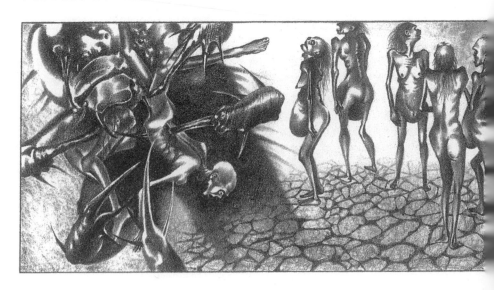

者，會成為此種餓鬼。身體非常巨大，約有人類的兩倍左右，手腳卻如鼎足一般細瘦。身體經常在灼熱的火中被燒烤，嘗受飢渴之苦。

〈針口餓鬼〉腹部如大山一般隆起，口卻如針孔般細小，幾乎無法飲食的餓鬼。就算偶然間獲得少量的食物，嚥下之後也會噴出火焰，因此總是飢渴，而且身體被火所焚燒，還受到蚊、虻、惡蟲、熱病等侵襲之苦。因為其充滿貪欲而吝嗇的性格，不肯布施，所以對於有困難的人們不願施捨衣食，也不信仰佛法者，便會轉生為此。

〈食吐餓鬼〉身長高達半由旬的巨大餓鬼。棲息於荒野之中，為了尋找飲食而四處奔跑，因飢渴而哀嘆。就算吃下食物，也一定會嘔吐，再如何痛苦也無法吃食。《地獄草紙》[4] 之

中，繪有獄卒鬼出現於正在享受食物的食吐餓鬼前，以杖突刺餓鬼之口強迫嘔吐的圖像。生前只顧自己獨享美食，而不給與配偶、孩子者，將墮入餓鬼道。

〈食糞餓鬼〉吞食糞尿之池中蛆蟲或糞尿的餓鬼。但是，就算吃了再多的蛆蟲或糞尿，仍然一直感到飢渴。就算作為餓鬼的罪業消失而轉生，也幾乎不會轉生為人類，就算轉生為人類，也只能成為污穢之人。前世因為貪欲而吝於布施，或會給與僧侶不潔的食物者，會墮入餓鬼道成為食糞餓鬼。

〈無食餓鬼〉無法吃下任何食物，也無法飲水的餓鬼。飢渴如火焰般在腹中燃燒，給與身體比被火燒更大的痛苦。不停為了尋找飲食而到處奔跑，接近河川時，河水卻在一瞬間枯竭。

IV

守衛・居民

或是水邊有鬼看守，以杖擊打無食餓鬼的頭，令其受苦。仗恃自己的權力，使善良之人入牢獄餓死而且毫不知悔改者，會轉生成為無食餓鬼。

〈食氣餓鬼〉信佛的人們到設於水邊或是林中的祭壇中進行祈禱之時，聞到祭壇供品的香氣而在旁出現的餓鬼。除了氣體以外，無法飲食任何東西。不給妻子食物，只顧自己享用美食，讓妻子只能聞香氣者，將會轉生為此。

〈食法餓鬼〉導師在為眾人說法之時，為了聽說法以代替餐飲而在旁邊出現的餓鬼。此為有巨大黑色身體的餓鬼，指甲長而尖銳，棲息在人跡無法到達的險地上，為了尋找食物四處奔走卻不可得，因而一直哭泣。此外棲息之處有許多惡蟲、蚊、虻，會螫刺餓鬼的身體。為了名聲或賺錢等不良動念，作出令人們為惡的錯誤說法者，會轉生為此種餓鬼。

〈食水餓鬼〉一直為飢渴所苦，為了找水而四處晃蕩，因為種種困難而無法飲水的餓鬼。若是偶然間有渡河之人，由其腳上滴落水滴之時，便會急奔上前搶喝水滴，以求稍能解渴。此外，若是有生者為父母奉上飲水時，也能喝到該飲水的極小部分。萬一忍耐不住，想要自己去河川旁飲水時，就會有大批鬼前來，以杖擊打干擾。《餓鬼草紙》之中，繪有在接近水邊時，因為有刺之草而無法飲水的餓鬼，或是將臉埋入剛剛渡河的挑夫的

足跡中，以求喝到些許水滴的餓鬼模樣，這就是食水餓鬼。將酒加水稀釋販賣以獲利，或是在酒中泡入蛾或蚯蚓來欺騙不明究理的人者，這些人會變為此種餓鬼。

〈悕望餓鬼〉在世人祭祀去世的父母時，才會為了吃供品而在旁邊出現的餓鬼。這種鬼臉上滿是皺紋而且皮膚黝黑，手腳無力，披頭散髮。在飢渴之中懊悔前世，流淚不止，一面叫喊著「不布施就沒有好報」一面疾馳。因為貪欲和嫉妒心而妒忌善人，將他們辛苦才獲得的些許物品，以訛詐的手段奪取者，將轉生為此種餓鬼。

〈食唾餓鬼〉尋找人們吐出的唾液並吃下，以此為生的餓鬼。對出家者或僧侶以不淨的食物假冒布施者，將轉生為此種餓鬼。

〈食鬘餓鬼〉盜取佛或是族長所擁有叫作「華鬘」的花的首飾，用來裝扮自己者所轉生的餓鬼。此種餓鬼只會與找華鬘，並且將其吃下維生。

〈食血餓鬼〉尋找生物所流出之血，並且只吃此維生的餓鬼。生前偏食血肉，虐殺生物，而且不與妻子分享者，將轉生為此種餓鬼。

〈食肉餓鬼〉只吃肉維生的餓鬼。
經常在繁華的十字路口等地出現。在前世賣肉時矇混重量者，將轉生為此種餓鬼。

〈**食香烟餓鬼**〉只吃在神廟等地所供奉之香的煙，並以此為生的餓鬼。在前世販賣惡質香者，將轉生為此種餓鬼。

〈**疾行餓鬼**〉一直在墓場裡來回，掘墓並吃掉屍體的餓鬼。雖然身為僧人卻耽於遊樂，搶奪原是給與病人之飲食者，就會淪落此種下場。這種餓鬼因為喜歡屍體，故當疫病發生時精神便會為之一振，千百由旬的距離之外也能一瞬飛越，趕往出現大量死者的場所，聚集在屍者旁。疾行餓鬼的名稱便由此而來。

〈**伺便餓鬼**〉一直尋找人類的大便之處，取得其糞便，再潛入人的體內，以吸食此人的活力為生的餓鬼。這種餓鬼全身的毛孔都有火焰，身體不停受到火燒的痛苦。因為此種餓鬼會尋找人類的糞便，所以總是在人世徘徊。若是看見在路旁排便的人類，就會靠近並取得其糞便。

《餓鬼草紙》中有描繪伺便餓鬼的圖象，人類無法看見他們的模樣，對於在自己身旁的餓鬼渾然不知，因此人類會毫不忌諱地在路旁排便。生前欺瞞人們以搶奪財產，用暴力襲擊城鎮並掠奪者，將轉生為此種餓鬼。

〈**地下餓鬼**〉此為棲息於黑暗而危險的地下世界的餓鬼。如刀一般地寒風吹襲下，使身體割裂，並且遭到眾鬼擊打身體的痛苦。餓鬼們各個被分散孤立，總是孤獨地為尋找食物而疾走。生前作壞事取得他人的財產，並

將人綁縛關入黑暗的牢獄而受苦者，將轉生為此種餓鬼。

〈**神通餓鬼**〉此為擁有不可思議神通力的餓鬼。有許多承受痛苦的餓鬼圍在身邊，因而只有此餓鬼不會受到痛苦。但是卻必須要一直注視著圍繞在身邊餓鬼們的痛苦表情不可。生前欺瞞他人以奪取財產，並會分與惡友者，將轉生為此種餓鬼。

〈**熾燃餓鬼**〉全身上下冒出火焰，熊熊燃燒，發出苦痛的叫聲，在村里或山林之間奔跑的餓鬼。生前破壞城郭，殺害人民，搶奪財產，而且討好有權者，以獲得龐大勢力者，將轉生為此種餓鬼。

〈**伺嬰兒便餓鬼**〉在前世，自己的嬰兒因惡人之手被殺，因為復仇心而希望在來世變身為夜叉，殺害他人之子的女人，墮入餓鬼道後會成為此種餓鬼。這種餓鬼會一直尋找人世的產婦，無論在何處有人產子，都會飛奔而至，絲毫不放過任何機會，伺機殺掉幼兒。

〈**欲色餓鬼**〉會在穿著如貴族般華美衣飾的男女沉浸於淫樂、狂歡的場所中出現，盜取飲食的餓鬼。身體極小，不會被人類發現，也能夠任何化為任何模樣，有時也會化成人類或是小鳥出席宴會。

《餓鬼草紙》之中，描繪有在貴族打扮的男女在聽奏絃樂享樂的場所出現，攀附在貴族們身上的欲色餓鬼，

他們的身高大約只和身為人類的貴族們的臉孔大小相仿，貴族們沒有人發現他們的存在。無論男女，身著華麗衣飾賣春者，或是與之交合者，將轉生為此種餓鬼。

〈海渚餓鬼〉棲息於海的中州的餓鬼。此處為比人世夏季還熱上一千倍的場所，沒有樹木，無河也無池，餓鬼只能喝下些微的朝露維生。雖然是海的中州，海水卻已經枯竭，樹木上都燃熱著熊熊火焰。欺騙於荒野旅行，身患病痛而疲累的行商，以極少的價格買下其物品者，將轉生為此種餓鬼。

〈執杖餓鬼〉為閻羅王使喚奔走的餓鬼。頭髮散亂，上唇與耳朵下垂，腹部突出，聲音吵嘈。手持尖銳刀杖，尋找犯下惡行的人類，將之帶回閻魔殿。但是，因為受飢渴所苦，所以和其他餓鬼一樣，只能吃風來維生。生前諂媚有權者，並依恃權力為惡者，將轉生為此種餓鬼。

〈食小兒餓鬼〉發現剛出生的嬰兒便會將其吃掉的餓鬼。這種餓鬼不停地尋找產婦，發現後會靠近並搶奪嬰兒。以邪惡咒術誆騙病人者，在嘗受等活地獄的苦難之後，將轉生為此種餓鬼。

〈食人精氣餓鬼〉以吸食人類精氣為生的餓鬼。生前在戰場等處，以必定會支持等花言巧語欺騙友人，結果卻坐視友人被殺者所轉生之餓鬼。不但一直為嚴重的飢渴所苦，還被由天而降的刀雨襲擊，無處可逃。只有對於佛、法、僧三寶不敬之人出現時，才能侵入該人體內，奪其精氣，而大約十年至二十年間，才有一次機會。

〈羅刹餓鬼〉在生前殺生以舉行大型宴會，將少量飲食以高價販賣者所轉生的餓鬼。這種餓鬼棲息在十字路口，附身在來往的行人上令其發狂，最後予以殺害。

〈燒食餓鬼〉被自己的罪業瞞騙，將爐中正在燒的剩飯與爐火一同吃下為生的餓鬼。飢渴的火焰與剩飯的火焰在胃中持續燃燒而受苦。疏遠身為善人的朋友，隨意吃掉僧侶的餐飲者，將轉生為此種餓鬼。

〈不淨巷陌餓鬼〉在人們聚集的城鎮、集落、軍隊的野營地之中，特別棲息於蛆蟲四溢，格外不潔之處的餓鬼。吃的是如嘔吐物般的穢物，但是一個月也才有吃一次的機會。就算有吃食的機會，也會遭到看守糞便的群鬼以杖毆打，強迫其吐出。對於修行不懈的人給與不潔餐飲者，將轉生為此種餓鬼。

〈食風餓鬼〉受到飢渴所苦，在為尋找食物而四處奔走時，只能靠吃下少量進入口中的風來維生的餓鬼。生前偽稱對僧侶或是貧窮之人布施，而當他們前來時卻不給任何東西，任憑他們在冷風中發抖者，將轉生為此種餓鬼。

〈食火炭餓鬼〉在墓場遊蕩，將屍體焚燒而吃掉的餓鬼。就算吃得再多也不會滿足，一旦成為此種餓鬼的人，就算在餓鬼界的壽命終了而轉生到人世，也必定生在邊境地帶，只能吃粗糙的餐飲，絕對吃不到美味的食物。在前世擔任監獄的看守者而毆打、捆縛眾人，搶奪其食物，使人們空腹而被迫吃泥土者，將轉生為此種餓鬼。

〈食毒餓鬼〉在被毒藥包圍之地棲息

的餓鬼。這種餓鬼在印度北方山脈的洞窟與險惡山中，或是如冰山一類寒冷地場所棲息，受到冬天冰浸，夏天暑侵的痛苦。此外，夏天會由天下傾注火焰，冬天會有刀雨落下。下毒殺人以奪其財產之人，將轉生為此種餓鬼。

〈曠野餓鬼〉將在荒野旅行之人必須要取得飲水的湖或池予以破壞，使旅行者受苦更強奪其財物者，墮入餓鬼道時便會化成此類餓鬼。這種餓鬼棲息在荒野一類的場所，受到飢渴所苦。不時看見遙遠彼方氤氳，以為該處有水而歡欣疾驅前去，事實上卻只有荒地一片，反而引發更強烈的焦渴。就算的確有池，為了喝水而接近池子時，便會受到鷹群的襲擊，全身將被啄咬，無法飲水。此外，荒野中有荊棘，為了找水而奔跑時，會刺入其腳底。

〈塚間住食熱灰土餓鬼〉一直在墓場徘徊，將屍體焚燒化為灰或土而吃下的餓鬼。一個月只有吃一次的機會而已。在餓鬼道受到飢渴痛苦的懲罰，背負沉重頸枷的懲罰，以及獄卒眾鬼以刀或杖擊打之罰等三種。據說是竊盜供佛之花，再將其賤賣以獲利者的下場。

〈樹中住餓鬼〉被塞進樹木之中度日的餓鬼。身體塞進樹裡，既不防暑也不保暖，更受到蟻或蟲等嚙咬之苦。只有當某人將飲食棄於樹下時，才能將其吃下。在生前濫伐他人費心培育的樹林並以此賺取財產者，將轉生為此種餓鬼。

〈四交道餓鬼〉棲息在十字路口的餓鬼。將嘗受鐵鋸縱橫切割身體，被壓平拉伸的痛苦。只有當人們在十字路口舉行祭祀、擺上供品之時，才能吃下這些東西。生前搶奪旅人的食物，令其在荒野中飢渴者，將轉生為此種餓鬼。

〈殺身餓鬼〉有如墮入地獄一般，要受到飲下熱鐵液之苦的餓鬼。在餓鬼道之中消去罪業之後，還要再轉生至地獄道領受更大的痛苦。慫恿他人為惡，將邪法辯稱為正法，妨害修行中的僧侶者，將轉生為此種餓鬼。

■ 加魯姆 ─────【北】

Garm，北歐神話中，陰間的看守犬。在陰間尼福爾海姆的女王，赫爾之殿的門前，擔任守護赫爾的工作。和希臘神話中的克爾貝羅斯不同，牠雖然看似一般的狗，但是在喉部一帶有一抹血漬，這是北歐的獵犬之中最為優秀的犬種。在北歐神話之中，有一場所有的眾神都將死絕，名為雷格那諾克的最終戰爭的傳說裡，各式各樣的怪物們與眾神激戰，此時加魯姆才能自陰間的禁錮中獲得解放，與眾神敵對交戰。之後，加魯姆會在星期二（Tuesday），和與該日命名來源的提爾神（Tyr）交戰，兩敗俱傷而死。

➔〔尼福爾海姆〕〔赫爾〕〔克爾貝羅斯〕

葛魯拉 ——————【美】

Galla，棲息於古代蘇美、巴比倫尼亞陰間的精靈。替陰間的女王厄里什基迦勒效力。有善惡兩種，惡的一方有時也會和人類勾結。

➡〔不歸之國〕〔厄里什基迦勒〕

庫 ——————————【埃】

Khu，古代埃及人認為在人類死後，遺留下的人類組織一部分，接近精神或知性的靈體。與開比特（影子）相對，它被認為是將人類的身體如靈氣一般包覆的半透明發光體，時常被繪成木乃伊的模樣。庫與巴以及開比特一樣，都是人類組成重要的元素，因此在《阿尼紙草》的九十一章與九十二章中記載著，祈禱巴、開比特、庫由墓場的束縛中解放後，能平安抵達拉與荷魯斯所居住的天堂。

➡〔開比特〕〔巴〕

庫里奧 ——————————【但】

Gaius Scribonius Curio，凱撒在完成平定高盧（Gallia）之後，為了要挑戰羅馬的共和制而渡過盧比科河，想要占領亞得里亞海（Adriatic Sea）海岸的要衝亞里米努姆（Ariminus），他正是在此時對凱撒進言，促其跨越盧比科進攻羅馬之人〔羅馬詩人盧卡努斯（Marcus Annaeus Lucanus）的說法〕。他墮入但丁所作《神曲》的地獄第八層罪惡之囊的製造分裂者之囊，舌頭被連

根拔起，為其過去不遜的進言而受懲罰。凱撒進攻羅馬是對於羅馬共和制的挑戰，因此贊成共和制的但丁便將庫里奧墮入地獄中[14]。

➡〔罪惡之囊〈製造分裂者之囊〉〕

昆達 ——————————【瑣】

Kunda，瑣羅亞斯德教中地獄的守門人。服侍昂拉・曼由的可怕魔鬼，據說總是醉如爛泥。

➡〔昂拉.曼由〕

圭多・達蒙特菲爾特羅–【但】

Guido da Montefeltro，將十三世紀的翡冷翠分裂為兩半，與圭爾佛黨（Guelpho）對抗的吉伯林黨領袖。被當時稱為「狐狸」，為最狡獪的好戰分子，對教皇卜尼法斯八世（Bonifacius VIII）獻策如何攻陷帕勒斯特里納（Palestrina）城堡。但丁的《神曲》中，他墮入地獄罪惡之囊的獻詐者之囊，受到被火焰包圍的痛苦。

➡〔罪惡之囊〈獻詐者之囊〉〕

克爾貝羅斯 ——————【希・但】

Cerberus，希臘神話中登場，黑帝斯（陰間）的看守犬。牠是大巨人提風與半人半蛇的怪物厄基德娜（Echidna）的孩子，頭的數量有的指出是三個，也有說法為五十個。吃生肉，有青銅般的聲音，尾是龍，背後長滿各式各樣的蛇。

　牠住在陰間的入口，黑帝斯之河的對岸，為了地獄之王黑帝斯，擔任監視著沒有許可而想踏進地獄之人，或是想要逃出地獄者的工作。

　赫拉克勒斯的「十二苦差」最後，為了生擒克爾貝羅斯而前來之時，克爾貝羅斯拋下看守的工作逃跑，躲在黑帝斯的王座之下。黑帝斯說，如果赫拉克勒斯能徒手撂倒克爾貝羅斯，就可以將牠帶到地上，而赫拉克勒斯果如其言，單手便絞緊克爾貝羅斯的脖子，教牠投降，在繫上鎖鏈後，就把牠帶到地上了。此時，赫拉克勒斯將克爾貝羅斯扛在肩上行走，但是牠的唾液沿路滴下，落在地上後，長出了有劇毒的烏頭[5]樹。此外由牠眼裡飛散出火花，看到牠眼睛的人都變為石頭。對赫拉克勒斯下命執行苦差的尤里士修斯（Eurystheus），見到克爾貝羅斯後渾身發抖，躲進壺中，堅持不肯收下克爾貝羅斯，因此赫拉克勒斯沒辦法，只好再將克爾貝羅斯帶回地獄。

　之後，奧爾甫斯為了尋找死去的戀人歐呂蒂凱而進入陰間，此時克爾貝羅斯聽到他的豎琴音樂，竟然出神到連吠叫都忘了，因而讓他通行。

　但丁的《神曲》中，克爾貝羅斯位在第三層貪饕者地獄。這是具有三頭的克爾貝羅斯，下顎的毛髮垢膩而且全身黝黑。這裡的克爾貝羅斯會將亡者們抓裂，剝下皮，一個接著一個吞吃下去。但是作為但丁嚮導的維吉爾，在克爾貝羅斯的口中投入泥塊之後，竟然就讓牠安靜了下來。

　➡〔黑帝斯王國〕

■ 懸衣翁 —————【佛】

　與奪衣婆一同站在三途河的對岸，衣領樹下的老翁。死者前來之後，奪衣婆會脫去其衣服，交由名為懸衣翁的老翁掛在衣領樹上，看著樹枝下垂的衣服的形狀，來判斷死者生前所犯之罪的輕重。

　➡〔奪衣婆〕〔三途河〕

■ 肯陶洛斯 —————【但】

　Centaurs，希臘神話中登場的半人馬的怪物。但丁所作《神曲》之中，在地獄第七層施暴者地獄的弗列革吞河畔擔任監視的工作。弗列革吞河為沸騰的血河，罪人在其中遭到烹煮，而肯陶洛斯持弓與箭在河畔奔馳，發現起身的罪人就射箭。肯陶洛斯中最聰明的，就是養育阿基里斯的克倫（Chilon），以及因為要侵犯赫拉克勒斯的妻子得伊阿尼拉（Deianeira）

而被殺死的涅索斯（Nessus）等人都在這裡活躍。此外，但丁與維吉爾前來之時，涅索斯還為其介紹了弗列革吞河。

在《神曲》之中，第八層罪惡之囊的盜賊之囊裡，也有成為責罰罪人亡靈們的獄卒，名叫卡科斯的肯陶洛斯。但是卡科斯原本並非肯陶洛斯，他在希臘神話中登場時，是擁有三頭的半人怪物。

→〔施暴者地獄〈弗列革吞河〉〕

▌格里昂 ───────【但】

Geryon，在但丁所作《神曲》的地獄第八層罪惡之囊的邊緣監視的怪物。雖然臉孔生得像是正義凜然的人類相貌，但是全身卻長滿長毛，有生爪的獸足以及蛇的胴體，尾巴末端如蠍一般的分岔，側腹有著像是圓圈或是螺旋一般的奇妙紋路。他能用腳抓聚空氣，尾巴在胸前扭曲而伸直，緩緩地在空中飛行。這個能力是在地獄中旅行的但丁以及維吉爾所不可或缺的。罪惡之囊在地獄中位於最為陡峭的崖壁下方，人力絕對不可能下攀，而兩人乘在格里昂的背上，便能下至罪惡之囊。

格里昂原本是在希臘神話中登場的怪物，但是模樣與但丁所描寫的有所出入。希臘神話中的格里昂是三顆頭，六隻腳的巨人，與偷取他所擁有

牛群的赫拉克勒斯戰鬥，結果被殺死。

→〔罪惡之囊〕

■ 魂、魄 ————————【中】

中國古代所認為的兩種靈魂。人類死後，魂會於牌位中棲息，最後將會升天。相對的，魄會與屍體一同棲息於墓中，最後化為塵土。傳說魄在發怒時，會化為鬼出現在人世，招致各種禍害，但是在此狀況下的「鬼」，音因與「歸」音相近，含有「歸來者」的意思，因而被視為一種惡靈。

■ 獄卒 ————————【日・佛】

在地獄中監視罪人們，並給與刑罰的守衛。在佛教之中也稱為閻魔卒。可分為牛頭、馬面、阿傍羅剎等等。

→〔閻魔卒〕〔牛頭、馬面〕〔阿傍羅剎〕

■ 牛頭、馬面 ————————【佛】

指佛教的地獄中，以鐵杖等令罪人受苦的閻魔卒或是獄卒。聽令於閻魔王。牛頭為牛頭人身，馬面則為馬頭人身，也有說法指出，虐待牛者就會由牛頭來迎接，若是虐待馬者就是由馬面來領。

→〔閻魔王〕

■ 惡魔 ————————【基】

Satan、Demon、Devil，基督教的惡魔，令地上的人們受苦，同時也是地獄的居民，以獄卒的角色令罪人們受苦。

惡魔之中有數個階級，其中最大者為撒旦（Satan）。猶太教、基督教基本上都是一神教，因此沒有可與神匹敵的惡神也是當然之事，事實上自古以來，也沒有如此的惡魔存在。撒旦也只在舊約聖經《約伯記》（Job）中，以神的獨子的身分登場，藉由降災於約伯的身上，而與神敵對，但是他畢竟仍是得到了神的允許才有力量，因此並非是以能夠與神匹敵的角色登場。但是，縱使是在唯一神掌權的世界中，仍有邪惡的存在。這個在神以外仍有邪惡性質存在的這種二元論的思想也進入了猶太教、基督教之中，撒旦便成為如此邪惡存在的代表，傳說中更成為了黑暗的統治者。

既然認為撒旦是黑暗的統治者，他因此而有了各式各樣的稱呼。名字有在墮天使之中最為淫亂不羈的彼列、聖經之中被視作異國神祇的別西卜等，在這些名字中，擁有最具魅力的故事者，當屬路西法。路西法原本是熾天使之中，最美麗且最偉大、也最得到神的恩寵者。但是，他在認為自己的偉大之餘，竟想要搶奪神的位置，因而招致神的大怒，由天界被驅逐，墮入地獄的深淵。在但丁的《神曲》之中，路西法會插入地獄的最下層，也是因為此故；在米爾頓的作品《失樂園》中，則由龐大的惡魔軍團與惡魔之王路西法被丟入地獄的場面，作為故事的開端。

除了撒旦之外，尚有許多稱呼

為「惡靈」（Damon）與「魔鬼」（Devil）的惡魔存在。但是惡靈與魔鬼之間並沒有足夠嚴謹的區別，正如「Damon」發源於希臘語的「Daemon」（魂），「Devil」來自希臘話的「Diabolos」（敵）一般，只是來自不同系統的魔族。就算如此，卻仍然欠缺沒有矛盾而詳盡的定義。舉例而言，若指出惡靈（Damon）為惡魔的使者，那麼幾乎所有的動物都可以被認為是惡靈。相對來說，Devil可以指稱為魔鬼全體，那麼路西法、別西卜、撒旦等，亦能被稱為惡魔了。

除了眾多惡魔棲息於地獄之外，尚有被稱為墮天使的地獄居民。這些墮天使正如其名，原本身為天使，擔負替神巡守人類的角色，但是因為與誕生於地上的人類女性相戀，從而墮入地獄之中。

十六世紀的歐洲，還產生了這些惡魔或是墮天使們在地獄建立起疑似君主制的國度。這是約翰・威爾所提出之說指出，原先是腓力斯人之神的別西卜為「地獄帝王」；撒旦是帝王的副官，為「惡魔首領」；安曼人（Amman）所崇拜的神摩洛克是「淚之國君主」，為「蒼蠅騎士團司令」；迦南人的主神巴力為「地獄軍最高司令官」、「蒼蠅騎士團司令」；路西法為「法院長」等等。

■ 沙胡 ────────【埃】

Sahu，古代埃及人所認為魂的形態之一，相當於「精神的肉體」之意。

人類在死時將肉體製成木乃伊，並舉行埋葬儀式後，死去的肉體被認為會產生稱作沙胡的靈體。沙胡與魂（巴）的關係很深，能夠與魂和意志相通，但是它並非魂，換句話說是魂的容器，有了它，死者之魂才能夠前往天堂，與眾神的沙胡一起生活。但是，因為它並沒有確實特定性質的意思，所以在金字塔銘文（Pyramid Text）等內容中，時常與「死者的肉體」之意混用。

➲〔巴〕

■ 西緒福斯 ────────【希】

Sisyphus，希臘神話的英雄，是科林斯之王。他繼承了策士普羅米提烏斯（Prometheus）的血脈，在人類之中可稱為最狡詐者，他的狡詐欺騙過眾神，所以死後在地獄（塔爾塔羅斯）受到永遠的責罰。

宙斯曾將河神阿索坡斯（Asopos）的女兒艾吉娜（Aegina）擄走，並在某座島上將其侵犯。知道宙斯就是犯人的西緒福斯告訴了阿索坡斯事實，懷恨的宙斯因此立刻派出塔那托斯（死），將西緒福斯帶往陰間。

這時，狡詐的西緒福斯也料到了會有這個狀況，便預先向妻子梅羅普（Merope）交待，就算自己死了，也不要進行將屍體埋葬等一切的葬禮儀式。梅羅普當然完全照辦。毫不知情的冥王黑帝斯，從陰間看到梅羅普的不聞不問，相當不滿。此時，西緒福斯走了起來說道：「那麼，待我去找我的妻子，告訴她要將我的屍體埋葬

起來。」

　就這樣，西緒福斯毫髮無傷地返回了人世間，不但沒提將屍體埋葬之事，還在科林斯活得十分長壽。

　但是，欺騙眾神之罪極重，在原本的壽命結束死亡後，他便被降予重罰。在地獄塔爾塔羅斯，被懲罰將巨大岩石推上山頂，但是岩石在半途就會自動滾下山，因此這項責罰永遠無法終了。

　➡〔塔爾塔羅斯〕〔塔那托斯〕

■ 席農 ──────────【但】

　Sinon，希臘神話中登場的士兵。特洛伊戰爭中實行有名的木馬計時，他因為與木馬一同被留置於特洛伊的平原，在深覺不可思議的特洛伊人面前展露了精湛的演技，令其相信木馬是希臘人所送來的禮物而聞名。因此，特洛伊的人們將木馬拉入城內，被木馬中藏藏的士兵而毀滅。在但丁的《神曲》之中，他因為此罪被墮入地獄第八層罪惡之囊的作偽者之囊，與中傷約瑟（Joseph）的女人一同躺直，永遠無法動彈，受到身體散發出熱燙而惡臭氣體之罰。

　➡〔罪惡之囊〈作偽者之囊〉〕

■ 詹尼・斯基吉 ──────【但】

　Gianni Schicchi，是與但丁同時代，翡冷翠的卡瓦爾坎提（Cavalcanti）家族出身的騙徒。據說他受到一名為西莫內・多納提（Simone Donati）之人的委託，躺在床上假扮其剛死不久的父親，令律師改變遺囑，將一切有利條件都歸於西莫內。因此，在但丁的《神曲》之中，他被墮入地獄第八層罪惡之囊的作偽者之囊，受到發狂的懲罰，被其他的亡靈們追逐啃咬。

　➡〔罪惡之囊〈作偽者之囊〉〕

■ 斯塔提烏斯 ──────【但】

　Stasius，羅馬時代的詩人（公元45～96）。但丁所作《神曲》中，但丁與維吉爾通過煉獄的第五層──貪婪者、揮霍者的平臺時，正好他的罪於煉獄中淨化終了。

　根據《神曲》中斯塔提烏斯自己的說明，他生前雖然已信奉基督教，但是因為懼於迫害，因而長時間偽裝成異教者。因此，他在煉獄的第四層懶惰者平臺上，必須度過最初的四百年。再加上他犯下了對於金錢過於執著，無止境浪費之罪，因而在第五層貪婪者、揮霍者的平臺上，又必須再過接下來的五百年。在此說明，揮霍與貪婪相提並論，乍看之下似乎奇妙，其實對於煉獄而言，這只是一組罪惡的兩極而已，所以需在同一平臺受罰。

　經過這些歲月之後，斯提塔烏斯的罪已被淨化，此時激烈的地震發生，搖撼整座煉獄山，四面八方的靈魂們發出叫聲，讓但丁與維吉爾為之一驚。兩人不明白原因為何，不多久，便遇見斯塔提烏斯，對他們說明這是煉獄的規則。亦即在煉獄之中，當有人的靈魂淨化終了時，為了給與祝

福，全山會激裂搖動，靈魂們會發出合唱。

經過如此被淨化的靈魂，已經徹底自覺，為了要以自己的意志飛升天堂，而開始攀登煉獄山。因為靈魂已淨化不需再受煉獄的懲罰，因此雖然在抵達煉獄山頂之前仍有其他的平臺，卻只需直接通過即可。以斯塔提烏斯為例，在滌清罪業之後，便和但丁與維吉爾一同登至位於煉獄山頂上的伊甸園。

來到伊甸園的靈魂，會有天堂來的使者迎接，而能再飛升至天堂。與但丁一同抵達的斯塔提烏斯，是由來迎接至但的貝緹麗彩引導，眾人一同飛升至天堂。

➡〔貪婪者、揮霍者平臺〕〔懶惰者平臺〕〔伊甸園〕

■色克姆 ────────【埃】

Sekhem，古埃及人認為在人類死後，仍會遺留下的一種靈性力量。金字塔銘文之中，雖有與卡、巴等一同純粹對於色克姆講述的部分，但是色克姆本身究竟為何，卻未加以明示，因而通常被視同為卡。

➡〔卡〕〔巴〕

■坦塔羅斯 ────────【希】

Tantalus，希臘神話的人物，因為招致眾神的不悅，而在生時直接被墮入塔爾塔羅斯，受到永遠的責罰。

坦塔羅斯在地上之時，為統治小亞細亞的里底亞（Lydia）的國王。但

是，當他獲得眾神招待用餐時，卻犯下了偷盜神的食物「仙饌與仙酒（Nektar）」，給地上的人類吃的罪條。仙饌是吃了之後就能長生不老的食物，因此，當時已經食用的坦塔羅斯，雖然是血肉之軀，卻能夠長生不老。

此外，他還犯下將與宙斯有關係的黃金魔法之犬偷偷據為己有之罪。宙斯在剛出生時，為了躲過父親克洛諾斯，而在克里特島上伊德（Ide）的洞窟中藏匿，該時看守洞窟的，就是這隻魔法之犬，而坦塔羅斯的朋友潘達雷奧斯（Pandareus）偷了牠，並寄放在坦塔羅斯處，坦塔羅斯竟然將其據為己有，在赫爾梅斯奉宙斯之命搜尋時也瞞了過去。

最後，坦塔羅斯為了要測試神的全能，而有了一個膽大包天的想法。他開設宴會邀請眾神到自己的殿裡，並將自己的兒子伯羅普斯（Pelops）烹煮料理後，呈在眾神的餐桌上。眾

神幾乎都是一眼就看出這是不祥的食物，但是在當時只有豐穰之神得梅忒爾，因為女兒普西芬妮遭黑帝斯綁架下落不明，而沒有注意眼前的食物，所以吃下了伯羅普斯肩上的肉的部分。

此舉讓眾神極為不悅，對坦塔羅斯罵不絕口，令他活著便直接墮下地獄塔爾塔羅斯，接受永遠的懲罰。

這項懲罰與佛教所給與餓鬼的十分相似。奧德修斯在造訪陰間之時，目擊到正在受這項懲罰折磨的坦塔羅斯。根據他的說法，坦塔羅斯被浸入塔爾塔羅斯一處深及咽喉的池水中，他的頭上方近處，垂下了幾枝正是結實纍纍的樹枝。當坦塔羅斯要俯身飲水時，池水便發出隆隆水聲，不知從何處被抽乾，直到他的腳下出現黑色的大地；而當他要吃樹果而伸起雙手時，便颳起一陣強風把所有的樹果全部吹飛。坦塔羅斯在該處，就算口渴了也喝不到水，再怎麼餓也吃不到果子，只能承受飢餓與焦渴。

➜〔塔爾塔羅斯〕

■ 醍醐天皇 ——————【日】

平安時代的日本天皇（885～930）。傳說他令當時的右大臣菅原道真[6]受到左遷太宰權帥之罰，而被墮入地獄。《扶桑略記》[7]中的「道賢上人冥途記」中記載，巡遊陰間的道賢（日藏）上人，與住在地獄之中陋室的醍醐天皇見面，被其求救的故事。

➜〔日藏上人〕

■ 德弗 ——————【瑣】

Daeva，瑣羅亞斯德教的魔鬼的總稱。共同聽命於最大的魔鬼，昂拉·曼由，在地獄中令罪人們受苦的獄卒們皆是德弗。

➜〔昂拉·曼由〕

■ 奪衣婆 ——————【佛】

三途河對岸的衣領樹下的老婦。也稱為葬頭河婆。當死者前來後，奪衣婆便將其衣服脫去，名為懸衣翁的老人將其掛在衣領樹上。此時，從樹木因垂掛衣服的形狀，來判斷死者生前所犯之罪的輕重。

➜〔懸衣翁〕〔三途河〕

■ 奪魂鬼、奪精鬼、縛魄鬼【佛】

佛教之中，以閻魔大王使者的身分，迎接死者之魂的獄卒們。據《十王經》記載，人類在臨終時，閻魔王會派出這些獄卒，將其帶至死出山入口的門關樹處。

➜〔閻魔王〕〔十王〕

■ 妲奈斯 ——————【希】

Danais[8]，在希臘神話中登場的達那奧斯（Danaus）的五十個女兒，死後墮入塔爾塔羅斯。

她們都和叔父埃古普托斯（Aegyptus）的五十個兒子結婚，但是在父親的命令下，除了海帕涅斯特拉（Hypermnestra）之外，都

在新婚之夜將丈夫刺死。被殺的新郎們，首級埋藏在勒納（Lerne）地方的沼澤地，之後被湖水淹沒。但是，與海帕涅斯特拉結婚的琉肯烏斯（Lynceus），無法饒恕殺了自己兄弟們的姐奈斯們，便將犯了殺死自己丈夫之罪的四十九人，全部殺死。

就這樣墮入塔爾塔羅斯的姐奈斯們，受到要永遠以無底之壺汲水的懲罰；也有說法是，她們要不斷往無底之壺中注水。

➡〔塔爾塔羅斯〕

▋提提奧斯 ──────【希】

Tityus，希臘神話的巨人。他是赫拉的手下，因為侵犯了宙斯所愛之女神麗酡（Leto），而被麗酡之子阿波羅神與阿爾忒彌斯射殺，被丟下塔爾塔羅斯。奧德修斯於地獄旅行之時，曾目擊他的模樣，據說提提奧斯倒臥

在塔爾塔羅斯之底，被兩隻禿鷹啄食肝臟。提提奧斯的身高達一百五十尋[9]，卻對於伸入腹膜中啄食的禿鷹們，伸手也無法阻擋。

➡〔塔爾塔羅斯〕

▋忒瑞西阿斯 ──────【但】

Tiresias，但丁所作《神曲》的地獄第八層罪惡之囊中，棲息於占卜者之囊的一個預言家。在希臘神話之中，他是忒拜最大的預言家。

年輕的時候，因為目擊兩條蛇在交尾，便以杖擊打母蛇，結果過了七年成為女人的生活。之後，她再次見到兩條蛇交尾，這次擊打公蛇，結果回復為男性。他活了一般人的七代之久，作出許多預言，因此被墮入地獄，領受頭被向後扭轉的責罰。

➡〔罪惡之囊〈占卜者之囊〉〕

▋忒修斯 ──────【希】

Theseus，希臘神話的英雄。他與好友庇里托奧斯，一同為了綁架冥后普西芬妮而下至陰間，但是兩人誤觸陷阱，坐上忘卻之椅，因而無法動彈。一般的說法中，之後只有忒修斯獲赫拉克勒斯救助，而在維吉爾的《埃涅阿斯紀》中，忒修斯則是永遠坐在忘卻之椅上。

➡〔普西芬妮〕〔庇里托奧斯〕〔忘卻之椅〕

IV

守衛・居民

納姆塔爾 ————————【美】

Namtar，棲息在古代蘇美、巴比倫尼亞陰間的精靈。被傳說為死神的一種，以六十種疾病殺死人類。也有說法指出，這是在女王厄里什基迦勒的身旁服侍，如同隨從一般工作的精靈。

➔〔不歸之國〕〔厄里什基迦勒〕

尼茲赫古 ————————【北】

Nidhhoggr，棲息於北歐神話的陰間尼福爾海姆之泉，費格爾米爾的怪龍。牠不只會啃咬死者的肉體，更會嚙咬北歐神話中支撐世界的世界樹，伊格德拉西爾的根。尼茲赫古有鱗與翼，當世界終了的雷格那諾克到來時，牠會離開陰間獲得自由，載著死者盤旋於天際。

➔〔尼福爾海姆〕

尼古拉三世 ————————【但】

Nicholas Ⅲ，十三世紀末期的教皇。犯了以金錢買賣聖職來中飽私囊之罪，所以被墮入但丁所作《神曲》的地獄第八層罪惡之囊的神棍之囊。此地獄中遍地開了會冒出熊熊火焰，如石臼一般的洞穴，而尼古拉三世就被倒置在這裡，只有腳露出在外掙扎，連腳本身也在哭泣。但丁來到之時，他預言他的後繼者卜尼法斯八世以及克萊門特五世（Clement Ⅴ）都會墮入同樣的地獄，並且被插入一樣的洞穴中。當這些人來了之後，尼古

拉三世為了要讓出位置給他們，根據規則，他會被擠入洞穴的更內部。

➔〔罪惡之囊〈神棍之囊〉〕

寧錄 ————————【但】

Nimrod，在但丁所作《神曲》的出賣者地獄周邊，深谷裡的巨人之一。《創世記》中有他的故事，據說曾為巴比倫尼亞之王寧錄建築巴別塔，要讓塔頂通天。之前地上的語言只有一種，但在寧錄因此觸怒上帝之後，語言從此便互不相通。但丁也令寧錄因此墮入地獄，讓他立於圍繞出賣者地獄的深谷中，吹奏著圍繞在胸前的號角，狂吼著不明所以的語言。

➔〔出賣者地獄〕

涅堤 ————————【美】

Neti，古代蘇美、巴比倫尼亞的冥界「不歸之國」的守門人。不歸之國中有七道門，他看守的是第一道門，剛則門。守門人之中，有的具有如鷲一般的利爪，所以不難想像涅堤應該也是模樣可怕。

➔〔不歸之國〕

哈爾皮埃 ————————【但】

Harpyiai，希臘、羅馬神話中登場，具有女人頭部的怪鳥。但丁所作《神曲》的地獄第七層施暴者地獄的第二圈自殺者之林中，有許多哈爾皮埃在此棲息，以啄咬封入自殺者之魂的樹木之葉，令其受苦。

在《埃涅阿斯紀》中，英雄埃涅阿斯一行來到斯特洛法迪斯（Strophades）群島時，哈爾皮埃們由天而降，將食物啄壞，弄髒四周。

❷〔施暴者地獄〈自殺者之林〉〕

■巴 —————————【埃】

Ba，古代埃及人認為的人類死後之魂。對古代埃及人而言，死後獲得永恆的生命，在稱為和睦平原的天堂生活是最為期盼之事，而此時獲得永恆的生命者，正是稱為巴的人類之魂。因此，巴雖然一般譯作為魂，但是以古埃及人的觀點，它具有極為崇高的形象。

巴也被描述為棲息於卡之中。此外，稱為魂者，自然被認為能化為各種形狀，但是巴卻有固定的形態，一般會化為具有人頭之鷹。這與代表巴的象形文字有相同的模樣。古埃及人認為前往和睦平原的死者，有人類也有神祇，能以自己喜好的形態生活，因此巴也具有能夠依自己的希望改變外形的特徵。以鳥類的形狀來表現此點，能讓人想像古埃及人心中，多半具有嚮往化成鳥類生活的想法。

以鳥類為外形的巴，為由人類之魂在死後所變化而成，原理上應在人類死後才會出現，但是也有認為人類在死時會由某處出現巴，在確定死亡的瞬間便會與靈魂接合，飛往天際。巴會在天空飛翔此點，亦有說法指出飛翔原本應是太陽神的屬性，因此，只有在太陽神的靈魂化成巴之後才能辦到。隨著時代流轉，國王的靈魂也會

成為巴而得到永恆的生命，最後，連一般人的靈魂，也被相信能夠化為巴。

但是，並非任何人的靈魂都能化為巴。古代埃及之中，死去的人們都必須前往陰間，接受歐西里斯的審判，若是在此被判定為罪人者，其靈魂將會即刻遭到消滅。

巴即為靈魂，故被認為能夠在與肉體完全無關之下存活，但具有並非完全一樣的性格。估計約於公元前兩千年的作品，名為《人與巴的對話》（The Dispute between a Man and his Ba）的文學創作中，人與巴對於此點進行議論。巴認為既然自己身為靈魂，主張無論肉體腐敗或是消失，都無關於自身自由的生活；而人類則認為，巴的安息場所在人類死後亦為肉體，因此藉由傳統的葬儀使肉體製成木乃伊有其必要。這本作品最後，巴認同人類，仍舊以傳統的思想，為了休息，需不時回到現世之中的肉體（屍體）的意見為是。

❷〔卡〕〔歐西里斯的法庭〕

■皮耶羅‧達美迪奇納 ——【但】

與但丁同時代，遍歷羅馬亞（Romagna），道人醜聞，招致諸侯之間紛爭起因的人物。因他所犯之罪，於但丁所作《神曲》的第八層罪惡之囊，製造分裂者之囊中，嘗到聽聞傳說的耳與鼻被切落，妄言的喉嚨被割開的痛苦。

❷〔罪惡之囊〈製造分裂者之囊〉〕

布魯圖 ───────【但】

Marcus Junius Brutus，暗殺凱撒的首謀者，但丁所作《神曲》的出賣者地獄中，被撒旦嚼於口中的其中一人。當初，布魯圖加入與凱撒敵對的龐培的軍隊，在投降之後獲得凱撒的諒解，被委以山南高盧（Cisalpine Gaul）的總督和城市法官。但是，之後被卡西烏說服，加入暗殺凱撒的陰謀。他因犯下背叛偉大的羅馬帝國建國者的信賴之罪，而被墮入最可怕的地獄之中。

→〔出賣者地獄〕〔撒旦〕

弗勒古阿斯 ──────【希·但】

Phlegyas，希臘神話中身為戰神阿瑞斯（Ares）兒子的人物。他雖然有一個堪稱為醫學之神，名為阿斯克勒庇奧斯（Asclepius）的孫子，但因為阿斯克勒庇奧斯主張自己是醫學之神阿波羅的兒子，所以他便與孫子以及阿波羅神對立，放火燒了祭祀阿波羅的德爾佛伊（Delphi）神殿。因此罪被墮入塔爾塔羅斯的地獄。根據為埃涅阿斯作陰間嚮導的西比爾所言，他在塔爾塔羅斯的處境非常可憐，會對所有人大喊「注意！拿出正義感來，不要被神欺侮」的警告。

但丁的《神曲》之中，他以流經地獄第五層憤怒者地獄的斯提克斯河上，擔任擺渡者的角色登場。

→〔塔爾塔羅斯〕

赫克頓蓋爾 ──────【希】

Hecatoncheir，希臘神話中登場，名為卡得士（Cottus）、布里亞柔斯（Briareus）、吉幾斯（Gyes）的三名巨人兄弟。他們是具有一百隻手，五十個頭的怪物，一出生就被父親克洛諾斯丟下地獄。之後為宙斯所救，與和宙斯敵對的泰坦神族戰鬥。為了紀念這份功績，在眾神之戰以後，他們就棲息於塔爾塔羅斯的青銅之門旁，負責看守塔爾塔羅斯。

→〔塔爾塔羅斯〕

貝特洪·德波恩 ────【但】

Betran de Born，十二世紀後半左右的法國佩里格厄（Périgueux）的貴族，奧特福（Hautefort）城堡的城主。他挑起英國國王亨利二世（Henry II）與其王子之間的鬥爭。因為此罪，貝特洪在但丁所作《神曲》的地獄第八層罪惡之囊的製造分裂者之囊中，被處以首級切下，自己將首級如提燈般舉起行走的責罰。

→〔罪惡之囊〔製造分裂者之囊〕〕

庇里托奧斯 ──────【希】

Pirithous，希臘神話的拉庇泰人之王。與英雄忒修斯是好友，因為兩人皆是喪妻之人，便共同商量要綁架最高神宙斯的女兒成婚。此時忒修斯選了引發特洛伊戰爭的海倫，庇里托奧斯則選了冥后普西芬妮。兩人一開始，首先替忒修斯綁架海倫，再來便

根據庇里托奧斯的選擇，為了綁架冥后而前往陰間。

兩人由泰那隆的洞穴進入黑帝斯王國。此時，冥王黑帝斯已經看穿兩人來此的目的，便表示要送給他們禮物，要他們坐上宮殿門旁的椅子。

那是任何人一旦坐上，即會喪失所有記憶的忘卻之椅，而兩人便被騙坐上，之後便徹底忘了自己究竟是誰，保持坐在椅子上的模樣，如石像般一動也不能動。

之後不多久，赫拉克勒斯造訪陰間之時，忒修斯幸運獲其搭救。只有庇里特奧斯因為是要娶普西芬妮的主使者，其罪較重，連赫拉克勒斯也無法將其拉離忘卻之椅，而他只能永遠保持坐姿下去。

➲〔佩瑟芙涅〕〔黑帝斯〕〔黑帝斯王國〕

鳳凰 ————【中】

中國古代的神鳥。擁有美麗五彩的羽毛，代表吉兆之鳥，亦有擔任將死者之魂運往天上世界的任務。在中國古代的神話中，四海之外有供死者升天的入口——頂峰參天的崑崙山，人在死後會越過四海來此，於該地有鳳凰迎接死者。

穆罕默德 ————【但】

Muhammed，伊斯蘭教的創始者。對於伊蘭教徒而言是十分偉大的人物，但是對於受到伊斯蘭勢力威脅的中世紀歐洲時的基督教來說，則是可憎的對手，他因此被墮入但丁所作

《神曲》的地獄，第八層罪惡之囊的製造分裂者之囊中，受到被魔鬼之劍縱剖身體的責罰。剖裂的方式與一般不同，是由顎下至肛門被切分為二，肚破腸流地步行著。

➲〔罪惡之囊〈製造分裂者之囊〉〕

邪爪 ————【但】

Malebranche，但丁所作《神曲》中，棲息於地獄第八層罪惡之囊的污吏之囊，責罰亡靈們的魔鬼總稱。污吏之囊中，在環狀的谷底有著煮沸的瀝青（焦油精製後所殘留的黑色物質）在河中流動，亡靈們浸泡於其中受苦。邪爪在谷堤邊步行，監視這些亡靈，若發現臉冒出瀝青表面的亡靈，便會以帶鉤的長棍將頭挑起，剝去背後之皮，再將其沉入瀝青中以為懲罰。

魔鬼們有猙獰的面孔，背後生翼，能夠飛天。鬼的領袖名為馬拉科達（Malacoda），尚有斯卡米里奧內（Scarmiglione）、阿利克諾（Alichin）、卡爾卡布里納（Calcabrina）、卡亞佐（Cagnazzo）、巴巴里恰（Barbariccia）等為數眾多之群鬼。

在可怕的邪爪之中，也有不中用者，與同伴爭執並且因此掉入谷底的瀝青河中。和亡靈們不同，他們落入瀝青中將會被燒為灰燼，完全死亡。

➲〔罪惡之囊〈污吏之囊〉〕

■ 米諾陶洛斯 ————【但】

Minotaur，在希臘神話中登場，位於克里特島，牛頭人身會吃人的怪物。但丁所作《神曲》的地獄中，牠則在是在第七層施暴者地獄的崖口，監視死者們。但丁一行來到之時，米諾陶洛斯因為無可洩忿，所以便咬噬自己，又在聽了維吉爾對牠的喝斥後更加不可遏止，雙腳胡亂踢打。在希臘神話中，因為要雅典奉上少年少女作為祭品，而被雅典的英雄忒修斯除掉。

➡〔施暴者地獄〕

■ 密拉 ————【但】

Myrrha，希臘神話之中，愛上自己父親的塞浦路斯（Cyprus）公主。她扮作其他女性而和父親連續共寢十二夜，之後心生悔意，祈求神將自己變為沒藥（Myrrha）樹。在但丁的《神曲》之中，她為此罪被墮入地獄的第八層罪惡之囊的作偽者之囊中，精神錯亂，全身赤裸狂奔，並被其他亡靈啃咬。

➡〔罪惡之囊〈作偽者之囊〉〕

■ 莫斯卡 ————【但】

Mosca，引發十三世紀的翡冷翠圭爾佛黨、吉伯林黨鬥爭原因的人物。阿米德伊（Amidei）家族眾人對於他解除與女兒博恩德爾蒙特（Buondelmonte de' Buondelmonti）的婚約，正進行是否要給與報復的議

論之時，莫斯卡說出「受制於人，萬事休矣」等語，造成博恩德爾蒙特被殺害。因此事件，翡冷翠分裂成圭爾佛黨與吉伯林黨兩派，兩黨鬥爭持續了一段很長的時間。他被墮入但丁所作《神曲》的地獄第八層罪惡之囊，製造分裂者之囊中，遭受雙臂被砍下的痛苦。

➡〔第八層罪惡之囊〈製造分裂者之囊〉〕

■ 八雷神 ————【日】

日本神話之中，住在黃泉之國的神祇。在黃泉之國見到死去的伊耶那美命外貌變得醜陋，因而受到驚嚇的伊耶那岐命，正當要逃回地上之時，在伊耶那美命的命令下，八雷神帶領一千五百名黃泉軍，要去追回逃走的伊耶那岐命。據《古事紀》描述，八雷神為八種雷神，是由在黃泉之國變為醜陋之姿的伊耶那美命，從她身上出現的蛆蟲聚集而成。隨著聚集身體的部分不同，雷神之名也各異，頭為大雷，胸為火雷，腹為黑雷，陰部為析雷，左手為若雷，右手為土雷，左腳為鳴雷，右腳為伏雷。

➡〔黃泉之國〕〔伊耶那美命〕〔伊耶那岐命〕

■ 夜摩之犬 ————【印】

為印度教死者之國的夜摩之國中的看守犬。夜摩被當作棲息於地下的地獄之王，但在《梨俱吠陀》時代中，夜摩之國卻被認為是在最高天的一個樂園。夜摩之犬為此樂園的看守犬，共有兩隻，身體皆有斑紋，並有四隻

眼。負責監視人們，奪其生命，並將死者靈魂帶往夜摩之國的任務。

→〔夜摩〕

■ 休·卡佩 ————【但】

Hugues Capet，法蘭斯王朝的始祖。所謂國王，一般而言皆離不開世俗面的成功欲，對財產或對富有的渴望難以切割，休·卡佩亦不例外，而他因為此罪，在但丁的《神曲》之中，被墮入煉獄中貪婪者、揮霍者的平臺滌清罪業。但是，但丁將法國國王的休·卡佩以及其父的休·卡佩混淆，《神曲》中法國國王休·卡佩所言之內容，也包含了應歸為其父的事蹟。

→〔貪婪者、揮霍者平臺〕

■ 猶大 ————【但】

Judas，基督的十二門徒之一，因為收受迫害者的銀幣，而將基督出賣的加略人猶大。身為犯下此種對神背叛的滔天大罪他在但丁所作《神曲》的地獄最下層，出賣者地獄中，在撒旦的口中被啃嚼，只有腳露出在外。出賣者地獄劃分為一個圓周狀的領域，他所在的區域為中心，並以他的名字命名為猶大界。

→〔撒旦〕〔出賣者地獄〈猶大界〉〕

■ 四眼犬 ————【瑣】

守望瑣羅亞斯德教的地獄入口，琴瓦特橋的看守犬。牠擔任幫助死者渡

IV

守衛·居民

195

過琴瓦特橋的角色，但是於生前曾殺狗的人則得不到牠的幫助。

四眼犬對於現在的瑣羅亞斯德教徒而言仍有重大的意義，傳說在人死時，會舉行將四眼犬帶來觀看屍體，一種名為沙古迪德[10]（Sag-Did）的儀式。但現實之中並無四眼犬，所謂四眼犬只是身有斑點的狗[11]。

此外，四眼犬也負責清理運搬屍體道路的工作，據《阿維斯陀》的說法，四眼犬會三次進入運搬屍體的道路，並且驅逐要奪走屍體的魔鬼們。三次不行則六次，再不成就九次，不斷重覆下去。

在印度教中，帶領死者進入陰間的狗也是四隻眼，稱其為「夜摩之犬」。

→〔琴瓦特橋〕

■ 黃泉軍 ──────── 【日】

日本神話中黃泉之國眾神的鬼。伊耶那岐命在造訪黃泉之國時，伊耶那美命曾令其追趕伊耶那岐命。

→〔黃泉之國〕〔伊耶那岐命〕〔伊耶那美命〕

■ 黃泉醜女 ─────── 【日】

日本神話中服侍黃泉之國之神的鬼女。伊耶那岐命造訪黃泉之國時，雖然曾聽命追捕伊耶那岐命，但是因為被伊耶那岐命所拋棄的髮飾與梳子所吸引，而被他逃走。

→〔黃泉之國〕〔伊耶那岐命〕〔伊耶那美命〕

■ 連 ──────────── 【埃】

Ren，古代埃及人認為人在死後，該人的名字仍然會存活下來，而此即稱為連。對於多數古代人而言，名字不單只是稱呼而已，還有實體的意味，若是失去名字，死者將無法獲得永恆的生命。在佩皮[12]的金字塔銘文中，也遺留下有佩皮與卡及連一起，因而感到幸福的記載。

→〔卡〕

注釋

1 Caliph，伊斯蘭教之中對於宗教領袖的稱呼。

2 亦稱為「星光體」。

3 古代印度社會中，婆羅門階級之外的男性修行者。

4 平安時代末期的繪卷，內容為地獄之中情景。「草紙」即繪卷之意，以特定主題作畫，集成手卷或冊頁。

5 毛茛科烏頭屬的植物，有劇毒的植物。在中國的漢朝以前，就知道根據塊根不同的生長形態與部分，而細分成烏頭、附子、天雄等，反而使用於醫藥之中，是回陽救逆的重要中藥材。

6 日本平安時代的學者、詩人、政治家。特長於漢詩，被後世尊稱為「學問之神」。

7 約成書於平安時代末期的歷史書籍；並非正史。內容以佛教的觀點，記述起自約公元前660年的神武天皇，至寬治八年（公元1094年）為止的日本史。

8 此字原文為統稱「達那俄斯之女」的意思。

9 中國或日本古時長度單位。一尋為八尺，約合普通人兩手平伸時，兩邊端點的長度。

10 意思為「狗的看守」或是「看守之狗」。

11 一般會用在眼上還有兩個大斑點的狗來代表「四隻眼」，或是一隻有著黃耳朵的白狗。

12 Pepy，約在紀元前兩千兩年前後的王朝。

13 此處原文與資料有兩處之頗大出入。

①一般學者研究、中譯《神曲》本所認為的開始時間為4月7日，為受難日前一天晚上，而非原文所指之受難日當日；而就算是受難日，也應為4月8日，而非原文中所稱之9日。

②原文中之「聖水曜日」，即中文之「聖週禮拜三」，應為受難日之前兩天。已經過了受難日，不應會再有「聖週禮拜三」的出現。旅程的時間是順流，而非回朔；就算是回朔，受難日至聖週禮拜三，也只有兩天時間，不符合《神曲》書中記載。

14 此語有爭議。因為資料指出，但丁在他自己的著作裡（Epistole, VII, 16），其實贊成庫里奧的進言，在《神曲》中將它寫成墮入地獄，應是出於道德上的看法，和政治傾向無關。

V

責罰
道具

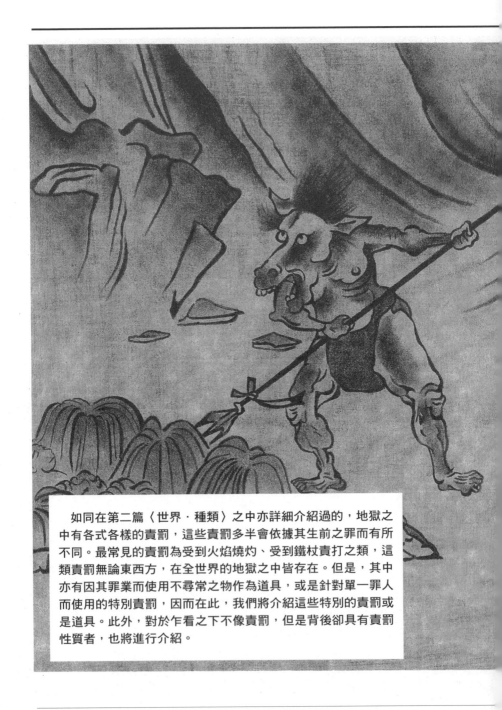

　　如同在第二篇〈世界‧種類〉之中亦詳細介紹過的，地獄之中有各式各樣的責罰，這些責罰多半會依據其生前之罪而有所不同。最常見的責罰為受到火焰燒灼、受到鐵杖責打之類，這類責罰無論東西方，在全世界的地獄之中皆存在。但是，其中亦有因其罪業而使用不尋常之物作為道具，或是針對單一罪人而使用的特別責罰，因而在此，我們將介紹這些特別的責罰或是道具。此外，對於乍看之下不像責罰，但是背後卻具有責罰性質者，也將進行介紹。

ふかくその身をなやむくろの
くろみ（ゝ）のふへからぬ　けに
ゑそ（ゝ）とねく

阿布 ────────【埃】

Ab，古代埃及的歐西里斯的法庭中，扮演重要角色的死者心臟。對古代埃及人而言，心臟是生命力的泉源，同時也是善惡業的泉源。因此，人在死後而前往歐西里斯的法庭時，必須要帶攜帶阿布，作出自己行為端正的證詞之後，使用拉的天秤，檢測其證詞是否正確。拉的天秤一側放置正義女神瑪亞特的羽毛，另一側放置死者的阿布。此時若天秤傾向一側，便會判定死者作偽證，死者的阿布將當場遭怪物阿梅米特吞食。失去阿布的死者會即刻消滅，無法獲得永恆的生命。

➡〔歐西里斯的法庭〕〔阿梅米特〕

巫沙布提 ──────【埃】

Ushabti，巫沙布提或稱為沙瓦布提（Shawabti），為古代埃及中，隨

著死者陪葬的小雕像。死者在歐西里斯的法庭中被認定為義人後，便會在稱作和睦平原或是蘆葦平原的天堂，永遠過著快樂的生活，但是在天堂的生活與在人世的生活相同，皆以農耕為基本。因此王候、貴族以及富有之人等，若在天國也想要如同人世一般過著不需勞動的生活，就必須要準備代表自己工作的奴隸。實現此一願望的，便是巫沙布提。與巫沙布提一同前往天堂之後，在需要勞動時，便可隨時由巫沙布提代勞。

➡〔歐西里斯的法庭〕〔和睦平原〕〔蘆葦平原〕

合併之山・樹木 ────【佛】

佛教的眾合地獄或無間地獄（身洋處）等地的責罰。眾合地獄之中，兩座山如相連接一般聳立，獄卒們將罪人趕入其中之後，應為不動的山峰突然移動，將罪人擠爛。無間地獄的身洋中，有一處場所位於兩棵鐵質樹木之間，因為強風而使樹木相互磨擦，將罪人們粉碎。

➡〔眾合地獄〕〔無間地獄〈身洋處〉〕

衣領樹 ────────【佛】

位於三途河對岸的一棵大樹。樹下有名為奪衣婆的老婦，會將到來死者的衣服脫去，將其交由名為懸衣翁的老人掛於衣領樹上，由衣服垂下的模樣，來衡量死者之罪的輕重。

〔三途河〕〔奪衣婆〕〔懸衣翁〕

■生死簿 ──【佛·道·希·基】

記載人類生前所有言行的記錄簿，於死後的裁判中使用。閻魔為佛教或道教的陰間之神，但除此之外的陰間，其實也有生死簿存在，並非閻魔所獨有，如希臘神話或基督教的陰間裡，亦有類似作用之記錄簿。佛教、道教、希臘神話之中，此記錄簿位在陰間的裁判所中，由閻魔王或黑帝斯根據此簿，決定死者應上天堂或是下地獄。基督教之中，所有人類均個別有一名監視行動的天使，記錄簿基本上被認為由各個天使所持有。此天使們每日於固定時間，在天上的上帝面前報告自己所負責觀察之人的行動，人們死時，亦由天使引領飛升天界。而在天上進行死後的審判時將參照此記錄簿，若是罪人說謊，便會被揭發。

■枉死城 ──────────【道】

在道教中，十王的第十殿（五道轉輪王）所附屬的設施之一。因受害於他者而死之人，能看見加害自己之人受苦的情形，藉此洩忿。
➋〔十王〈五道轉輪王〉〕

■醧忘台 ──────────【道】

在道教中，十王的第十殿（五道轉輪王）所附屬的設施之一。已決定來世要轉生人間者將被送到此地，由名為孟婆神之老婦管理。被送到此地的亡者在喝下名為迷魂湯的酒後，會忘卻前世的記憶。
➋〔十王〈五道轉輪王〉〕

■不斷滾落的巨石 ──────【希】

希臘神話的地獄塔爾塔羅斯中，降於欺騙神祇的英雄西緒福斯的刑罰。西緒福斯被給與將地獄中某山山腳的巨石，推動至山頂上的責罰，但此岩在他終於推上山頂時，卻必定會滾落到山腳下。因此，西緒福斯必須嘗受永無休止的刑罰。
➋〔西緒福斯〕

■歐西里斯的法庭 ──────【埃】

古埃及中，由歐西里斯所主宰，審判死者專用的法庭。死者們於此法庭中被判為義人者，始能得到永恆的生命，於名為和睦平原的天堂生活。

古埃及雖然認為人會在天堂再生，但是眾神的力量卻並不重要。於天堂再生一事的最關鍵者為數種咒語與護符的力量，因此生前的言行也不被重視。此外，死後的生活與生前相同，王侯仍是王侯，貧者仍是貧者。後來因為因果報應的思想介入，死者為了要能在死後復活，便需要在陰間接受審判。

當初主宰此一審判者為拉，其下則是托特為審判長。歐西里斯的信仰風行後，演變成歐西里斯是陰間之神，對死者進行裁決的形式，這應是在約第十八王朝的時代左右完成的思想。

但是，就算執行了由歐西里斯主持的死後審判，死者的再生亦非純粹依

V

責罰·道具

靠歐西里斯的力量而已。死者們被認為能夠依靠各種各樣咒語力量，藉此搏得歐西里斯的好感。因此，在埃及若是頗具家產的死者家族，都會舉行細膩的傳統葬儀，以求死後能順利再生。此外，為了不讓死者忘記重要的咒語，還會於墓壁或石棺內雕上各種各樣的咒語，若是未能如此處理，亦會將在紙草上記有咒語的書卷，陪同死者一起埋葬。此書卷一般即稱為「亡靈書」。

之後，被埋葬的死者會搭乘太陽神拉的船，前往歐西里斯的法庭。歐西里斯的法庭是位在太陽神拉於夜間所航行，名為杜亞特的陰間之中，居第六州的位置。對於死者而言，此趟航行並非十分安全，在杜亞特裡會有襲擊並焚燒死者的巴（魂）以及開比特（影子）的怪物、神，或是邪惡之魂在等著。拉的船上有托特或荷魯斯等眾多神祇或是女神搭乘，並肩對抗惡徒。死者自己也以地上的葬儀之中一同陪葬的各種護符來護身。

抵達歐西里斯的王國後，死者便立即在阿努畢斯、荷魯斯、瑪亞特等神祇的引領下，前往歐西里斯之殿。

歐西里斯的審判是在名為「兩個真理之廳」（Hall of the Two Truths）的大廳舉行。大廳之中，正前方深處的臺階上有一座高壇，上有王座，歐西里斯便當坐其中。亡靈書中所描述的歐西里斯的形象，經常是木乃伊的模樣，頭上戴有象徵統合南北埃及的阿特夫冠（飾以羽毛的白色王冠），手持表示和平與統治的代表物——笏。王座的背後則有妻子伊西斯與妹妹奈芙蒂斯隨侍，前方即是負責守護收納死者內臟的卡諾卜罈，荷魯斯的四個兒子。

大廳牆邊，有擔任對死者裁判的審判官共四十二位諸神。此班神祇代表埃及的四十二州，分別負責將死者的良心作四十二部分的審判。

死者在大廳入口處先親吻地板，之後便進入大廳以接受審判。

死者的審判以「否定懺悔」開始。「否定懺悔」為死者自述自身的清白並證明之，死者在生前如何對眾神崇拜，從未辱罵眾神，誠心對於眾神或死者祭拜，以正義為生活的規矩，從不說謊等等，所有對於死者有利的內容，在擔任審判官列席的眾神面前朗讀不絕。

之後，審判中的重頭戲，便是進行以神的秤計量心臟。此秤為兩側有受皿的天秤造型，置於大廳中央，亦稱為拉的秤或是真理之秤。秤旁立有托特、阿努畢斯以及怪物阿梅米特。秤的一側皿中置有真理的象徵，女神瑪亞特的羽毛。阿努畢斯接過由死者身上取下的心臟後，將其置於另一側的受皿中進行計量。心臟為死者智慧的匯集之處，為計量中不可欠缺者。在此，死者的心臟與真理的羽毛相稱，死者便能得救，獲得永恆的生命。接著，主宰計量的托特將結果記於書板或是瑪亞特的羽毛上，向眾神證明死者的清白。但是，若秤發生傾斜，於秤旁待命的怪物阿梅米特便會馬上吞下死者的心臟。如此一來，死者在死後將再次死亡，由世上真正地被消滅。

證明清白之後的死者，由荷魯斯領至歐西里斯跟前。由歐西里斯親自面對死者，授予出發至歐西里斯所統治，名為和睦平原或是蘆葦平原的天堂的權利。在此之後，通過歐西里斯的審判的死者，方能獲得永恆的生命，在天國生活。

　➔〔歐西里斯〕〔和睦平原〕〔杜亞特〕〔阿梅米特〕

沉重的十字架[8] ───────【但】

在但丁《神曲》的地獄第八層罪惡之囊中，偽君子之囊的責罰。在偽君子之囊中，幾乎所有罪人都穿著由鉛製成的沉重外套，被罰於谷底步行。但在此步道上，卻有一座沉重的十字架橫躺路面，上頭有著逼迫基督受十字架刑的以色列祭司，該亞法，於此受到磔刑。因此，該亞法一步也無法動彈，只能受到步行而過的罪人踐踏。

　➔〔罪惡之囊〈偽君子之囊〉〕

生刀之路 ───────【佛】

此為在佛的地獄，灰河地獄或鋒刃增等的責罰。地面上會生出無數的刀刃，將進入此處的罪人切碎。灰河地獄之中，在灰之河的岸邊所叢生的無數花草全是鐵刀製成，將想爬上河岸的罪人們切碎，河底也生出無數的鐵串，令罪人受苦。在鋒刃增中，罪人們將被迫在鋪有無數的劍或刃的道路上步行。大叫喚地獄的異異轉處中，受河川烹煮的罪人在上岸後，眼前會出現父母或妻子的幻景，看見幻景的罪人會為求救而向前奔去，此時地面會生出鐵鉤，創傷罪人。

　➔〔十六小地獄〈灰河地獄〉〕〔四門地獄〈鋒刃增〉〕

巨大螻蟻地獄 ───────【佛】

佛教的大焦熱地獄中，雨沙火處的責罰。雨沙火處之中有高達五百由旬的巨大灼焰熊熊燃燒，其底部則有金剛沙所形成之巨大螻蟻地獄。螻蟻地獄的沙具有可怕高熱，落入此處的罪人們，身體在被焚燒之下，還一面大口飲下沙粒，而且砂中有無數尖銳的物體，會刺穿罪人的身體。

　➔〔大焦熱地獄〈雨沙火處〉〕

巨大重石 ───────【希】

壓制於罪人之上，令其無法動彈的巨石，位在希臘神話的地獄塔爾塔羅斯。大地母神得梅忒爾的女兒普西芬妮，遭冥王黑帝斯為了要將其納為己妃而綁架，大神宙斯以普西芬妮只要未食用陰間食物為條件，答應她可以回到母親身邊。

但是，此時阿刻戎河神的兒子阿斯卡拉弗斯出現秉告宙斯，普西芬妮已經吃過陰間的石榴，不得不成為黑帝斯的妻子。對此怒火難消的得梅忒爾將阿斯卡拉弗斯墮入塔爾塔羅斯，將他壓於重石之下，給與永遠無法動彈的懲罰。

　➔〔塔爾塔羅斯〕〔阿斯卡拉弗斯〕

V　責罰・道具

■ 逃開嘴巴的樹果與水【希‧佛】

在希臘神話之中，冒瀆神的坦塔羅斯所遭受的樹果與水的責罰。他被浸入希臘神話的地獄，塔爾塔羅斯的一處池水中，水淹及頸，頭上垂下了幾枝結實纍纍的樹枝。但是，坦塔羅斯要飲水時，池水便發出隆隆水聲，瞬間不知從何處被抽乾；當他要吃樹果時，便颳起一陣強風，把所有的樹果全部吹飛。因此，雖然水與樹果近在眼前，他卻得遭受飢渴之苦。

同樣的刑罰在佛教的餓鬼道中也有。這是給與稱為無食餓鬼的一種餓鬼的刑罰，此類餓鬼一旦接近河川，河水便會瞬間乾涸，無論如何想要飲水，也都無法如願。

➔〔塔爾塔羅斯〕〔坦塔羅斯〕〔餓鬼〈無食餓鬼〉〕

■ 血污池 ————————【道】

位於道教的地獄之中，以血形成的池水地獄。傳說位於鄷都大帝的本殿左方，由名為池頭夫人的女神司掌。一般相信，此為女性因生產而死時所墮入之地，但是也有認為並非如此。反對的說法認為，女性生子是極為崇高之事，就算因為難產而死，也不致墮入血污池中。反之，墮入此處者應為不論男女，在神佛之前或是於特定日子破壞禁忌交合者、宰殺動物而令其血液髒污廚房或是祭祀神佛的神聖場所者，才應受此罰。若是觸犯以上罪狀時，則應立即參拜池頭夫人。

➔〔鄷都大帝〕

■ 黑繩 ————————【佛】

佛教的黑繩地獄中，用來責罰的道具之一。所謂黑繩，便是木工道具的一種，以線繩沾墨後用來拉出直線的器具。黑繩地獄之中，便以此器具在罪人的身體上拉出千百條直線，獄卒再依線條以斧或鋸切割罪人的身體。

➔〔黑繩地獄〕

■ 最後審判 ————【瑣‧基‧伊】

在世界末日時，無論生者、死者，於世上存在之全體人類，都將由神降下最後審判。依此審判，善人前往天堂，惡人前往地獄，並永久滯留該地。世界末日思想的存在，為世界性的普遍現象，連同此日存在有最後審判的思想，則以瑣羅亞斯德教、基督教、伊斯蘭教最具代表性。

瑣羅亞斯德教認為這個世界的歷史由誕生開始，會持續一萬兩千年，並且再進一步分為四個三千年周期。其中人類的時代為最後的三千年周期，此時代終了時，為了將世界完全更新，世界末日便會到來。瑣羅亞斯德教的一萬兩千年的歷史，基本上即是善神阿胡拉‧瑪茲達，以及惡神昂拉‧曼由（阿里曼）的鬥爭，也就是善與惡的鬥爭，人類的時代本身則沒有變化。

但是，人類的時代之中，被認為會有三名救世主（沙奧夏楊特；Saoshyant）個別間隔一千年出現，最後善會戰勝而惡被消滅。三名救世主依序是烏弗休特‧烏魯達[1]、烏弗休

雅・特努瑪[2]、阿斯塔法・烏魯達[3]，而當第三名救主阿斯塔法・烏魯達出現時，善終得最後的勝利。善的勝利為克服疾病、死亡以及迫害，在此同時，會出現彗星落下並在地球上引發大火，山裡的礦物因此熔解，熔礦會將大地覆蓋的世界末日景象。但是在瑣羅亞斯德教中，這並非世界的終結，而是意謂著世界的更新，往後植物將會永遠茂盛，人類會靠靈的食物生活，完全調和的時代就此來到。

隨著此一新時代的來臨，將會執行最後審判。所有的死者在此時都會因沙奧夏楊特而復活，領受由救世主進行的最後審判。而其結果則是善人們前往天堂，惡人們前往地獄，但是他們於該處只會停留三日而已。

在瑣羅亞斯德教之中，地獄的苦難在最後也能令惡人再次重生，成為最終的完美存在。人類之罪的淨化是在最後審判之後，藉由渡過在地上流動之熔礦之河進行。渡過此河時，惡人們將會受苦，而善人們會感到舒適，透過此過程而令所有的人們淨化。此外，熔礦之河在最後會流向地獄，將地獄的一切毀滅。

在基督教或伊斯蘭教之中，世界末日究竟會何時到來並不明確。只知此一時刻必定將至。但是，末日之時會發生天地異變而將世界毀滅這點卻是共通的。在伊斯蘭教中，末日到來時，天使伊斯拉菲爾將會吹響兩次號角。最初的號角中，所有生者將會全部死絕，群山崩落而大地夷平。之後的第二響號角中，所有的死者將會復活，領受由神所作下的審判。伊斯蘭教認為，此日之前的死者們全都會待在名為隔離世界的地下世界中，而叫做法塔恩的天使將死者們的靈魂歸還。來到神的跟前的死者們，則要接受名為孟卡爾（Munkar）以及納吉爾（Nakir）的天使的質問。接著，死者們生前所行之善行與惡行以秤來衡量，根據結果，善人們上天堂，而惡人們下地獄，從此永遠留滯於該處。但是伊斯蘭教中也傳說，無論是行了多麼些微善行之人，都會獲得神的慈悲，終會從地獄中獲得救贖。

基督教也和伊斯蘭教相同，於最後審判日時將會發生各種天地異變，此時，神的天使軍團與撒旦的軍團之間同時發生最終戰爭。

此戰的結果，神的軍團會勝利，惡魔們被丟下地獄。之後，死後位於天堂或地獄之人將全部復活，前往神的跟前接受最後審判。結果善人能上天堂，而惡人們會下地獄，而最後審判亦是最終的審判，往後善人也好、惡人也罷，均永遠留滯於天堂或地獄之中。

■ 札庫姆樹 ───────【伊】

Zakkum，在伊斯蘭教的地獄，哲哈南木的底部所生長的樹木。此樹會結出如惡魔頭部一般的可怕果實，而所有墮入哲哈南木的罪人們皆以此樹的結實果腹，並且只能飲用沸騰的汁液。

➔〔哲哈南木〕

▌淨玻璃鏡 ————————【佛】

為閻魔王用來查看死者生前所有善行惡業的大型明鏡。傳說位於閻魔殿附屬光明王院的中殿。來到閻魔王跟前的死者若有說謊者，則會以此鏡將任何謊言予以揭穿。

➔〔十王〈閻魔王〉〕

▌人頭提燈 ————————【但】

但丁《神曲》的地獄第八層罪惡之囊，製造分裂者之囊的責罰之一。將自己的頭割下，如提燈般以手提起並步行，此為十二世紀的法國貴族貝特洪·德波恩所領受的懲罰。

➔〔罪惡之囊〈製造分裂者之囊〉〕

▌衡量善惡的秤
————【佛·道·伊·希·瑣】

在執行決定應前往天堂或地獄的死後審判時，用來衡量死者生前所為之善行、惡行執輕執重的秤。幾乎全世界執行死後審判的陰間，都有相似的秤。

佛教之中一般稱呼此秤為業之秤、善惡之秤等，在閻魔殿裡，與淨玻璃鏡一同使用於死後的審判中。但是，受到道教的影響的《十王經》中，則記載此秤並非位於閻魔王殿，而是在十王中第四位的五官王殿，並且共有七座。七座秤的功能各有特定，據經典記載，是用來衡量十惡行之中殺生、偷盜、邪淫等身業的三罪，以及妄語、綺語、惡口、兩舌等口業的四罪其輕重。依罪業的輕重，決定死者

來世的生處，罪由輕而重，依序分別為畜生、餓鬼、八寒八熱地獄。秤中有不可思議的力量，當死者來到秤前時，秤上尚未置放任何物體，秤卻會自行擺動並衡量罪業的重量。死者若有異議並實際站上秤測量，結果仍是不會有變。計量的結果將告知稱為勘錄舍的部署，並記於帳簿，再作成送交居於十王中第五位，閻魔王的文件。

業之秤在修驗道[4]的地獄中亦有。修驗道的業之秤設於斷崖上，秤單側的畚上載有名為不動石的巨石。死者來到之後，乘於另一側的畚上，並將秤插於斷崖上。此時，若死者之罪為重，秤將大幅傾斜，死者便摔落斷崖，其下正是地獄。修驗道亦將此業之秤的方法取用入修行之中，羽黑山十界修行的「南蠻燻」，或是金峰修驗道所進行的「窺視修行」等，都是業之秤的遺跡。

在埃及，執行死後的審判之歐西里斯的法庭，有一稱為拉的天秤，或是真理之秤的量秤，用以比較死者的心臟與真理的羽毛的重量。此時天秤若是平衡，死者就能在天堂復活，若是有些許的傾斜，等候在秤旁的怪物阿梅米特就會吃掉死者的心臟，死者便無法獲得永恆的生命。

瑣羅亞斯德教之中也有一名天使（亞札塔），為在陰間具有法官地位的拉什努神，持有稱為黃金之秤的量秤，用於死後的審判中。伊斯蘭教裡並不會在死後馬上進行審判，而是在最後審判時，才以秤衡量作善惡，作為所有靈魂的裁量。

V

責罰·道具

希臘神話之中雖然不使用衡量善惡的秤，但是有決定死亡命運的量秤，稱為黃金之秤。特洛伊戰爭中阿基里斯要和赫克托爾（Hector）決鬥之時，大神宙斯以此秤量測兩人的命運，即已決定赫克托爾之死。

▌無底柄杓 ————————【希】

無論如何使用水也無法汲水的柄杓。在希臘神話的地獄塔爾塔羅斯中，稱為妲奈斯的少女們因為犯下殺死夫丈之罪，而被墮入塔爾塔羅斯，被給與永遠用無底柄杓將水汲入壺中的懲罰。也有說法是將水汲入無底之壺。

➡〔塔爾塔羅斯〕〔妲奈斯〕

▌轉劫所 ————————【道】

道教中，十王中第十殿（五道轉輪王）所附屬施設之一。來世被決定轉生為畜生者將被送到此處。縱橫七百由旬的正方形中，上下及四周皆由鐵柵圍住，內部分為八十一處，各自有個別的官署。官署外有十萬以上的窄道，通往須彌山宇宙的四大陸，將轉生為畜生者送往下一生之處。

➡〔十王〈五道轉輪王〉〕

▌刀葉林、劍樹林 ——【佛・印】

樹木上生有無數以刀或劍之樹葉的樹林，散見於佛教的地獄各處。

刀葉林、劍樹林責罰罪人的方式分為兩種。其一以眾合地獄中的刀葉林為代表，罪人們在爬上樹木時刀刃會向上，爬下樹木時則會向下，得以切割罪人的身體。但罪人們並非毫無目的攀樹，在眾合地獄中，因為有美女出現，而令罪人們勉強攀樹。罪人在樹下時，樹上會出現美女誘惑罪人，罪人們爬上樹後便改為在樹下出現，誘罪人們再爬下樹。當然，也有獄卒們以鐵杖威脅，迫使攀登的方式。

另外一種，則是無數劍刃四散傾注於罪人身上的樹林，如叫喚地獄的大劍林處等地。在此處，獄卒們將罪人們趕入林中後，突然颳起強風，劍葉因此落下，切割罪人的身體。

印度教的地獄捺落迦，其中一處亞希帕特拉亦有「劍葉樹之森」的意思，因此可以想像此處應有類似的責罰。

➡〔眾合地獄〕〔叫喚地獄〈大劍林處〉〕

▌奈何橋 ————————【道】

道教的地獄中，架設於三途河上的橋樑。在此的三途河會稱為奈河，而真實的奈河位於泰山。

在《西遊記》中，唐太宗墮入地獄而生還的橋段，奈何橋出現其中，作為由地獄而返的歸路。據內容指出，奈何橋四周陰風慘慘，血河波濤狂作，號泣之聲不絕於耳。橋長數里，寬僅一尺。橋厚一百尺，其下有千丈深谷。而且，橋上既無扶手亦無欄桿，谷底下則有鬼卒。

奈何有「無計可施」的意思，來到橋旁的亡者們，在驚恐之餘卻不得不渡橋，因此而命名。

七大罪 ─────【基·但】

基督教中認為能招致精神上的死的七種大罪。共有驕傲、嫉妒、憤怒、懶惰、貪婪、貪饕、邪淫，這些基本的罪便是人們犯下惡行的泉源。

鉛的外套 ─────【但】

在但丁《神曲》的地獄第八層，罪惡之囊的偽君子之囊中的責罰。偽君子的責罰便是穿上表面覆以金箔，裡層卻是以鉛製作的極端沉重外套。墮入此地獄的偽君子們，每個人都身穿這種外套，於地獄的谷底不停圍繞步行，作為懲罰。

●〔罪惡之囊〈偽善之囊〉〕

人類樹木 ─────【但·佛】

令罪人的身體化為樹木的責罰。但丁《神曲》的施暴者地獄裡，自殺者之林的樹木，皆為自殺者的靈魂墮入地獄而成為種子，在此所生長而成。這些樹木本身即是自殺者，若受傷或是折枝時，將會大量噴出鮮血，樹木並因為痛苦而發出哀號聲。而且，此森林中有怪鳥哈爾皮埃棲息，不時啄咬樹葉，令自殺者們痛苦。

佛教的餓鬼道中，也有名為樹中住餓鬼的餓鬼，身體因為被壓入樹木，而隨著樹木的形狀扭曲，遭受蟻或蟲等嚙咬的痛苦不已。

●〔施暴者地獄〈自殺者之林〉〕〔餓鬼〈樹中住餓鬼〉〕

不停疾馳的四輪火焰車 【但】

和地獄的罪人相繫並永遠疾馳下去的車子。在希臘神話的地獄塔爾塔羅斯裡，拉庇泰民族之王伊克西翁，便被如此拖引而行。伊克西翁將未婚妻的父親殺掉，於是被罰吃下眾神的食物仙饌之後成為不死之軀，再墮入塔爾塔羅斯，被繫在有火焰燃燒的此車上，接受永遠不停奔跑的懲罰。罪人無論如何疲倦，車輪也不會停止，因此罪人絕對無法休息。

●〔塔爾塔羅斯〕〔伊克西翁〕

聖彼得之門 ─────【但】

但丁所作《神曲》的煉獄入口之門。此門位於煉獄山腳下，煉獄前界與煉獄的第一平臺之間，進入煉獄的亡靈皆必須通過此門不可。門前有三級石階。第一級石階光可鑑人，第二級石階上有許多縱橫交錯的裂紋，第三級石階由如鮮血般赤紅的斑岩所造。

第三階上有一身著灰色長衣的守門天使端坐於上，等待要前往煉獄的亡靈的到來。天使手持一把出鞘之劍，發出奪目光芒。亡靈到此後，天使以劍尖於亡靈的額上刻劃七個P字，並將煉獄之門打開，令亡靈通過。打開聖彼得之門，需要天使使用金與銀兩種鑰匙，金鑰匙代表神寬恕罪的權威，而銀鑰匙則能解開盤踞於人類內心的罪惡。

額上所刻記的P字為「Peccato（罪）」的字首，為基督教「七大

V

責罰·道具

托奧斯為了擄走冥后普西芬妮而來時，受冥王黑帝斯所騙坐上此椅，結果無法動彈。之後在赫拉克勒斯造訪陰間時，忒修斯幸運獲救，但是庇里托奧斯卻不得獲救，傳說至今仍坐在椅子上。

➔〔黑帝斯王國〕〔庇里托奧斯〕

■ 望鄉台 ────────【道】

在道教中，附屬於十王的第五殿（閻魔王）的設施之一。長八十一里、高四十九丈的弓形高台上，有六十三級石階，只有生前行惡業之人才能登上。登上高台後，故鄉的模樣彷彿近在眼前，遺族們為財產激烈爭奪，孩子們生病，住家發生火災燒毀等，能讓人知道死後所發生的盡是壞事。

➔〔十王〈閻魔王〉〕

■ 命簿 ──────【佛・道・美】

預先記載人類壽命或命運的記錄簿。佛教或道教之中，陰間之王所在的宮殿中有此命簿，道教中據說是由南斗星君所管理。根據命簿所記載而死期到來之人，還由陰間派出使者，將此人生命終結，此為一大要事，但是卻也不時發生記錄被改寫的事情。唐朝第二位皇帝太宗亦是，幸得過去的下屬擔任陰間官職的關係，托其將命簿上的記錄改寫，因而得以死後返生。此外，南斗星君性格親和，亦有為十九歲時應死的年輕人將記錄改為九十，令使長壽的傳說。

罪」的意思。此文字隨亡靈們在煉獄的平臺上滌清罪惡，並在通往下一平臺的石階上，被等待於該處的天使逐一消去，而每消去一字，身體便會多一分輕盈，前進煉獄的平臺也更為輕鬆。當通過最後的第七平臺時，所有的罪惡已淨化，前往天堂的道路便會開啟。

➔〔煉獄〕

■ 忘卻之椅 ────────【希】

這是一把坐上之人會喪失記憶，甚至忘記自己是誰，而永遠無法起身的椅子。位於希臘神話的陰間，黑帝斯王國宮殿的門旁。英雄忒修斯與庇里

美索不達米亞的陰間為不歸之國，該處亦有此類之記錄簿，為名為卑利特塞利的書記所掌管。

●〔唐太宗〕〔北斗星君‧南斗星君〕〔不歸之國〕

門關樹 ────────【佛】

位於佛教的死出山入口的樹木。樹木上密集生滿無數如矛尖一般銳利的尖刺。此外，樹上有兩隻鳥棲息。一隻稱作鵂（縷鳥），叫聲為「別都頓宜壽」；一隻稱作烏鳥，叫聲為「阿和薩加」。

●〔死出山〕

黃泉戶喫 ──────【日】

日本陰間的黃泉之國中，吃下黃泉之國的竈所煮之物的意思。吃下黃泉之國的食物，即有成為該國的共同體一員的意思，因此再也無法回到人世。日本神話之中，死後而前往黃泉之國的伊耶那美命，在面對為了要將其帶回生者之國而來的伊耶那岐命時，說出自己已經經過黃泉戶喫，因此無法回到地上。

吃下陰間的食物之人便無法返回生者之國，此規則並非日本獨有，而是遍及世界。希臘神話之中，亦有得梅忒爾女神的女兒普西芬妮，因為遭冥王黑帝斯綁架之時，吃下陰間的石榴果實，因此不得不成為冥后一事。

●〔伊耶那美命〕〔普西芬妮〕

輪迴轉生【印‧佛‧希‧埃】

生於此世之人皆需永遠反覆新生的思想。印度教或佛教等印度起源的宗教中，此思想更見顯著，但是古代希臘的奧爾甫斯教[5]或狄奧尼索斯教[6]，畢達哥拉斯[7]與柏拉圖的思想中亦包含此觀念。

印度以公元前1000年為中心，用數世紀時間完成的經典《梨俱吠陀》之中，尚無輪迴轉生思想，但是公元前500年為中心的時期後，《奧義書》的文獻出現之時，輪迴轉生的思想已清淅可見。

此處成為輪迴轉生背景的因果報應，是以業（Karma）的思想為基礎。業為人間一切身、口、意等行為的綜合，實際的行動之外，也包含了言語以及思想。正如「三世因果」一詞相同，業是自生以至死的時間，並非一次的人生就可以囊括，其中也含有延續數世的前生因緣。

若為善業，則轉生至好的世界，若為惡業，便轉生至壞的世界。但是，縱使轉生至好的世界，也並非理想的狀態，只要仍在輪迴轉生裡，生物就是處於迷失的世界中。就巨觀來看，仍是一種痛苦，而最重要的便是如何逃離輪迴轉生。

基於這種想法，《歌者奧義書》（Chandogya Upanishad）之中，認為人世間生物死後有三種道。第一稱為「神道」，於人世抱持信心苦行的高尚人物會進入此道。入此道者將飛升月亮，並由該處得以進入「梵」（Brahma）的世界。梵為宇宙的絕

對原理，而此世界即稱為梵天。梵天為佛教的涅槃，即極樂淨土一般的天堂，進入此處者能逃離輪迴轉生，獲得永遠的幸福。但是，能得入此道者極為少數，大多數的人們會進入稱為「祖道」的第二道，若進入此道，死者會化為火葬的煙升上天際，於該處成為霧或雲，再化為雨而傾注於地上，在地上為米、麥、木、胡麻、豆等。之後，由某人吃下後，以精液的形式被注入母體內，成為人類誕生。如此，進入第二道者便會轉生為人，在此也有業的思想產生，於人世累積善良行事之人，會生為優秀階級；累積卑鄙行事之人，則生為低劣階級。以上的兩種道之外，還有第三道，但此為下等動物們的道路，並非如前述之兩道般需經過複雜的管道，而只是單純地在人世間轉生而已。

發展至公元前五世紀的佛教之中，基本的思想亦無改變。但是，佛教之中的輪迴轉生思想較《奧義書》更加徹底，結合宇宙觀後而更形洗練。佛教認為，人類所住之大地，或太陽、月亮、星辰等包含於統一的世界中，其中有天、人、阿修羅、畜生（動物）、餓鬼、地獄等六道的世界（亦有除去阿修羅道之五道說）。大地或海洋的範圍有人道與畜生道，人類與動物們在此生活。海底的地下世界則有阿修羅道，阿修羅於此生活。人類所住之大地稱為贍部洲，此大地之下有餓鬼道，餓鬼們於該處生活。此餓鬼道更深處的下方則有地獄道，墮入地獄的亡者們在該處生活。最後的天道位於須彌山的高空上方，該處有生於天上的眾神生活。須彌山為人類所生活之宇宙的範圍中，位居中心之山。

在此列舉的六道為人類所居住的一個宇宙所構成的世界，在此宇宙中，內部的生物們將相應各自的業，反覆進行輪迴轉生。佛教認為在這個宇宙之外，尚有接近無盡數量的宇宙存

在，但是生物並不會輪迴轉生至其他宇宙，故不需要特別考慮。

因此，六道既然為輪迴轉生的世界，六道之一的天道自然亦存在有輪迴轉生。佛教之中的同一個天道中，依優劣可分類為無色界、色界、六欲天，其中有許多的天界，這些世界皆是優秀之人轉生為神的幸福場所，住於這些場所的眾神極少思考輪迴轉生。但是，佛教思想中認為，就算是住於天道的眾神，也是會依其業而反覆進行輪迴轉生。唯有得到解脫之人，才可以前往在宇宙之外，稱為涅槃的極樂世界。

在此說之下，佛教的天道與基督教的天堂，便有極大的差異。

如此反覆輪迴轉生的生物，依其存在的方式，於佛教中一般會稱之為四有，共分本有、死有、中有、生有等四種，本有為出生至死亡的存在，死有為死亡瞬間的存在，中有為死後至下次出生前的存在，生有為出生瞬間

的存在。佛教之中亦有不承認中有之存在的看法，但是認同中有的佛教思想則認為，死者於中有之間會接受稱為十王的十名閻魔王的審判，以決定轉生的世界，或是如西藏密教的看法一般，依其如何渡過中有，甚至亦能夠得以逃離輪迴轉生之人來判斷。

希臘對於輪迴轉生思想，於希臘神話之中無法得到觀察，而要從奧爾甫斯教或是狄奧尼索斯教等祕教中才可得見。曾經是奧爾甫斯教徒的畢達哥拉斯流傳有一則逸事；他向街上一個正在打狗的男人說，「這隻狗是你過去的朋友轉生而成的，所以請別打牠。」希臘的輪迴轉中並非是由累代的業所發生，而是由罪產生，此一思想觀點和印度的說法有所共通。

人類在死後經過何種途徑而能進入輪迴轉生，關於此點，柏拉圖於《理想國》一書中有詳細提及。據書中所言，人類在死後會下至陰間，於該處接受審判，依生前的善行與惡行，領

受一千年期間的賞罰。在此賞罰之後，死者之魂將飛升至命運三女神摩賴所在的天上，在此選擇接下來要過著何種人生。此後，靈魂們喝下勒忒河（忘川）之水，消去前世的記憶。接下來的瞬間會發生激烈的雷鳴與地震，死者之魂便朝向未來的人生而飛至各處。

在此所舉出的希臘的輪迴思想，亦有說法指出為從埃及所引進。此說在希羅多德的著作《歷史》（Historiae）之中曾講述，但是據書中指出，肉體消滅後，人類的靈魂不滅，會進入接續進入出生的動物體內而轉生，此種說法的最初提倡者為埃及人，人類的靈魂在陸地上居住，海洋中居住，天上居住，依此於所有動物的身體經過一巡，在三千年後會再次誕生，成為人類。

➜〔中有〕〔十王〕

■ 六道錢 ————————【日】

前往陰間路途的死者為渡過三途河所需之渡河費。日本自古以來認為，將此錢交與河的擺渡者，或是看守者的奪衣婆，便能平順渡過三途河，因此令死者帶著將有六文錢（六枚一文錢）的頭陀袋前去，成為葬送禮儀的一部分。

與六道錢相同的習俗，在希臘之中也有，若要渡過位在陰間入口的阿刻戎河，必須要交給擺渡者卡戎一枚硬幣，因此而有在死者的口中放入硬幣一枚的習俗。

注釋

1　Ukhshyat-ereta，意為「增長正義之人」。
2　Ukhshyat-nemah，意為「增長崇敬之人」。
3　Astavat-ereta，意為「更新世界之人」。
4　日本古代修行流派之一，藉由入深山體驗苦修以達成神佛融合的宗教。為融和日本傳統神道、佛教、陰陽道、道教等的獨特教派。於平安時代極盛，自明治元年（公元1868年）後依法令被禁止。
5　Orphism，以希臘神話人物奧爾甫斯為命名，在公元六世紀後因基督教的宗教迫害而消失。
6　Dionysism，即以崇拜希臘神話的酒神狄奧尼索斯為主的宗教。與奧爾甫斯教一樣，都因神話故事中有死而復生的段落，因而被認為與死後重生有關。
7　Pythagoras，約公元前580～500年。古希臘的哲學家、數學家。它的神祕主義的哲學觀點也被視為宗教的一種。
8　據《神曲》所述，該亞法是被「釘在地上」所以無法步行，並沒有所謂「沉重的十字架」，恐為作者誤植。

VI

破地獄
下陰間

　　地獄或陰間原本為死者的世界，是一個人類不得在保有生命的情況下往來的場所。實際上，想要活著而前往死後的世界，無論在哪裡都難以辦到。但是，在此原則之上，世界各處卻還是留下了活人往來於人世和陰間的故事。當然，能夠達成此事蹟者，必定也是神祇或英雄等特別人物，但是出現如此故事的地獄或陰間，並不能單純作為說明整體狀況的真實案例，更何況，對於生者而言，地獄已經是既知的可怕場所了。在此，我們將對於一般稱為「破地獄」或「下陰間」的故事，進行概略的介紹。

埃涅阿斯 ————【希·羅】

Aeneas，希臘、羅馬神話中的英雄，羅馬建國者羅慕路斯[1]的祖先。荷馬的《伊利昂紀》[2]中介紹了特洛伊戰爭的結果——特洛伊城的完全消滅與特洛伊王族血脈的滅絕。但是，承襲了特洛伊王室之祖達耳達諾斯[3]的血緣，與王室有親戚關係的埃涅阿斯，在特洛伊滅亡之夜乘船逃出了特洛伊。之後的事情，在維吉爾的《埃涅阿斯紀》中有詳述，據書中說，埃涅阿斯在經歷與奧德修斯相彷的冒險後抵達了義大利，也進入了陰間。

在即將登陸義大利的前夜，其父安基塞斯（Anchises）的亡靈出現，主要是為了告知他「前來找我，有寶貴建言相告」一事。到達義大利之後，埃涅阿斯便依父親所言，前去尋訪住在庫邁的女預言者西比爾，聽從她的建言，首先前往名為阿佛納斯的火山湖附近的一處森林，折下要作為送給普西芬妮之用的有黃金之葉的樹枝神物。之後，由西比爾擔任嚮導，從阿佛納斯的洞窟下至黑暗的陰間。

終於，他們來到陰間的入口附近。這一帶與塔那托斯（死）、休普諾斯（睡眠）、復仇的女神厄里尼厄斯、爭執的女神艾利斯等的住處。此外，肯陶洛斯、斯庫拉、勒納的許德拉（Hydra）、基邁拉（Chimaera）、戈爾貢（Gorgons）等怪物的亡靈也棲息於附近。但是，正如赫爾梅斯對於奧德修斯的說明一般，西比爾也解釋這些怪物只是虛影而已，並不會害人。

再往前是阿刻戎河、斯提克斯河，該處河岸邊有許多亡靈成群徘徊，令埃涅阿斯吃驚。據西比爾說明，亡靈們都想要渡過陰間之河，但是能渡河者，僅限在地上被妥善安葬之人，不合條件的亡靈無法渡河，只能在岸邊遊蕩。

不多時，兩人已經來到斯提克斯河，擺渡者卡戎正在該處。卡戎起初拒絕讓兩人活著渡河，但在西比爾呈上黃金之葉的樹枝，輔以令其息怒的勸說，最後讓兩人乘船。此時，原本為了亡靈乘坐而製造的小船，因為承戴了活人的重量差點翻覆。

渡河之後，接著看守犬克爾貝羅斯等在前方，但西比爾以混有安眠藥的丸子投向牠後，克爾貝羅斯陷入沉睡，兩人得以順利進入陰間。

陰間裡有眾多亡靈於此棲息。進入大門之後，立刻見到許多甫出生便死亡者的亡靈。之後，因誣陷之罪而死之人、自殺者、因愛欲招致身亡者等等接連出現。因愛欲招致身亡者中，有身為忒修斯之妻卻愛慕繼子的派朵拉（Phaedra）、與牡牛交合而生下米諾陶洛斯的帕西法厄等人。此外，與冒險中的埃涅阿斯相愛，而在他再度啟程之時自殺的迦太基公主蒂朵（Dido）也在這裡。

接著，埃涅阿斯來到戰勳輝煌的戰士亡靈之棲息場所。在此，他遇見許多特洛伊的英雄們，但是此時阿伽門農一幫希臘軍英雄們的亡靈，卻在看到身佩武器的埃涅阿斯的模樣後逃之夭夭。

通過這些場所後，來到一處岔路。

一邊是通往埃律西昂平原（埃律西昂），一邊則是前往塔爾塔羅斯的道路。兩人朝向黑帝斯之殿的所在埃律西昂平原的方向走去，在此時，在道路的崖下，由弗列革呑河所圍繞的一座城內，傳來陣陣呻吟與鞭打的聲音。西比爾說道，這是拉達曼提斯的裁判所，該處正進行罪人們罪行的制裁。

終於抵達了埃律西昂平原，兩人在山谷深處的草原上，看見埃涅阿斯管理亡靈的父親安基塞斯。此處由安基塞斯所看守的亡靈們，是終究能夠得以轉生的亡靈。如同希臘的輪迴說一般，許多亡靈們棲息在陰間一千年，之後為了新的人生而被送往地上。

安基塞斯並非此類亡靈之一，他已從輪迴山完全脫離，是具有前往天國資格的靈魂，因此特別擔任看守的工作。此為本於輪迴說的陰間，所以他為埃涅阿斯介紹稍後即將出生的將來的子孫之靈魂，也是注定要建立起永遠的羅馬的人物之靈魂，以此來激勵兒子。其中會成為羅馬建國者之人，除了羅慕路斯之外，還包括了凱撒，以及奧古斯都（Augustus）等人。此外，父親還告訴了埃涅阿斯往後會有許多苦難降臨，以及如何避免的方法。

就這樣，埃涅阿斯達成與亡父見面的目的，與西比爾一同由夢之門返回了地上。

➔〔黑帝斯王國〕〔塔爾塔羅斯〕〔埃律西昂平原〕

■耶穌基督 ──────【基】

Jesus Christ。新約聖經外典《尼哥德摩福音》之中，敘說了耶穌基督下陰間的故事。雖然是憑空杜撰的幻想故事，但是在尚無基督教以外的文學作品的時代，此故事仍被廣泛地閱讀及傳述。

依據正典的四部福音所言，耶穌是在羅馬帝國的猶太行省的執政官，本丟·彼拉多（Pontius Pilatus）的任內，在耶路撒冷被處以十字架刑，並於三日後復活。有些流傳的說法中，當耶穌復活之時，還有其他許多人也一起復活，這些人之中的數位，描述了耶穌下陰間的狀況，而《尼哥德摩福音》便主要即述說此事。

見證者的故事從在夜半時分的冥府開始，突然間，黑暗中有著如太陽光一般的物體升起，閃閃發光，冥府的死者們被喜樂所包圍。死者之中有以色列人的先祖亞伯拉罕還有其他族長，脫口而出了「這光輝是由偉大的人物所帶來的」；先知以賽亞（Esaias）也向眾人宣告，這道光是因為天父之子耶穌的靈體而來。外，現場的先知約翰也接著宣告，這是眾人悔改的最後機會；上帝所造的第一個人類亞當也在場，命令兒子塞特（Seth）向眾人宣告，此為已經預言之事。

就在眾人被莫大的歡喜包圍時，撒旦與冥府彼此之間，也開始進行一場激烈的交易。

撒旦為了要手刃耶穌，便向冥府央求，當耶穌來到冥府時，一定要將大

門的門閂緊緊鎖上，令其無法脫逃。但是，冥府對這個即將前來之人，極不願與之正面對決。因為不久前，有一名為拉撒路的男人死時，冥府雖然已經將其吞入，但是耶穌卻只需開口說話，便能硬將拉撒路由冥府的胃袋裡拉出。接著，冥府以「最近不斷發生動蕩事件，肚子不得不痛」來回應撒旦。

此時，如雷鳴般的聲音響起：

「統者們啊！開門。開啟永恆之門。榮耀之王將要進入。」

受到驚嚇的冥府告訴撒旦，在自己可能的範圍會盡力嘗試抵抗，之後便命令惡靈們，將冥府青銅之門的鐵門閂放下。

看見此番狀況的先知和族長們不甘示弱地斷言「冥府不會勝利」。

「門啊，開啟吧！」隨即第二度的聲音再起，冥府便問道「榮耀之王是誰？」對此詢問，神的使者們在回答「有力的戰爭之主」的同一時刻，青銅之門被打破，所有死者解開了冥府的束縛。接著，以人的姿態出現的耶穌進入冥府後，冥府的每一個角落都充滿了光明。

至此冥府向屬下宣告，自己已經認輸。耶穌將撒旦的頭抓住後，命天使將撒旦的雙手雙腳，頸與口以青銅縛住，對冥府命令「在我下次到來之前，將其確實抓牢」。

冥府領過撒旦後，責問著撒旦，為什麼要將如此人物帶到冥府來，究竟是打什麼主意，然後為了已是空蕩一片的冥府而嘆息。

此時的耶穌說，因為始祖亞當曾經觸摸伊甸園的知善惡樹，所以人類才注定要面臨死亡，而在最後則是將已死的人們全部丟出陰間，讓他們復活。

耶穌將亞當、族長、眾先知等義人們帶往天堂，將眾人帶到後，交給大天使米迦勒（Michael）。在進入天堂之門時，他和兩位長者碰面，這是受到上帝眷顧的聖人，因而未下至冥府的以諾和以利亞（Elijah）。此外，這裡也來了一個背負著十字架的卑微之人。族長們皆感到不可思議，說明之下才知道，此人原本為強盜，是和耶穌一同被處以十字架的人，因為在當時見證了各種奇蹟因而悔改，藉由耶穌的力量而被送到天堂來。聽完此事，聖者們無不讚美耶穌的偉大。

之後，聖者們與一同前來天堂的數人，依大天使米迦勒所言，被派遣至生者之國傳述主的復活。就這樣，耶穌下陰間的故事，一直流傳至今。

●〔冥府〕

伊耶那岐命 ──────【日】

日本神話之神。在妻子伊耶那命美死後，為了見她而下至死者們居住的黃泉之國，這則神話在《古事記》、《日本書紀》中有記載。

根據這些神話記載，伊耶那岐與伊耶那美受到諸多天神的委任，負責創國的工作，兩人之間生下日本列島的主要各島，在生下國土後，再誕生出數位主神。但是，在誕生眾神中的最後一位，火之迦具土時，因其為火之

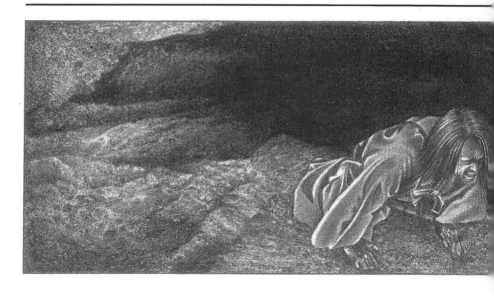

神，故伊耶那美命的身體被灼燒而
死。

　痛失妻子的伊耶那岐命一時悲不可
遏，憤怒之餘，將火之迦具土分割斬
殺。此神的屍體之中，又再誕生出數
位主神，但是伊耶那岐的悲慟卻無
法平息，再加上誕生國土的工作雖然
結束，但是誕生神祇的工作仍未告
成，整個創國的負責尚未完了。諸多
理由之下，促使伊耶那岐命為了帶回
伊耶那美命，決定下至黃泉之國。

　伊耶那岐命經由何種途徑下至黃泉
之國，在《記紀》中並無明確記述，
但是對於歸途卻有相關記述。據此可
以想見，黃泉之國位於地下，由漫長
的洞穴與地上連結。伊耶那岐應是由
此洞穴而下。

　伊耶那岐命終於抵達黃泉之國，但
在此處放眼望去，卻是個伸手不見五
指的世界。縱使如此，伊耶那岐命在

陰間的某座宮殿前與伊耶那美命重
逢，為了完成創國，懇求她必定要回
到人世。

　伊耶那美命則回答道，因為自己已
經經過黃泉戶喫，因此無法回到生者
之國。「黃泉戶喫」是指吃下以黃泉
之國的竈所烹煮的食物，經過黃泉戶
喫之人絕對無法再返回人世。但是，
就伊耶那美命本身而言，仍然有想要
回到人世的念頭，因此為了是否可回
到人世，而與黃泉之神懇談，在此期
間她特別交待丈夫，萬萬不可看見她
的模樣。

　伊耶那岐命答應此事。但是，回到
宮殿中的伊耶那美命久久沒有回音，
伊耶那岐命不耐久候，便將插入髮中
的櫛的齒折下，燃起火光，想要進到
宮殿一探究竟。不料，眼前景象卻令
人驚怖，伊耶那美命雖然確實在宮殿
裡，但卻是身體流膿，全身生蛆的模

樣。如此的污穢不堪令伊耶那岐命大驚，慌忙逃離現場。

察覺此事的伊耶那美命，知道伊耶那岐命破壞約定，以自己為恥，便派出黃泉醜女要將其追回。伊耶那岐命在逃跑中，一面將黑色蔓草的髮飾拋下。被拋下的髮飾突然變成山葡萄的果實，黃泉醜女就地吃了起來，伊耶那岐命便趁機遁逃，但不多久，黃泉醜女又再度追上。伊耶那岐命這次將插在右髮髻的櫛折斷拋下，櫛在被拋下後則變為筍。黃泉醜女在拔筍食用期間，伊耶那岐命已趁機逃走。

在這段期間，伊耶那美又派出新的追兵。此為稱作八雷神的八種雷神。而且，雷神們還帶領一千五百的黃泉軍一同追來。伊耶那岐命一面揮舞十拳劍抵擋一面逃走，一來一往間，已經來到黃泉之國與人世的邊境，黃泉比良坡的山坡下。此處有一桃樹，伊

耶那岐命取下三顆果實丟向追兵。一丟出，追兵們便各自逃散了。

縱使如此，伊耶那美命仍不放棄，此番更是親自出馬來追。見狀的伊耶那岐命，搬動巨大的千引岩，將陰間與人世的邊境黃泉比良坡堵住，對於趕來的伊耶那美命告知，夫婦就此離緣。

伊耶那美命心有不甘威脅道：若果真如此，就要將生在日本的人類，每天殺掉一千人。對此威脅，伊耶那岐命不甘示弱回應：若是如此，那麼自己要每天生下一千五百個人類。因此，傳說在伊耶那岐命的國度中，往後每日有一千人死亡，也有一千五百人誕生。

就這樣，伊耶那岐命總算回到人世，但是因為黃泉之國為污穢之處，所以他前往位於九州日向的阿波岐原，進入清流之中濯洗身體，此時又

有數位主神誕生，而他最後洗臉時，由左眼生出天照大神，右眼生出月讀命，由鼻子誕生出建速須佐之男命。

→〔黃泉之國〕〔伊耶那美命〕

■伊什塔爾 ——————【美】

Ishtar，古代美索不達米亞的豐穰神。蘇美語中稱為伊南娜的女神，在阿卡德語中則是則為伊什塔爾，傳說則為了尋找她的丈夫，代表自然的生殖力之神搭模斯，而下訪陰間。伊什塔爾的故事中所出現的陰間模樣，則和《伊南娜下降冥界》的狀況雷同。

→〔伊南娜〕

■伊南娜 ——————【美】

Inana，蘇美的豐穰女神，金星神，留下了一般稱為《伊南娜下降冥界》的神話故事。

伊南娜必須得前往陰間的理由，其實不清楚。只知道在某日，她突然決心要前往陰間，所以向祭拜她的數座神殿告別。在通過陰間之門時，因為規定必須要一一取下身上穿戴的物品，所以她就將王冠、首飾、腕飾、胸飾等穿戴在身上，手上並且握著發亮的蘆葦。之後，她就向僕役寧休布爾（Ninshubur）下令，為了讓她不在陰間被殺，要向恩利爾[4]、南納[5]、恩基[6]等求助。

終於，她來到了美麗的陰間宮殿不遠處，站前陰間之門前方，要求守門的涅堤將門開啟。

陰間並非生者可以進入的場所，一旦進入後亦是再也無法返回的國度，因此守門的涅堤覺得此舉不可思議。但是，陰間的女王厄里什基迦勒畢竟是伊南娜的姊姊，涅堤只得向女王報告。

厄里什基迦勒對於生者竟敢前來陰間相當不悅，但是仍舊替不知所為何來的伊南娜開門。只是她也同時下令，每通過一道門，伊南娜就必須脫去一件身上的衣飾。

涅堤依照指示，將正門剛則門打開，請伊南娜進入陰間，接著先從伊南娜的王冠休格魯拉（Shugurra）開始脫去。陰間之中包含剛則門一共有七道，而伊南娜雖然全部通過，但是每過一道門，身上的衣飾就得脫去一樣，因此通過所有的大門之後，伊南娜已經全身赤裸。

不久，伊南娜來到了厄里什基迦勒高坐於王座之上的地方，此處有擔任陰間裁判官的七位神祇。這七位神祇對破壞規則下至陰間的伊南娜宣判有罪之後，女王厄里什基迦勒以殺人的眼光瞪視伊南娜，在宣判死亡的瞬間，伊南娜同時成為屍體。

伊南娜此去過了三天三夜，她的僕役寧休布爾便造訪大神，請求給與下訪陰間的伊南娜協助。恩利爾神與南納神對於伊南娜破壞陰間規則一事予以譴責，亦不打算援救。但是，恩基神則不同。他由自己指甲的污垢中創造了名為庫魯迦魯拉（Kurgarra）以及迦魯圖魯（Galatur）兩位神官，分別交給他們生命之糧與生命之水，並仔細說明搭救伊南娜的方法。

庫魯迦魯拉與迦魯圖魯依照恩基神

所言一五一十進行。他們首先如同蒼蠅圍繞一般飛入陰間，之後，如同恩基神的預言一般，女王厄里什基迦勒正為病痛所苦，因此給與她治療。此事之回報，就是兩人得到被吊掛在牆上的伊南娜的屍體，再以生命之糧與水，令她復活。

生還的伊南娜正打算回到地上時，卻發生了一件事。

「一旦踏入陰間之人若要離開，必須要另帶來另一名替代之人。」陰間的眾神如此說道。

為了要帶去替代之人，棲息在陰間的葛魯拉們便和伊南娜一同來到地上。

伊南娜回到地上之後，身著喪服的僕役寧休布爾看到伊南娜，高興得在她的跟前五體投地，為她的歸來而歡喜。見此狀的葛魯拉們便要將寧休布爾帶走，但是伊南娜舉出種種理由拒絕；接著她們來到名為烏瑪的城裡，著喪服的夏拉[7]神高興得在她的跟前五體投地，為她的歸來歡喜。葛魯拉們接著要將他代替伊南娜帶走，這次伊南娜依舊舉出種種理由再拒絕了。

就這樣重覆數次後，伊南娜來到了一處名為庫拉布的城裡。結果在那裡看見了她的丈夫杜木茲並未著喪服，反倒身穿華服，正在享樂遊玩。見此景況的伊南娜怒髮衝冠，大叫著「把這個男的帶去陰間吧！」

杜木茲驚慌下連忙逃走，但要從葛魯拉的手中逃開是不可能的事，他被發現躲進姊姊葛斯汀安娜（Gestinanna）的家裡，最終被帶往了陰間。

但是，據說前去陰間的杜木茲，卻從此被認為是陰間之神。

　➋〔不歸之國〕〔厄里什基迦勒〕

■ 以諾 ─────────【基】

Enoch，《創世記》中登場的聖人、大洪水著名的諾亞的曾祖父。由衣索比亞語翻譯而流傳的《以諾書》[8]中，記載了藉由天使們引導而前往天堂與地獄的故事。

根據記載，以諾在某天看見一個幻象，在幻象中，他由天使們引導，飛升到上帝所在的天堂，見識了天堂與地獄，也聽到了關於人世的一切事情。由以諾飛升到天堂開始的故事並非一貫的內容，而是以多個主題串連組合。最初的主題，則是以諾知道聽見阿撒瀉勒與謝米哈札（Shemihaza）為首的眾多天使墮落的事情。依故事內容而言，天使們之所以墮落，是因為與居住地上的人類女性交合之故。天使們與女性們之間還誕生了許多巨人。知道此事的上帝勃然大怒，將他們打為墮天使，驅之於地獄。

說到此處的墮天使們，向聖人以諾請託代為向上帝求情，因此以諾就前往上帝的宮殿，在此段故事中，對於該座宮殿的模樣有著詳細說明。據內容表示，宮殿位在天空，被火焰包圍。基座是以水晶構成，壁面則有水晶的鑲嵌。此外，屋頂上有類似星辰與閃電的路徑，在正中央的則是智天使[9]。但是向神求情之後，結果不但未如所願，以諾反倒要負責傳達向墮

天使們宣告，上帝絕對不會饒恕墮天使們的角色。

經過此事之後，以諾在拉斐爾[10]與烏利耶魯[11]的引領下，開始天堂與地獄的遊歷。

在這趟旅程中，以諾最先被帶往的是圓形的世界盡頭之處，此處吹襲著暴風，有迎接日沒太陽的西方之火。此外，還有風之倉庫以及地之隅石[12]、支撐地與天蓋的四道風，令太陽與星辰運轉的風等等。

此地的遠方，有一道應是這個世界盡頭的深邃地裂，該處為天的聚集之處，有天的火柱。

裂縫的對岸，沒有天也沒有地，是延伸向無際的荒涼，據天使說明，該處為天之星與天之軍團的牢獄，墮天使們將會被永遠拘留的場所。

之後以諾再被帶往其他地方。該地有巨大而堅硬的高山，其中有四處平坦窪地，窪地之中既深又暗。據天使拉斐爾所言，那正是人類死後靈魂所前往的地點。窪地有四處，為了區分靈魂，共分為義人之魂前往的場所、一般人靈魂前往的場所、遭他人殺害的被害者之魂前往的場所、罪人前往的場所。這些靈魂會被分派到與其相對應之陰間或地獄，直到最後審判來臨之前，再對應裁判結果，被送至永遠的天堂或地獄。

在看過人類靈魂前往的窪地之後，以諾被帶到了一處美麗樹木生長茂盛，清澈河流潺潺不斷的地方，這裡正是亞當與夏娃曾經居住過的伊甸園。

以諾的天堂與地獄本應就此結束，

但是《以諾書》中還有後續，述說以諾聽到天使所給與的各種啟示，內容與天文學、曆法、最後的審判等等有關，以諾在領受這些啟示之後便返回人間，負責將此事傳達人們知曉。

→〔苦難之地〕

厄耳 ————【希】

Er，在柏拉圖的《理想國》第十卷中，有一名為厄耳的人曾一度死亡而前往陰間，後來生還並且述說陰間相關經歷的故事。

厄耳是一名戰士，雖然在戰爭中死亡，但是在死亡之後的第十日才要被埋葬，這時所有的屍體均已腐爛，唯獨厄耳的屍體沒有。因此厄耳的屍體被運回他的家中，在第十二日，為了舉行火葬而讓他躺在柴薪上，沒想到此時的厄耳卻活了過來。之後，他便對於死後所經驗之事，作了詳實的描述。

據他所說，在死亡之後，他的靈魂離開身體，與其他眾多靈魂一同在道路上前進，最後來到一處奇異的牧場。那是制裁靈魂、專為死者設立的裁判所。

裁判所在左手方的大地上，有兩個洞穴並列，右手方的天上也有兩個洞穴。就在這兩種洞穴之間，判官正座其中，對來到此處之人審判。正直的人們會以判決的內容，朝向通往上天的洞穴前往；不正之人將依判決的內容，身體被往後拉，朝向通往大地洞穴的道路前進。

厄耳前往該處之後被告知，為了要

VI
破地獄‧下陰間

將死後世界之事向人們報告，他必須要仔細觀察所有事物。

因此，就厄耳的觀察看來，天地所開的洞穴都是單向通行，一個洞穴有靈魂出來，而靈魂由另一個洞穴回去。由大地的洞穴出來的是略有髒污的靈魂，而天上的洞穴則有清潔的靈魂返回。

每個回來的靈魂們感覺上都像是結束了一段漫長的旅程般，藉由與這些靈魂們交談，便可清楚明白天上世界與地下世界的差別。

由天上世界回來者，人人都經歷喜悅體驗；而由地下世界回來者，人人盡是遇見可怕的體驗。

這點與這些靈魂在生前以何種態度渡過人生有關。例如，生前從事犯罪或惡事之人，會根據其次數與程度，

將在地下的世界受罰。而且，每種刑罰會重覆十次，包含痛苦也會被求以十倍分量的補償，但是死者的世界卻是將人類的一生以一百年計算，因此，靈魂們必須要在該世界停留一千年。從事合於正義之人也一樣，他們在天上世界中，亦會接受相對應的報償。

由地下的世界回來之人，其中還有更可怕的體驗。作出甚為嚴重惡事者，幾乎都是獨裁僭主之輩，這些人在接受為期一千年的懲罰之後，還必須被丟入塔爾塔羅斯中，於該處接受永遠的痛苦。這個試驗於一千年的刑期期滿後，在裁判所對面的洞穴入口執行。這個洞穴若是由尚未領受足夠懲罰的人通過，會發出可怕的咆哮聲以為告知，而且，於該處待命的是外

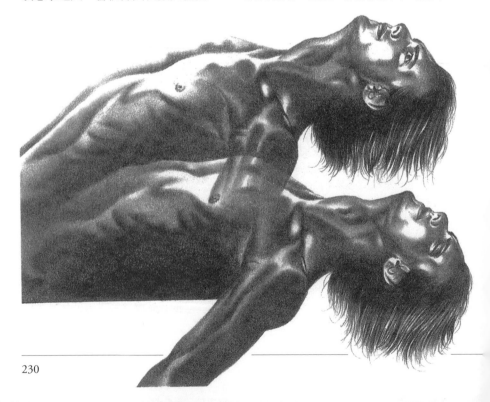

貌可怕而凶猛的壯漢們，會將該名罪人丟入塔爾塔羅斯中。

聽過這些敘述之後，厄耳接著前往已經渡過一千年的賞罰期限之後，靈魂們將會前去的其他地點。返回的靈魂在裁判所的某座牧場中經過七日，於第八日，循著如貫通天地的柱子般射出的光線走上一日，抵達司掌命運之中的必然的女神阿南克（Ananke）所在之處。在該地，還有其他的命運女神（摩賴），拉克西斯、克羅托以及阿特羅坡斯。

在這裡，靈魂們為了決定下一段人生而進行抽籤。抽籤是由向所有人丟出寫有編號的籤開始。各個靈魂面前都會有一份落下的籤，以籤上所寫之編號，依序選擇下一段的人生。但是，人生的數目比靈魂的數量還要多上甚多，各式各樣人生的樣本，便在靈魂們眼前的地上攤開。其中有各種不同的人生，有獨裁僭主的人生、將會延續漫長時間的人生，也有隨即會結束的人生。其中也包含了許多動物的生命。

接著便開始人生的選擇，但是抽到一號籤的人卻大大失利。他不經詳細觀察，就選擇了最大的獨裁僭主的人生，其中還包括了吃下自己兒子的肉，以及其他諸多災難。

在靈魂之中，雖然也有在希臘神話中登場的英雄們，但是他們卻是依前世的經驗來選擇下一段人生。例如，遭受許多女性虐殺的奧爾甫斯，因為不想由女性的腹中出生，而選擇了天鵝的生命。在特洛伊戰爭之時，為了爭奪死去的阿基里斯的鎧甲，與奧德修斯爭鬥，結果被迫自殺的艾亞斯的靈魂，則是選擇了不需要鎧甲的獅子的生命。雖然身為英雄，但是也經過十年流浪之苦的奧德修斯，對於英雄的生涯已經厭倦，因此選擇了一個平凡而只為自己過活的人生。

選擇了下一段人生之後，靈魂們各自經過向女神確認命運的手續，來到忘川（勒忒河）的平原，將在此流經的河中之水喝下，忘卻一切。之後靈魂們會就地進入睡眠，但是半夜時，會突然發生劇烈的雷鳴與地震，在此瞬間，各個靈魂升上天空，為了下一段人生而飛往各地。

厄耳被禁止喝下忘川之水，因此仍能記得所有事情，但是由何處返回卻全然不覺。回神之時，自己已經身在為火葬準備的柴薪之上了。

●〔塔爾塔羅斯〕

大國主神 ────【日】

身為須佐之男命的第六代孫，日本神話中的神祇。他是在日本的創國完成後成為日本之王，並在後來將國家讓予天照大神嫡系的神祇。在他即位為王之前，曾經下至由須佐之男命所統治的根之國。根之國為日本古代死者所前往的陰間，被視為與黃泉之國相同。

大國主神造訪根之國一事，可說是為了成王而進行的試煉。大國主神從以前雖然就已經被其他兄弟眾神進行過幾近虐待的火燒、巨木壓頂等等試煉，但他最後被給予的試煉，就是訪問根之國。

被賦與這項試煉之後的大國主，便立刻前往根之國，造訪根之國的國王須佐之男命的宮殿。在該處，他與須佐之男命的女兒須世理毘売相遇並且相戀，而須佐之男命為了決定是否要將女兒交託給大國主，出了數道難題。

第一道難道之中，大國主被命令要睡在有蛇的房間。知道此事的須世理毘売交給大國主一條薄披肩，並忠告他，若是蛇要來咬之時，就將披肩揮動三次。大國主依其所言，果然蛇便平靜下來，因此他能在有蛇的房間入眠。

大國主在次晚被要求進入有蜈蚣與蜂的房間中，而須世理毘売則交給他能驅趕蜈蚣與蜂的披肩，因此這晚他同樣能夠安然入睡。

接下來，須佐之男命在荒野中射出弓箭，並命大國主將箭尋回，大國主為了尋箭而進入平原之時，平原四周被放火。當大國主為了無路可逃而困擾之時，有一隻老鼠出現，告訴他地下有洞穴，而他依言踩踏地面時，果然發現了洞穴，因而得以躲藏。而且，當火勢停止之後，方才的老鼠更將須佐之男命所射之箭叼來，讓大國主可以帶回交差。

須佐之男命最後命令大國主要拿下自己頭上的虱子。正當大國主要動手時，才知道須佐之男命的頭上爬滿了蜈蚣。知道此事的須世理毘売，將紅色的樹果以及蜈蚣色的黏土交給大國主。大國主將兩樣東西在口中嚼過後吐出，見狀的須佐之男命以為大國主神已經依其所言，將蜈蚣殺死，所以就放心就寢。

趁此之時，大國主將須佐之男命的頭髮綁在房間的柱子上，背起了須世理毘売便要逃走。此時不慎誤發聲響而驚醒了須佐之男命，但是在須佐之男命解開頭髮之際，兩人已經逃至遠方，終於到達人世。

須佐之男命知道已經再也追不上兩人，便來到黃泉之國與人世的邊界，黃泉比良坡之下，對著大國主大呼，要他娶須世理毘売為正妻，成為日本偉大的國王。

附帶一提，於《古事記》中，大國主最後將日本國讓渡天照大神嫡系的神祇，隱居出雲；而也有說法指出，大國主在後來成為死者所前往之幽冥界的主神。

→〔根之國〕〔須佐之男命〕〔大國主神（Ⅲ）〕

■ 奧德修斯 ─────────【希】

Odysseus，《奧德修紀》第十一卷中，提及了他進入陰間的旅行。

說到希臘神話之中大事，莫過於特洛伊戰爭，最後雖然以希臘軍的勝利告收，但是由特洛伊返航的艦隊卻遭到暴風雨的襲擊，許多希臘人因而死亡。以特洛伊木馬的提案者而著名的英雄奧德修斯，也是遇上暴風雨的一人。所幸他並沒有死去，但是船已經偏離航道，因此他和部下數人在以後的十年間，只得四處流浪。

在這段流浪期間，奧德修斯一行經歷了各式各樣的冒險，但始終不知故鄉伊大卡（Ithaca）的航線。

終於，奧德修斯來到了魔女克爾凱

所居住的埃埃厄（Aeaea）島，在此生活了一年間，終於從魔女身上知道了回到故鄉的條件。根據條件，奧德修斯要先進入陰間，與忒拜最大的預言家忒瑞西阿斯的靈魂見面，並且必須接受神喻。克爾凱因為對奧德修斯有愛慕之意，所以將前往陰間的方法以及呼喚忒瑞西阿斯的方法，都告訴了奧德修斯。

奧德修斯一行讓塗黑的船上載著黑羊，在黎明時分出航。克爾凱吹起進入陰間所必須的風，因此奧德修斯一行的船只需揚帆，安坐船上即可。船隻順利往海上航進，當四周成為一片漆黑時，便來到了奧克阿諾斯（大洋）的盡頭。此處是太陽不會升起，永遠被幽冥的黑暗所籠罩的辛梅里[13]人的土地。

將船隻靠近土地的奧德修斯，依照克爾凱所言，往陰間的弗列革吞河與科庫托斯河的交匯前進。抵達後，在該地挖掘一深穴，將混有牛乳與葡萄酒的蜜注入，再放入經過祈禱加持的羊血。此為呼喃亡靈們的方法。奧德修斯依照克爾凱指示，在忒瑞西阿斯的靈魂到來之前，不可讓其他的亡靈飲下洞穴中的血。前來的亡靈之中，有曾是奧德修斯屬下的埃爾潘諾爾（Elpenor），以及奧德修斯的母親安蒂克蕾亞（Anticlea），但是奧德修斯仍然持劍守在穴旁，不讓他們靠近。

不多時，忒瑞西阿斯的靈魂來到，暢飲了洞穴中的羊血。之後，對奧德修斯給與了各式各樣的警告。例如：奧德修斯在歸國的途中會經過托利那基耶島（Thrinacian），並在該處將會發現太陽神赫利俄斯的牡牛與羊，但是絕不可對這些牛與羊出手，否則不只是回不了國，奧德修斯的手下也會全部死亡等等諸如此類具體的內容；還對於奧德修斯在歸國之時，將會面臨到的問題以及未來之事，作出有益的建言。

神喻說完後，忒瑞西阿斯就回到黑帝斯之殿中，但是之後還是有一個接著一個、各種身分的亡靈前來拜訪奧德修斯。其中有特洛伊戰爭的總領軍，歸國後被妻子克呂泰涅斯特拉所殺的阿伽門農，以及參加特洛伊戰爭的兵士中最偉大英雄的阿基里斯的亡靈等人。波塞頓所愛之緹羅（Tyro），以及宙斯所愛之埃爾克梅涅（Alkmene）等美麗女性的亡靈，也不在少數。奧德修斯也一一與這些亡靈們交談。

之後他也看到了克里特島之王、死後成為地獄判官的米諾斯，他在審判亡者的模樣，以及在陰間之中名為塔爾塔羅斯的特別地獄，有許多在此受罰的亡靈們，像是提提奧斯、坦塔羅斯、西緒福斯等亡靈。

最後，奧德修斯與赫拉克勒斯的亡靈相遇，赫拉克勒斯在死後名列仙班，身體在神的國度過著快樂的生活，唯獨靈魂被送到陰間來。

奧德修斯還想和更多的亡靈們見面，但是漸漸地恐懼感也隨之襲來，因為來到的亡靈們，有許多一邊不停發出可怕的叫喚聲，再加上一想到若是冥后普西芬妮派遣怪物戈爾貢而來，很可能會在此地無法脫身，他便

VI

破地獄・下陰間

即刻返回船上，離開了陰間。

接著，奧德修斯所乘的船隻，就如來時一般，藉著潮流以及順風的幫助，回到了克爾凱所居住的埃埃厄島上。

→〔黑帝斯王國〕

■ 奧爾甫斯 ──────【希】

Orpheus，希臘神話的英雄奧爾甫斯，是希臘神話中最高明的音樂家、詩人，雖然曾參加知名的阿爾戈探險隊的冒險，但是他為了與死去的戀人見面而下訪陰間之事，更是著名。

這是在阿爾戈探險隊結束冒險歸國之後發生的故事。回到故鄉的奧爾甫斯與美麗的地樹精靈歐呂蒂凱熱戀，並且結婚。

但是有一天，對歐呂蒂凱圖謀不軌的阿波羅之子，阿里斯泰奧斯（Aristaeus）在某處埋伏，並追逐她至一處草地。歐呂蒂凱雖然逃過一劫，卻在此時被毒蛇咬死。

受到此事件打擊的奧爾甫斯一時之間忘記了歌唱，也忘記了音樂，帶著悲傷的心情在希臘各地遊蕩。之後他來到了伯羅奔尼撒南端的拉科尼亞（Laconia）時，便決定要由通向陰間的泰那隆的洞穴，朝著死者之國前進。

要能夠進入陰間，非要通過由卡戎擺渡的斯提克斯河，以及看守犬克爾貝羅斯正虎視眈眈的陰間之門不可。這個時候，奧爾甫斯彈奏起自豪的豎琴，這是一種連動物們聽見都會豎起耳朵，樹木也會隨之起舞的美麗樂聲。他的音樂發揮了極大的效果。聽見音樂的卡戎在感動之餘，答應讓奧爾甫斯渡河，連克爾貝羅斯也忘了咆哮。陰間的塔爾塔羅斯之中，雖然有著許多正在領受永遠的懲罰之苦的亡者，但是他們也都在此時暫時忘卻苦痛，因聆聽音樂而出神。

奧爾甫斯的音樂連冥王黑帝斯以及冥后普西芬妮也為之心動，因此他們對於奧爾甫斯釋出善意，以特例的方式，答應讓他帶著歐呂蒂凱回到地上重生；但是有一個條件，那就是兩人在返回地上之前，歐呂蒂凱必須在奧爾甫斯的身後跟隨，而且無論如何，他都不可回頭張望。

奧爾甫斯滿心歡喜地答應，兩人便朝通往地上的洞窟往上爬。

但是，就在即將要出去地上之時，因為身後一片寂靜，讓奧爾甫斯對冥王的話產生懷疑，不禁回頭察看。一回頭，雖然確認了歐呂蒂凱就在後面，但是她卻露出了悲傷的表情。而這時，死者的引路人赫爾梅斯已經在該處，抓住她的右手，再次將他帶回到黑暗的陰間裡。

就這樣，痛失深愛的妻子的奧爾甫斯又回到了地上，從此終生不娶，過著完全孤獨的生活，而且他的下場更悲慘。

色雷斯（Thrace）地方的女子們一再地誘惑他，但是知道他的心一點也不為所動時，女子們對於被他如此忽視感到氣憤，便在狄奧尼索斯的祭典時，趁著狂亂之中將他殺死分屍。

→〔黑帝斯王國〕

智光法師 ——————【日】

奈良時代[14]的僧侶。他身為三論宗元興寺流[15]的創始者，卻也留下一則曾經死亡而墮入地獄，但是在之後又返生的傳說。

據《日本靈異記》[16]的記載，當時從事各種社會事業的法相宗[17]的僧侶，沙彌行基，受聖武天皇封為大僧正的官位。智光認為自己才是智者，而行基不過是沙彌，對於天皇為何不任用自己此事感到憤世嫉俗。在某日，智光突然發生嚴重的下痢，約一個月左右便死亡。

知道自己命運的智光對弟子交待，就算死後也不要火化屍體，將之保留九日。

智光就這樣斷氣，閻魔王便派兩名來使迎接。智光隨著兩人向西而行，最後看見一座黃金樓閣。智光詢問，使者答道，此為行基菩薩轉生所住的宮殿。

之後智光突然被帶入一處炎熱的場所。該處豎起一根燒得火紅的鐵柱，使者令智光抱住。智光照作之後，身體開始燃燒，化為枯骨。

三日過後，使者便用箒拂過柱子，一邊說著「活過來吧！活過來吧！」，智光的身體便跟著恢復原狀，但接著又將他帶走，命他抱住比前回更炎熱的柱子。智光的身體又再被熔化。

之後過了三日，使者又用相同「活過來吧！活過來吧！」的話令智光復元。但是，智光的苦難尚未結束。智光此次被帶往阿鼻地獄（無間地獄），在駭人的熱氣中被燒灼。

但是，這已經是智光的苦難的尾聲了。三日後身體再次復元的智光，被使者帶至黃金宮殿的門口。該處有一身著鎧甲、額上飾有赤紅髮飾的兩位神人，告知智光墮入地獄的理由，便是因為智光對於行基菩薩誹謗。之後，神人們告訴智光，絕不可吃地獄的食物，宜早早返回。

就這樣，智光在死後的第九日復生，而他即刻求見行基大僧正，對於向他誹謗一事，當面告罪。

→〔無間地獄〕

唐太宗 ——————【中】

唐朝第二代的皇帝，廟號太宗。他有曾經一度死亡前往陰間，但是過去的臣下正於閻魔王底下當差，便將其記載於命簿中的壽命延長，令他再次還陽的傳說。

「太宗入冥」的故事，於唐朝時就已被流傳，在後來的小說《西遊記》中更被詳細描述。

依據《西遊記》所載，太宗於某日因為龍神作崇而患疾病，正當康復無望，太宗自己已經放棄之時，臣下魏徵上呈一封書信，並奏稱在酆都（中國的陰間）的判官，為名叫崔珏之人，請太宗將此信交與他便可。

據魏徵所言，崔珏為先帝朝中之臣，死後在陰間擔任管理生命簿的書記官一職，因此，只需將此信交與崔珏便能夠生還。

太宗半信半疑將此信收入袖內，之後不久便斷氣。

已死的太宗離開城裡，來到一處奇

VI 破地獄・下陰間

235

妙的荒野，不知道該往何處而去。此時，對面走來一人，頭戴烏紗帽，腰繫鑲有犀角的腰帶，手持象牙笏，上身著錦鍛迎接太宗，並且報上名號，稱自己是先帝之臣，名叫崔珏。太宗聽見之後大喜，將魏徵所呈之信交給崔珏，崔珏在看過之後，便向太宗保證必令其還陽。

不多時，有兩名童子前來將太宗引領至閻魔王殿中。該處為一氣派的宮殿，而殿中的十位閻魔王（十王）迎接太宗，接著在經過一番質問以及太宗的應答後，便要確認生死簿。崔珏將生死簿取出查找，在大唐太宗皇帝處，記載為「貞觀[18]一十三年」。所記之時正是該年，崔珏連忙取筆，趁閻魔王不注意，在「一」上頭多添一筆成為「二」。之後將生死簿交與閻魔王。

不知情的閻魔王看見生死簿，大吃一驚。於是就此決定讓太宗返還陽世，在返回之前，太宗由崔珏領路下，遊歷了地獄景物。兩人翻越陰間之山，於該處遠望十八層地獄。據崔珏說明，十八層分為：吊筋獄、幽柱獄、火坑獄、酆都獄、舌拔獄、剝皮獄、磨捱獄、碓搗獄、車崩獄、寒冰獄、脫殼獄、抽腸獄、油鍋獄、黑闇獄、刀山獄、血池獄、阿鼻獄、秤杆獄等。

之後兩人渡過地獄上方的奈何橋，看見枉死城，抵達六道岔路。

六道的岔路為陰間與人世的邊界。太宗便由此駕馬通過朝向人世的大門，不久，突然一陣嘩啦，太宗落水，下個瞬間就已在棺木中重生了。

日藏上人 ————【日】

平安時代的僧侶（905～985？）。原先法號為道賢。曾在大和國宇多郡的室生山龍門寺中說法，並留下年輕時於金峰山的岩室中修行，一時踏入死門，在金峰山淨土與菅原道真見面，又在地獄中見到因為左遷道真而被墮入地獄的醍醐天皇的傳說。

據《扶桑略記》中「道賢上人冥途記」所載，道賢於公元912年2月入金峰山開始修行，修行期間長達二十九年。941年8月1日的午時前後，一如往常在壇上修行的道賢突然感到痛苦，不能喘息，知道自己即將不久人世。

不知何時，道賢已經身背佛典，如同入山時一般站立於岩室之外，岩室中出來一名僧人，由金瓶山倒出水給道賢。僧人自稱執金剛神（佛教的守護之神），身後有數十名童子模樣的天人隨行。不多久，由西邊岩石上下來了一位高僧，向道賢伸出了左手。道賢就這樣由這位僧人引導，經過數千丈的路程，攀上了位於金峰山頂上的淨土。

抵達山頂後，僧人自稱自己為坐在黃金之山中一座飾有七寶[19]的高座上，釋迦的化身藏王菩薩，之後不久四周變亮，日本太政威德天（菅原道真）出現。道真的身後有數多侍者以及異類，手持弓箭、鐮、杖等，隨行在後。

道真不一會兒打算要離開，但此時道賢的目光被吸引住，再加上得到藏王菩薩的許可，道賢便接著參觀了道

真所住的大威德城。道真將跨下之馬讓道賢乘上，馬便向前奔去。前進數百里之時，該處有一大池；池中有面積約百里的四方模樣之島，島之北方就是光芒四射的大威德城。

道賢如何被引領進此城中不得而知，但由此刻開始，道真說出自己的身分在刀利天（天界之一）中，是被稱為日本太政威德天等事。此外，也談及道真的怨靈所引發的諸多事件，就有如自己所引起的一般，甚至國土不知何時要消滅的想法。但是在與道賢對話之中，道真的心裡也產生了若干變化，因此便約定，若是日本之中有幾人能宣揚道真之名並進行祈禱，就會將天下所發生的災害平息。之後，道賢回到金峰山，在藏王菩薩告知歸路之下，甦醒於岩洞中。

在《扶桑略記》裡，此段故事之後，還有提及道賢在死亡之間所見到的地獄模樣。故事中說到，道賢由藏王菩薩引領下參觀了地獄，而地獄中稱為鐵窟的受難之處，有一間粗鄙的屋舍，裡頭有四個人，其中一人有著衣，其他則是近乎裸體。道賢由獄卒口中得知著衣者為醍醐天皇，而天皇對道賢自述，自己因為犯下左遷道真等等的罪狀，所以墮入地獄受苦，為了要消除這項苦難，請託道賢傳達給攝政大臣，請他建造一萬座的浮屠[20]。

■仁田四郎忠常 ────【日】

自伊豆舉兵[21]之時開便追隨源賴朝，並且獲得信任的鎌倉時代[22]的武士（？～1203〔建仁三年〕）。室町時代末期所集成的御伽草子[30]《富士人穴》之中，傳說一則他因為走入了位在富士山麓的某個火口穴中，而在富士淺間大菩薩的引領下，見識地獄模樣的故事。

《富士人穴》草子是在江戶時代後期，由地方民間所傳抄的書籍，據說有許多卷傳世，而其中的一卷中，提

到仁田四郎在1201年進入富士的火口穴之事。

當時的將軍源賴朝下令和田平太胤長,進入至今尚無人進入過的富士山的火口穴。平太只得進入富士的火口穴中,約進入五町[23]左右,看到一年約十七、八歲的神祕女子,只聽她說「快點出去吧」,便因害怕而早早逃出洞去。

知道此事的賴朝還想知道洞穴更深處的狀況,於是便以入富士火口穴深處探險者可得領地為條件,在各國境內貼出榜文。但是,就算能得到再多領地,若是死了也沒有用處,因此並沒有敢挺身而出的武士。

就在此時,仁田四郎登場。向賴朝報名的他,在身穿鎧甲護身的準備下,前往火口穴出發探險。

藉著火炬的火光,四郎在火口穴中不斷前進。雖然在開頭五町的深處並沒有事情發生,但是再往前進五町之時,卻出現了不可思議的光景。雖然

是在人穴之中,但不知何時有太陽與月亮出現,四郎站在一處有河流經過的松樹林中的平原,跨越河流再往前進,接著便出現了氣派的皇宮。四郎潛入皇宮,看到了建築華麗的宮殿。在細細欣賞庭院一會兒之後,他便由庭院中的東北方向前直。

不多久,他看見北方有一座池。池中有島,架著一座渡水用的橋樑。此橋的橋緣生有芒草,隨風招展會發出聲響,但是這聲音與法華經的內文相較,卻是一字也不差。四郎接近池邊,看見池水泛出五彩光澈。

之後四郎再接近宮殿,此時宮殿中卻傳出「為何來此」的聲音,一個貌似夜叉的可怕女人出現。

對方自稱富士淺間大菩薩,並要四郎交出手持之劍。心中毫無懼怕的四郎依言行事,將大小兩把劍交給對方,此女突然心情大好並說道,想要讓日本民眾好好了解地獄的模樣,所以打算讓四郎瞧一瞧。女子隨即變為

十七、八歲的童子模樣，左脇抱起四郎，就往地獄走去。

據大菩薩說道，日本的地獄中有六位地方官。一為箱根權現，二為伊豆權現，三為白山權現，四為自己（富士淺間大菩薩），五為三島明神，六為立山權現。

兩人終於抵達地獄，最先來到的地方，則是賽之河原。此處有許多年齡為二、三歲，或是七、八歲的兒童，一面叫著「父親啊、母親啊」一面啼哭。據大菩薩的說明，這些是母親忍痛生下胎兒，尚未報恩就已早死的孩子，因此這些孩子們必須在此地受為期九千年之罰，不多久，北方有火焰燃起，將河原上的石頭與孩子們通通燒成灰燼，孩子們化為一堆白骨。但是，即刻便有一手持鐵杖的鬼出現，說著「活過來吧、活過來吧」令孩子們復活，持續領受同樣的痛苦。

由此地往西看去為死出山，山麓上有三途河流經。河畔有奪衣婆，將罪人的衣服脫去後掛於衣領樹上。之後，四郎與童子一同進入地獄內部，於該處見到罪人們受到相對其罪的懲罰。有的罪人臉皮被剝下，有的被火焰焚燒，還有罪人被迫乘上火燒中的車輛受苦。被拔去舌頭者或手腳被切斷者、被獄卒驅趕登上劍山者、被迫背荷龐大行李登山者，還有在臼中被擊搗者。《富士人穴》的草子之中，還介紹了其他許多四郎所目擊的罪人模樣。

參觀地獄結束，童子接著讓四郎參訪極樂淨土，此處是一個與地獄截然不同，盛開著美麗花朵的幸福場所。

就這樣，四郎參觀過地獄與極樂之後，大菩薩交給他三卷草子。告知未曾到過，也未曾見過地獄與極樂的，一定大有人在，所以要郎展示這些草子，讓地獄與極樂之事在世間廣為流傳。但是，四郎本身被禁止對於地獄的模樣多作說明。大菩薩警告，若是違反，四郎的生命將會不保。

之後，四郎由火口穴回到外界，並且馬上前往賴朝之處，破壞了與大菩薩的約定，將地獄的模樣一五一十地傳述。就在說完之後，他便突然倒地而死。

巴力 ————————【美】

Baal，古代烏加列（腓尼基）代表植物繁殖力的神祇。在下陰間激戰之後，大敗死神墨特，並再度返回地上。戰鬥不斷重覆，巴力本身也一再死而復生，他下至陰間後，旱季而不毛的季節來到，藉由他的再生，豐穰的季節又隨之展開。在這樣豐穰與不毛的循環之中，被解釋為一年的季節周而復始，但也被認為意謂著更長期間的豐穰與不毛。

巴力與死神墨特之間的戰爭，在名為《巴力與阿娜特》（Poems About Baal and Anat）的神話中被提到。巴力獲得王位、建設宮殿等等數個主題，而巴力與墨特的爭鬥，則是在宮殿的建設之後被提及。

戰爭的直接原因，是肇始於巴力戰勝「邪惡的」或是「有七個頭的」蛇。在此事之後，死神墨特便由墓中起身，對巴力進行挑戰。

但是，接受挑戰的巴力卻突然感到一股莫名的恐懼，他屈服於墨特進入陰間，之後便會死亡。

接著，巴力的姊妹，女神阿娜特開始活躍。阿娜特與美索不達米亞的伊南娜一樣，同為豐穰女神，她聽聞巴力的死亡後哀慟不已，親手將巴力的屍體埋葬。在此後，阿娜特親身下至陰間，為了令巴力再生而向死神墨特挑戰。這場戰鬥以阿娜特的獲勝結尾，死神墨特終於死亡，巴力成功復活。

但是，巴力與墨特的戰爭並非如此而已。上面所描述的故事，或許只是表示一年中豐穰與不毛季節的推演而已，其中巴力與墨特的戰爭所經過的漫長歲月，也包含了決定豐穰與不毛的意思。

在這場戰爭中，巴力沒有絲毫膽怯，終於擊敗了死神墨特。就這樣，經過七年的時間，確立了巴力的統治地位。

但是，巴力的統治只維持了七年，故事中敘述，他在第八年時又再度死亡。

■ 保羅 ——————————【基】

Paulos，基督的門徒之一。以新約聖經的《羅馬書》（Epistle to the Romans）作者而聞名，但是新約聖經的外典之一《保羅啟示錄》在公元四世紀左右所寫成，內容詳述了保羅所見死後的審判的狀況，以及天堂、地獄的景況，對於以但丁《神曲》為代表的中世紀歐洲地獄觀，產生了莫大的影響。

據書中描述，保羅的陰間旅行，是由上帝所引導，於第三天堂開始的。在那裡，保羅看到太陽、月亮、星辰、海洋、大地現身主的面前，訴說人類的邪惡。此外，他也看到伴隨人類的天使們，在每日固定的時間中，會對於人類的言行，包含善與惡，前來向主報告。

之後，依照保羅自身的希望，獲准看見人類的靈魂是如何由身體中離去。此時，保羅眼中清楚得見以下的光景：人將死之時，馬上會有聖潔的天使們與不敬虔的天使們上門，若此人為義人，不敬虔的天使們就無法在他的身體中找到棲息的場所，而由聖潔的天使們支配此人的靈魂。聖潔的天使們將靈魂引領至上帝的跟前，上帝將作下裁決，會將義人的靈魂託給契約的天使米迦勒，令其向天堂前進。其餘的靈魂則是在不安之下前去天堂，目擊到自己從來不相信的上帝，之後被交給司掌懲罰的天使塔塔庫斯（Tartaruchus）送往地獄。

之後保羅還看到了更不虔敬之人的靈魂前來，這個靈魂在神的面前謊稱自己沒有犯罪。但是，伴隨在罪人靈魂的天使，將記載罪人所有罪狀的一本記錄簿取出，拆穿罪人的謊言，最後將其送入地獄。

看完神的審判之後，保羅在天使們的引領之下，首先由造訪第三天堂開始。他在此處，與舊約聖經中以身為聖人而知名的以諾和以利亞見面。

之後保羅被帶領至第二天堂。這裡有一條河川，流著的是乳汁和蜂蜜。

此外，河岸上有許多樹木，是一種一年會結果十二回，各有不同種類果實的樹木。天使將保羅帶到阿克魯沙（Acherusa）湖來，乘上黃金船，向基督城（City of Christ）前去。基督城規模龐大，城牆、塔、門各有十二座。此外，圍繞城旁的有蜂蜜之河比遜河[24]，乳汁之河幼發拉底河[25]，香油之河基訓河[26]，葡萄酒之河底格里斯河[27]等四條河。據天使所言，義人們在生時對於這些物質無法自由享用，對自己刻苦，因此來到天堂之後，便充足地供應給他們。

基督城的入口前有數株不結果，只生葉的樹木，有幾個人因為不被允許進入城內而哭泣。這些人們在生時很積極斷食祝禱，但是卻對鄰居傲慢，吝於付出。這些樹木彷彿代替此處的人們悔改其罪一般，不斷反覆屈身。

進入城中的保羅首先被帶往蜂蜜之河，在先遇見了以賽亞、耶利米（Jeremias）、以西結（Ezekiel）、阿摩司（Amos）、彌迦（Micheas）、撒加利亞（Zacharias）等先知。接著他被帶到乳汁之河，遇見了被希律王[28]殺死的所有孩子們。位在城的北方的葡萄酒之河旁，會見了亞伯拉罕、以撒（Isaac）、雅各、羅得（Lot）、約伯等聖人。位於城的東側的香油之河畔，見到正在唱頌讚美詩的人們。之後保羅被帶領到城中央，此處有一座高聳的祭壇，人們在高歌著讚美神。

就這樣，參觀過基督城景況的保羅被帶領到城外來，看到支撐天的地基的海洋。來到海洋之外時，看到火之

河正在沸騰，此處像是地獄的入口，信仰不夠堅定的人們將在此受罰。

火之河向北方流去，注入幾個深洞之中，這些洞穴極其深邃，其中有許多罪業深重的男女正在受罰。據天使說明，地獄沒有邊際，此洞穴底下更有下層的世界，至於深度，則是靈魂被投入其中，就算經過五百年也不會到達底部的距離。

洞穴之中有各種刑罰。有的男人被手持三叉鐵棒的地獄的天使絞首，內臟被鐵棒掏出。其他處則有四位天使將老人沒入火焰中，向他投擲石塊，也有口中與鼻中布滿蛆蟲的人。此外還有其他人被天使所持之火鋏，將唇與舌撕開。

其他地方的洞穴中，尚有許多男女被蛆蟲啃咬。還有手腳被切斷後，裸身丟入冰與雪中受苦的人。所多瑪與蛾摩拉中作出瀆神行為的人們，被丟入瀝青與硫黃的洞穴之中折磨。火焰的尖塔上有男女被野獸撕扯。

但是這些懲罰在地獄之中，仍屬較輕者。天使帶領保羅更往北方，有七道封印封住的泉水處，依天使的命令揭開泉水之口後，其中還有比之前所見大上七倍的責罰。保羅並未進入其中，但是見識到了內部惡氣滿溢，隨處都是熊熊火焰。這雖然已經是保羅所見的地獄之中最為惡劣之處，據天使所言，會墮入此處者，都是不肯承認基督為血肉之軀，以及他是由處女之身的瑪利亞懷胎所生的人們。

此時，保羅由此地看向西方，該處有在雪與冰中受寒冷之苦的男女們，四周爬了雙頭的巨大蛆蟲。

參觀過了地獄的保羅再次回到天堂，在那裡與亞伯拉罕、約瑟、摩西、以賽亞等眾聖人交談，藉此再次確認了信仰的重要後，回到人世。

赫拉克勒斯 ————【希】

Heracles，他是希臘神話中最偉大的英雄，因為女神赫拉的陰謀，而在阿爾戈斯王尤里士修斯手下當了十二年的奴隸，經歷了在國王的命令下，必須要完成所有艱苦差事的考驗。這時尤里士修斯王給與赫拉克勒斯的苦差有十二件，一般常統稱為「十二苦差」。在這些苦差之中，赫拉克勒斯甚至也去過地獄。因為赫拉克勒斯的第十二件苦差，就是要生擒地獄的看守犬克爾貝羅斯。

話雖如此，要進入黑帝斯王國，對於赫拉克勒斯這樣的英雄而言，仍是太過大膽的行動。陰間是眾神所定下的神聖之地，侵犯該境界，視同對神的侵犯，再加上赫拉克勒斯過去曾經殺掉許多人物，尤其是犯下了屠殺肯陶洛斯人的罪。因此，赫拉克勒斯為了不侵害眾神的權利，先加入了埃勒夫西斯祕教滌清罪業，再舉行前往陰間的儀式。埃勒夫西斯祕教因為有外地人不得入會的規則，所以此時的赫拉克勒斯先成為一個名叫庇里奧斯（Pylios）的埃勒夫西斯市民的養子。

準備就緒的赫拉克勒斯，馬上前往陰間的入口所在，伯羅奔尼撒半島南端的泰那隆。抵達之時，作為死者之國前導的赫爾梅斯神，以及為了守護赫拉克勒斯而來的雅典娜女神已經在該處等待。因此，赫拉克勒斯便以兩位神祇為前導，下探泰那隆的洞穴。

終於到達陰間之河的其中之一（據說為斯提克斯河），河岸上有為死者擺渡的卡戎。卡戎看見赫拉克勒斯大吃一驚，起初拒絕讓他渡河。但是，赫拉克勒斯以暴力相向，卡戎只得立刻讓赫拉克勒斯上船。此舉為卡戎的一大失策，因為這件事，他被處以被鎖鏈捆綁一整年的懲罰。

在陰間之河的對岸，面前就是有三頭的可怕黑帝斯看守犬，克爾貝羅斯在等著入侵者。

但是，赫拉克勒斯直奔而來，竟讓克爾貝羅斯不自覺因恐懼而膽怯，丟下職責逃開，跑到黑帝斯所坐的地獄王座底下躲藏。

黑帝斯王國裡雖然有許多靈魂棲息，但這些靈魂們看見赫拉克勒斯，卻也紛紛逃離。只有卡里頓（Calydonian）的英雄墨勒阿格羅斯非但不逃開，反倒答應赫拉克勒斯在出陰間之後，把自己的妹妹得伊阿尼拉嫁給赫拉克勒斯。之後，赫拉克勒斯還碰上了有無數蛇髮的戈爾貢（看見她的人會變成石頭的怪物），因為赫爾梅斯的提醒，這已經成為亡靈的戈爾貢不會再對他人有所危害，才免除了一場無謂的戰鬥。

之後赫拉克勒斯看見受到背負巨石之苦的阿斯卡拉弗斯的靈魂，便幫他舉起石頭，救了他一把。另外，赫拉克勒斯還殺了黑帝斯的一頭牛，以饗眾亡靈們。

作完了這些事之後的赫拉克勒斯，

才來到黑帝斯的王座旁，丟出一塊巨石，把黑帝斯嚇得連忙逃竄。在一旁的冥后普西芬妮，也是尊為埃勒夫西斯祕教創始者的女神，既不與赫拉克勒斯對立，但也不逃走。

一心只求早點將這野蠻人趕出去的黑帝斯，馬上就有條件地許可他帶克爾貝羅斯到地上——只要赫拉克勒斯能夠徒手和克爾貝羅斯打鬥，並且將其生擒就行。

因此，赫拉克勒斯旋即開始徒手與克爾貝羅斯交戰，他以怪力緊勒之下迫其投降，之後便扛起克爾貝羅斯向地上前進。

此時的赫拉克勒斯看見為了綁架普西芬妮而進入陰間，被罰坐在陰間的忘卻之椅上，一直不得動彈的英雄，忒修斯以及庇里托奧斯。赫拉克勒斯馬上就要動手搭救兩人，但是只有忒修斯得以獲救，因為庇里托奧斯的罪業太重，無論怎麼拉，也無法讓他離開椅子。

終於完成陰間的差事並到地面的赫拉克勒斯，就這麼扛著三頭犬克爾貝羅斯，一路走向尤里士修斯王所在的梯林斯（Tiryns）。

尤里士修斯對於赫拉克勒斯竟然能從陰間生還感到難以置信，大為吃驚，而克爾貝羅斯竟是一隻會從眼中迸出火花的可怕地獄看守犬。尤里士修斯王在驚嚇之餘，躲到了青銅的大壺之後，拒絕接受克爾貝羅斯。

赫拉克勒斯只好再度前往陰間，將克爾貝羅斯帶回了原來的地方。

➲〔黑帝斯王國〕〔克爾貝羅斯〕

▌海爾默茲 ───────【北】

Hermodr，北歐神話的神祇，主神奧丁的兒子之一。他因為在奧丁與女神弗麗格（Frigga）的兒子柏德（Baldur）死時，下訪陰間尼福爾海姆並且救了柏德一事，而十分著名。

在神話之中，柏德的死是惡神洛基的陰謀所造成，因此眾神莫不傷悲。其中尤以母親弗麗格為甚，她並請求眾神，不知是否有人能夠前往尼福爾海姆，向陰間的女王赫爾付出贖金，把柏德帶回來。在此時自告奮勇的，就是海爾默茲。

前往陰間拯救柏德一事，也是主神奧丁所盼，因此奧丁便將八腳的名駒史雷普尼爾（Sleipnir）借給海爾默茲，讓他乘著這匹馬朝赫爾之殿出發。

一般而言，尼福爾海姆是在人類所居住之大地米德加爾德的更下層，也就是位於地下。在海爾默茲活躍的神話之中，他乘著史雷普尼爾，連續九個日夜在看不見任何東西的黑暗深谷中奔馳。途中他跨越了流經尼福爾海姆的數條河流，終於來到了最接近赫爾之殿的究魯河。

究魯河上架著覆有金箔的橋樑，海爾默茲便由這裡取道。

此時，在橋的彼端，有一位負責看守橋樑，名為摩茲古茲的少女出現。

她問道：「來者何人？你流著誰人

的血。昨日已經有五團死者們來此過橋，已經夠擾人清幽，而你獨自一人竟然也發出同等的噪音。而且你看來並非死去的模樣。你究竟是何人？」

海爾默茲一五一十回答。

「我是奧丁之子，海爾默茲。為了尋找我的兄弟柏德，要往赫爾之殿而去。妳是否曾見過他？」

「他已經渡過此河。但是，赫爾之殿還在遙遠地前方。離此遙遠的北方，就位在下層。」摩茲古茲如此回答。

海爾默茲謝過之後，又駕著史雷普尼爾奔去。

就這樣，他終於來到赫爾之殿，但是宮殿四周被高聳的城牆包圍，巨大的城門牢牢鎖上。海爾默茲在稍作觀察後，再次上馬，以激烈的節奏鞭策著史雷普尼爾疾馳，漂亮地一躍而過這座城門。

之後他下了馬，進入宮殿的大廳。在此有許多各式各樣的死人，充斥可怕的氛圍。海爾默茲在大廳中，見到了坐在高椅上的柏德，但是他並未立刻採取行動，夜裡只是在這充滿詭異氣氛的大廳中靜候。

早晨到來，海爾默茲與陰間的女王見面，以柏德的死讓眾人無不悲傷為由，請求務必讓他被帶回神之國度，言詞極盡懇切。

但是，赫爾並不相信眾人的確如此深愛柏德，她說道「若果真是如此，那就讓我看到證明。這世上的所有人們──無論生者，或是死者──若因他而流淚，就讓他歸還神之國度。但是，只要有一個未流下淚水之人，柏

德就得留滯在尼福爾海姆不可。」

千辛萬苦才來到陰間的海爾默茲，自然只能聽從女王赫爾所言，由來時的道路再回到神之國。無論是否已下至陰間，當述說起柏德之後的狀況時，世界上幾乎所有人都為他而流下了眼淚，但是只有一個女巨人（據說是由惡神洛基變身而成）卻抗拒流淚，讓柏德而終究無法復生。

→〔尼福爾海姆〕〔赫爾〕

■ 目連 ————————【佛】

釋迦的十大弟子之一。他雖然生為印度中部的婆羅門之子，但是藉由修行，擁有釋迦弟子之中最大的神通力，留下一則自己遍尋地獄、餓鬼道，並拯救墮入餓鬼道的母親的傳說。

據《大目乾連冥間救母變文》所述，目連在父母死後經過了三年，仍然悲傷不已，因為希望能夠回報父母之恩，所以入門成為釋迦的弟子。之後，不斷在深山之中修行的目連，終於獲得了強大的神通力，能夠飛升至天界。他立刻尋找梵天宮，與住在該處的父親相會。父親因為生前多積福德，故轉生成為梵天。

但是，目連的母親卻不在天界。據父親所言，母親生前犯了多項罪狀，因此如今正墮入地獄之中。目連聞言大驚，馬上動身前往地獄。

抵達地獄的目連不一會兒遇見了八、九個流浪亡者。他們是因為本來的死期還沒到來，卻被獄卒錯抓至陰間的人。在地獄之中的閻魔殿裡，有

著記載人們壽命的命簿，陰間的官員們依此將陽壽已盡之人帶來陰間，但是有時會因為作業疏失，錯將同姓同名的他人帶來。在這種時候，死者雖然可以立刻返回人世重生，但是可能因為屍體已經埋葬，會變得再也無法生還。流浪亡者就是這樣的人們，因為命簿上沒有刊載，也無法墮入地獄，在閻魔大王的指示下，只能在陰間無所事事，遊蕩終日。

目連在這些流浪亡者的指點下，前往閻魔殿的方向，在該處與閻魔大王見面。

閻魔王見到目連是修為深厚的僧人，便對其忠告應該速速離開地獄這種污穢的場所而歸。但是，目連仍不放棄探訪母親的消息。地藏菩薩一旁聽見了這樣的言談來往，便忠告道，目連之母因為生前的罪業，應該身在地獄之中，再往前去便是地獄，可以尋找看看。聽到此話之後，閻魔王的想法也跟著轉變而說道，詢問位在前方的地獄五道將軍，應該就能知道母親的下落。因此，目連就在侍奉閻魔王，名為善惡童子之人的引領之下，往地獄的深處前進。

不多時，目連來到奈河畔，此處與一般所熟知的三途河同樣，有許多罪人們脫去衣物，並且掛於樹上。衣物掛上樹枝，便以依次來衡量罪業的重量，因此罪人們無不啼哭哀叫，求目連的拯救。聽過這些求救之後，目連來到了五道將軍座前。

五道將軍是個十分駭人的人物。身著閃閃發亮的金鎧，佩帶眩目寶劍，還有無數的手下在旁，應當是在黃泉

路上最教人喪膽之人。目連光是見到他的模樣，就幾乎要魂飛魄散，但是他依然鼓起勇氣詢問了母親的下落。

將軍回答不知道他母親之事，便叫左右進行調查，這才知道，她在阿鼻地獄（無間地獄）之中受刑。一般而言，罪人們在地獄中領受閻魔王的判決，以決定該墮入何種地獄，但是罪業特別沉重之人，即不經判決便直接墮入地獄。目連的母親正是如此的罪人，故閻魔王或五道將軍都並未直接獲知其存在。

目連聽了悲傷不已，但為了尋找母親，只得前進地獄。

不多久，他便來到一處地獄，但是據獄卒所言，此處為男子專用地獄，並無女性。目連再往前去，進入刀山劍樹地獄，接著來到銅柱鐵床地獄，但是都未見母親的蹤影。再加上據之前的獄卒所言，往前之處颳著劇烈的業風[29]，會讓身體粉碎，身為人類的目連萬不可進入。

絕望之際，釋迦由天而降，目連對其訴說自己的絕境。釋迦憐憫目連，給他一把絕不會讓身體受傷，能夠平安通過地獄、迴避災難的錫杖。手持錫杖的目連再次騰空而起，一口氣下至阿鼻地獄。

在阿鼻地獄之中，管理此處的府衙有五十名牛頭、馬面等獄卒，正要阻止目連進入阿鼻地獄。目連將手中的錫杖一揮，鬼獄卒們轉眼間便東倒西歪。目連再向前進，看見了高高聳立的阿鼻地獄的鐵城，以及數十株的刀槍與劍樹。地獄之中赤紅火焰不停燃燒，罪人們正在其中受苦。目連為了尋母，便朝向其中前進。

在地獄能以生人之身進入的目連的確是非常罕見，馬上就有一名獄卒上來搭話，詢問來意為何。目連告知目的之後，獄卒便登上高樓並揮動白幡，開始幫目連四處尋母。地獄劃分為許多區塊，但總算在第七區中，發現了目連的母親。

此時，母親正在領受地獄的責罰，全身被打入四十九支釘，口中還燃燒著熊熊火焰。目連見狀怔住，接著便哭喊著衝向母親身邊。之後，目連並對獄卒請求，表明自己願代母親受苦，希望能放過她。但是這個願望並未被答應。獄卒說，地獄的刑罰皆是由閻魔王所定下，不可有人代替本人領受。

目送必須再回去領受地獄之苦的母親，目連悲痛欲絕。但是，他沒有就此放棄，回神之時，釋迦再度由天而降。此時，釋迦認為能夠拯救目連的母親於地獄之人，唯有自己，便下定決心親下地獄。

釋迦由無數的龍神與天人隨從，浩浩蕩蕩下降地獄。這是一支任誰也從未見過的堂堂隊伍，這支隊伍進入地獄之時，發生許多神奇之事。受眾神所發出的五彩之光照耀，劍樹或刀林都化為粉碎，地獄中的一切全部消失，隨後誕生了發光的大地與泉水。因此讓許多在地獄之中受苦的罪人們，也能獲救而轉生天上。

但是，目連的母親仍未獲救。她生前所犯之罪太過沉重，所以就算這次逃過地獄的責罰，卻仍墮入餓鬼道中。目連在該處見母親喉嚨如針一般

細微,腹部卻如山一般隆起,深切嘗到飢餓的痛苦。目連見狀,馬上到村中,為了要給母親餐飲給挨家乞食。一會兒,有位長者在給了目連食物之後,更發願不只是目連的母親,也希望讓全地獄的罪人能夠得救。目連帶著裝有食物的缽,立刻朝向餓鬼道而去。

目連之母見到終於來到的目連,卻露出天生的貪欲,對其他餓鬼宣稱這是兒子為自己所帶來的食物,不可讓他人食用。話才說完,當母親要將缽中的飯菜送入口中時,一入口中,卻變成了烈火。母親痛苦萬分,向目連求水。目連趕忙衝往恆河邊汲水來。但是,當水送入母親口中時,又再化為烈火。

目連在絕望之餘嚎啕不已,請求釋迦第三度搭救。知情後的釋迦告知,若是想讓目連的母親吃到飯,就必須在一年之後的七月十五日,舉行盛大的盂蘭盆會不可。目連希望不只是一年一度,而是至少能夠每月一次讓母親飽餐。但是釋迦回道,盂蘭盆會並不是只為目連的母親舉行,而是為了讓所有的餓鬼都能夠飽食一頓,因此只能一年舉行一次。目連也就如此遵從。

就這樣,一年過後的七月十五日,目連舉行盛大的盂蘭盆會,這才使得母親能食用盆中的食物,終於得以飽餐。

但是,從此次之後,目連卻再也見不到母親。目連百思不解,不知母親是又墮入地獄或是餓鬼道中,因此便請教釋迦。釋迦了然於胸,便告訴目連,母親在脫離餓鬼道之後,轉生成為村中長者家裡的黑狗。若是想要與母親見面,則必須要不問貧富,在村中的家家戶戶乞食才可。

目連馬上趕往村子,沿戶乞食。終於在村中最長者的家門前,出現了一隻黑狗,以人類話語直喚目連我兒。雖然曾經身為目連之母,但是她認為身為狗的身體,已經比在地獄或是餓鬼道受苦要來得幸福許多。但是,目連對狗模樣的母親仍然無法放下,便帶著母親到村中的佛塔,連續七日七夜,不停頌讀大乘經典。藉由此功德的力量,目連的母親脫離狗的肉身,終於回復人樣,能夠轉生於天界,得享安樂。

→〔地獄道〕〔餓鬼道〕

1　Romulus，其母親瑞亞‧西爾維亞（Rhea Sylvia）是埃涅阿斯的後代，因戰神馬爾斯（Mars）使她受孕，而生下羅慕路斯與孿生兄弟（Remus）。西爾維亞將兩兄弟裝入籃中拋進河裡，想要淹死兩兄弟，但籃子被沖上河灘，馬爾斯派一母狼將嬰兒帶回山洞哺養。

2　Ilias，伊利昂（Ilium）是特洛伊的別名，所以此詩之中的內容均為特洛伊相關的記事，尤其是與希臘人之間的「特洛伊戰爭」。

3　Dardanus，宙斯眾多的兒子之一。

4　Enlil，蘇美的風之神。

5　Nanna，蘇美的月之神。恩利爾之子。

6　Enki，蘇美的水、智慧、創造之神。

7　Shara，伊南娜之子。

8　Book of Enoch。最早被認為是正典，後來被駁為偽經；但是在部分如衣索比亞等地，仍被認為是正典。

9　Cherubim，偽經等之中認為天使的階級之一，負責掌管文獻。

10　Raphael，偽中所稱，負責人類靈魂的天使。

11　Uriel，偽經中所稱，負責地上世界與地獄塔爾塔羅斯的天使。

12　用來強化石造建築角落堅固程度的石頭。

13　Kimmerioi，在《奧德修紀》中出現，住在世界邊緣的民族。

14　公元719～94年。此時間中，日本的首都位在奈良，因而命名。

15　「三論宗」為奈良時代盛行的六大佛教宗派之一；元興寺為講述三論宗與法相宗的主要道場之一。

16　原名《日本現報善惡靈異記》或《日本現報善惡靈異記》，平安時代所寫成之靈異故事集。

17　奈良時代盛行的六大佛教宗派之一。三論宗等合稱「南都六宗」。

18　太宗的年號。皇帝在生時只有年號，沒有廟號。又，貞觀在歷史上最後確實有二十三年。

19　有各種定義解釋七種寶物。就礦物寶石而言，七寶為「金、銀、琉璃、硨磲（一種深海貝類）、瑪瑙、琥珀、珊瑚」。

20　Stûpa，梵語，亦譯為「窣堵坡」。原意為「墳塚」，為中國式建築中，塔的形式來源。在佛教中特指用來供奉佛教高僧舍利子的塔。據說建造此類佛塔可以消罪業。

21　平清盛（請參見第24頁）在「平治之亂」中擊敗源氏家族，之後源氏一族被流放至伊豆，而源賴朝在此地再次整兵，於公元1180年出發討伐平清盛一家，此事稱為「伊豆舉兵」。

22　日本的年代劃分名詞，公元1185～1333年間。此時的全國政治中心位於鎌倉，故以此命名。

23　日本長度單位量詞。一町約合一百零九公尺。

24　以下四河於舊約聖經《創世紀》中均有記載，也能找到其實際地理上的位置。Phison在現今波斯灣上的三角洲中有其水系遺跡，但現已乾枯。

25　Euphrates，中東地區兩河文明中的主河之一，流域位於西南亞。

26　Geon，在現今伊朗。此四河於《創世紀》中為環繞伊甸園的河流，因此有考古學者認為伊甸園應確有其地。

27　Tigris，兩河文明中的主河之一，與幼發拉底河圍繞的平原為美索不達米亞平原。

28　Herod，據聖經記載，耶穌在出生前，就有預言者觀天象知道猶太人之王即將誕生，該時的猶太人國王希律因而大為恐慌，便照預言所説的內容，屠殺所有可能的幼兒。

29　此處指地獄所特有的強風。

30　「草子」為日本稱呼書籍類的稱呼之一。內容可包括詩詞、傳奇、雜記、歌謠，等等。室町時代所流傳下的民間故事，統稱室町物語，也稱為「御伽草子」。《富士人穴》為草子故事之中的一篇。人穴，即中文之火口穴，火山熔岩冷凝成的洞穴，能住人。

VI

破地獄‧下陰間

251

後記

　　終於，這本地獄之書完成了。不可否認的，本書與過去寫作的書籍有極大的不同，讓我在過程中常感窒礙難行。因為地獄或冥界、陰間的主題，並不只侷限於死者世界的內部，更擴及至該世界的文化以及宇宙觀。經由悠久歷史過程而創造出來的地獄為數不少，其中雖也有內容單純者，但是極為細膩精緻摹寫者仍屬多數，即便進行了大規模地資料取樣查找，仍有無法以單純故事型態寫出的部分。

　　在種種因素下，寫稿便需要相當長的時間，不過個人以為收獲也是相對成正比。當初是以對於佛教以及但丁地獄的興趣為出發而寫作的書籍，在不斷地閱讀資料中，竟也對其他世界的宗教及宇宙觀有了更深入的理解。本書並非教科書，但是讀完後卻能對於龐大的文化或歷史產生更進一步的理解，不知各位讀者朋友是否也會有同樣的感想？

　　現在的我們對於自身文化所特有的陰間信仰，還談不上有很深入的了解，雖不致會因此產生問題，但是在真正理解後，似乎能令人感受觸及了人類世界深奧的一面。對於自身文化培養出的陰間信仰有一定熟悉程度的人，也能藉由窺見其他文化迥異的陰間信仰，而產生不同於以往的思考。

　　死後的世界實際是否存在，暫且不論。但我不由得對於自古以來全世界人類不斷擴充著死後的世界並對其精緻創作一事，感到驚異和油然而生的相信之心；同時，對於會這般精心創作如此奇特的世界，被稱為「人類」的生物，更有超越以往的神祕興致。

　　最後，對於長時間寫作卻遲遲未有推進的原稿，卻展現過人耐性、持續等待的編輯還有插畫家等諸位，致上我的歉意以及感謝。

12月吉日
草野巧

■參考文獻

●全集

山東京傳全集 第一卷 黃表紙1／山東京傳全集編集委員会 編／ぺりかん社／1992

室町時代物語大成 補遺二 しそーりあ／松本隆信 編／角川書店／1988

日本絵巻大成7 餓鬼草子 地獄草子 病草子 九相詩絵巻
／小松茂美 編／秋山 虔・小松茂美・高崎富士彦・古谷 稔・中村溪男 執筆／中央公論社／1977

日本絵巻大成21 北野天神縁起／小松茂美 編／小松茂美・中野玄三・松原 茂 執筆／中央公論社／1987

日本民俗文化大系2 太陽と月＝古代人の宇宙観と死生観＝／谷川健一 他 著／小学館／1983

中国古典文学大系 第60巻 仏教文学集／入江義高 編／入江義高 他訳／平凡社／1983

仏教民俗学大系3 聖地と他界観／桜井 徳太郎 編／名著出版／1987

中国古典文学大系 聊斎志異 上／常石 茂 訳／平凡社／1994

中国古典文学大系 聊斎志異 下／常石 茂 訳／平凡社／1994

古代オリエント集 筑摩古典文学大系1／筑摩書房／1985

世界古典文学全集 第21巻 ウェルギリウス ルクレティウス／泉井久之助・岩田義一・藤沢令夫 訳／筑摩書房／1965

聖書外典偽典1 旧約外典Ⅰ／教文館／1975

聖書外典偽典3 旧約偽典Ⅰ／教文館／1975

聖書外典偽典4 旧約偽典Ⅱ／教文館／1975

聖書外典偽典6 新約外典Ⅰ／教文館／1976

聖書外典偽典別巻 補遺Ⅱ／教文館／1982

日本古典文学全集 今昔物語一～四／校注・訳 馬淵和夫・国東文麿・今野 達／小学館

日本古典文学全集 宇治拾遺物語／校注・訳 小林智昭／小学館

新潮日本古典集成 古事記／西宮一民 校注／新潮社

東洋文庫10 捜神記／干 宝・竹田 晃 訳／平凡社

東洋文庫97 日本霊異記／原田敏明・高橋 貢 訳／平凡社

折口信夫全集 第十六 民俗學篇2／中公文庫

日本の名著24 平田篤胤／相良 良 責任編集／中央公論社

●地獄相關作品

地獄の話／山辺習学 著／講談社学術文庫／1988

ゾロアスターの神秘思想／岡田昭憲 著／講談社現代新書／1993

死後の世界／岡田昭憲 著／講談社現代新書／1992

スウェーデンボルグの思想／高橋和夫 著／講談社学術文庫／1995

天界と地獄／イマヌエル・スエデンボルグ 著／柳瀬芳意 訳／静思社／1991

死と来世の系譜／ヒロシ・オオバヤシ 編／安藤泰至 訳／時事通信社／1995
悪魔の系譜／J・B・ラッセル 著／大瀧啓裕 訳／青土社／1993
須弥山と極楽／定方 晟 著／講談社現代新書／1992
日本人の死生観／五来 重 著／角川選書／1994
古神道 死者の書／花谷 幸比古 著／コスモ・テン・パブリケーション／1994
仏教民俗学／山折哲雄 著／講談社学術文庫／1993
古代の宇宙論／C.ブラッカー M.ローウェ編／矢島祐利・矢島文夫 訳／海鳴社／1978
印度の宇宙論／定方 晟 著／春秋社／1992

●雑誌、文庫作品

別冊歴史読本特別増刊 密教の世界／新人物往来社／1994
別冊歴史読本特別増刊 死後の世界がわかる本／新人物往来社／1994
Books Esoterica 4 道教の本／学研／1993
Books Esoterica 10 古神道の本／学研／1994
幻想文学43 死後の文学／アトリエOCTA／1994

●辭典、事典作品

神話・伝承事典／バーバラ・ウオーカー 著／山下主一郎 他訳／大修館書店／1990
日本架空伝承人名事典／平凡社／1987
地獄の事典／コラン・ド・プランシー 著／床鍋剛彦 訳／吉田 八岑 協力／講談社／1995
修験道辞典／宮家 準 編／東京堂出版／1986
図説仏教語大辞典／中村 元 編著／東京書籍／1988

●佛典作品

国譯一切經 印度撰述部51 大集部五／大東出版社
国譯一切經 印度撰述部60 經集部八／大東出版社
国譯一切經 印度撰述部66 經集部十四／大東出版社
新国訳大蔵経 阿含部 3 長阿含経III 尸迦羅越六方礼経 他／大蔵出版／1995
仏典講座18 倶舎論／桜部 建 著／大蔵出版／1993
往生要集（上）／源 信 著／石田瑞麿 訳注／岩波文庫／1992

●神話、傳承、宗教類作品

講座日本の神話 5 出雲神話／『講座日本の神話』編集部 編／有精堂出版／1976

ミトラの密儀／フランツ・キュモン 著／小川英雄 訳／平凡社／1993

仙境の地 青城山／池上正治 著／平河出版社／1992

道教の世界／窪 德忠 著／学生社／1987

煉獄の誕生／ジャック・ル・ゴッフ 著／渡辺香根夫・内田 洋 訳／法政大学出版局／1988

日本の心 日本の説話（二） 仏教説話・文学説話／馬淵和夫 監修／説話研究会 編／大修館書店／1987

中国の神話伝説（上）／袁珂 著／鈴木 博 訳／青土社／1993

中国の神話伝説（下）／袁珂 著／鈴木 博 訳／青土社／1993

中国の民間信仰／澤田瑞穂 著／工作舎／1982

死と再生・ユーラシアの信仰と習俗／井本英一 著／人文書院／1982

日本人の「あの世」観／梅原 猛 著／中央公論社／1989

古代日本人の宇宙観／荒川 紘 著／海鳴社／1983

インドの民俗宗教／斉藤昭俊 著／吉川弘文館／S59

インド神話／ヴェロニカ・イオンズ 著／酒井傳六 訳／青土社／1993

インド神話／上村勝彦 著／東京書籍／1991

世界の諸宗教における死後の世界／本山 博・湯浅泰雄 監修／宗教心理出版／1985

シリーズ世界の宗教 ユダヤ教／M.モリスン＋S.F.ブラウン 著／秦 剛平 訳／青土社／1994

シリーズ世界の宗教 イスラム教／M.S.ゴードン 著／奥西峻介 訳／1994

シリーズ世界の宗教 道教／ポーラ・R・ハーツ 著／鈴木 博 訳／青土社／1994

シリーズ世界の宗教 ヒンドゥー教／マドゥ・バザーズ・ワング 著／山口泰司 訳／青土社／1994

シリーズ世界の宗教 エジプト神話／ヴェロニカ・イオンズ 著／酒井傳六 訳／青土社／1988

グノーシスの宗教／ハンス・ヨナス 著／秋山さと子・入江良平 訳／人文書院／1987

北欧神話／H.R.エリス・デイヴィッドソン 著／米原まり子・一井知子 訳／青土社／1992

ユダヤ教／マルサ・モリスン＋スティーヴン・F・ブラウン 著／秦剛平 訳／青土社／1994

カバラ ユダヤ神秘思想の系譜／箱崎総一 著／青土社／1986

聖書象徴辞典／マンフレット・ルルカー 著／池田紘一 訳／人文書院／1988

岩波セミナーブックス1 コーランを読む／井筒俊彦 著／岩波書店／1984

日本神話のコスモロジー／北沢方邦 著／平凡社／1991

NHK大英博物館1 メソポタミア・文明の誕生／吉川 守・NHK取材班 責任編集／日本放送出版協会／1990

道教1／福井康順・山崎 宏・木村英一・酒井忠夫 監修／平河出版社／1985

道教2／福井康順・山崎 宏・木村英一・酒井忠夫 監修／平河出版社／1983

道教3／福井康順・山崎 宏・木村英一・酒井忠夫 監修／平河出版社／1983

タオ・宇宙の秩序／デ・ポート 著／牧尾良海 訳／平河出版社／1987

信ずる心⑤地蔵菩薩・大地の愛／紀野一義 著／集英社／1987

世界の諸宗教における 死後の世界／山本 博・湯浅泰雄 監修／宗教心理出版／1985

中国の民間信仰／澤田瑞穂 著／工作舎／1982

世界宗教史1／ミルチア・エリアーデ 著／荒木美智雄・中村恭子・松村一男 訳／筑摩書房／1991

古代エジプト人 その神々と生活／ロザリー・デイヴィッド 著／近藤二郎 訳／筑摩書房／1986

エジプトミイラの話／ミルドレッド・マスティン・ペイス 著／清水雄次郎 訳／夜呂久／1993

ナイルの遺産 エジプト歴史の旅／屋形禎亮 監修／仁田三夫 写真／山川出版社／1995

オリエント神話／ジョン・グレイ 著／森雅子 訳／青土社／1993

死生観の比較宗教学 「他界」論／梅原伸太郎 著／春秋社／1995

道教故事物語／褚亜丁・楊麗 編／鈴木博 訳／青土社／1994

天使の世界／マルコム・ゴドウィン 著／大瀧啓裕 訳／青土社／1993

エッダ グレティルのサガ 中世文学集Ⅲ／松谷健二 訳／ちくま文庫／1992

新装版ギリシア神話／呉 茂一 著／新潮社／1994

北欧神話／菅原邦城 著／東京書籍／1991

世界の神話 1 メソポタミア神話／矢島文夫 著／筑摩書房／1993

コーラン（上）（中）（下）／井筒俊彦 訳／岩波文庫

春秋左氏伝 上／小倉芳彦 訳／岩波文庫／1993

全現代語訳 日本書紀 上／宇治谷 孟 訳／講談社学術文庫／1993

ギリシア神話ー英雄の時代／カール・ケレーニイ 著／植田兼義 訳／中公文庫／1992

ギリシア神話ー神々の時代／カール・ケレーニイ 著／植田兼義 訳／中公文庫／1992

リグ・ヴェーダ賛歌／辻直四郎 訳／岩波文庫／1992

道教百話／窪 徳忠 著／講談社学術文庫／1994

チベットの死者の書／川崎信定 訳／ちくま学芸文庫／1993

キリスト教の神話伝説／ジョージ・エヴリー 著／今井正浩 訳／青土社／1994

ペルシア神話／ジョン・R・ヒネルズ 著／井本英一・奥西俊介 訳／青土社／1993

コーランの世界観／牧野信也 著／講談社学術文庫／1991

エジプトの死者の書／石上玄一郎 著／第三文明社／1989

金枝篇（三）／フレイザー 著／長橋卓介 訳／岩波文庫／1994

地獄変／澤田瑞穂 著／平河出版社／1991

聖書／日本聖書協会

The Penguin Book of NORSE MYTHS/Introduced and retold by Kevin Crosseley-Holland/PENGUIN BOOKS/1993

THE EGYPTIAN BOOK OF THE DEAD/by E.A.WALLIS BUDGE/DOVER PUBLICATIONS

THE GODS OF THE EGYPTIANS VOLUME2/by E.A.WALLIS BUDGE/DOVER PUBLICATIONS

●小説、故事類作品

西遊記（上）／太田辰夫・鳥居久靖 訳／平凡社／1994

神曲（上）（中）／ダンテ 著／山川丙三郎 訳／岩波文庫

THE DIVINE COMEDY・1 HELL/by DANTE/translated by DOROTHY L.SAYERS/PENGUIN BOOKS

THE DIVINE COMEDY・2 PURGATORY/by DANTE/translated by DOROTHY L.SAYERS/PENGUIN BOOKS

■各篇索引

I. 入口‧邊界

阿佛納斯洞穴 24
阿刻戎河 24
一刀橋 24
火車 24
究魯河 26
科庫托斯河 26
三途河 26
死出山 27
斯提克斯河 27
泰那隆洞穴 28
千引岩 28
琴瓦特橋 28
特韋雷河 29
深淵 30
尼羅河 30
弗列革呑河 30
弗布魯河 30
黃泉比良坡 30
勒忒河 31
六道岔路 31

II. 世界‧種類

惡思界、惡語界、惡行界、無始暗界
.... 38
罪惡之囊 38
阿刻盧西亞湖 41
罪惡之囊 41
阿修羅道 42
水仙平原 42
阿門提 42

異端者地獄 43
瓦爾哈拉 43
埃律西昂平原 43
厄瑞玻斯 44
餓鬼道 44
九幽地獄 44
叫喚地獄 45
苦難之地 48
黃泉 53
黑繩地獄 53
驕傲者平臺 54
賽之河原 56
三塗五苦 56
冥府 56
嫉妒者平臺 57
極樂島 57
四門地獄 57
眾合地獄 58
焦熱地獄 61
地獄過道 64
地獄道 64
邪淫者地獄 64
哲哈南木 65
十地獄 65
十六小地獄 65
娑縛羅天 67
蘆葦平原 67
和睦平原 68
蘆葦平原 69
泰山 70
貪饕者地獄 70
懶惰者平臺 70
高天原 71
塔爾塔羅斯 71
大叫喚地獄 72
大焦熱地獄 74
畜生道 76
伊甸園 77

索引

等活地獄 77
常世之國 79
杜亞特 80
貪婪者、揮霍者平臺 82
貪婪者、浪費者地獄 83
捺落迦 84
邪淫者平臺 86
尼福爾海姆 86
根來神至 88
努恩 88
根之國 88
八大地獄 89
八寒地獄 89
黑帝斯王國 89
狄斯之城 90
中間地帶 90
出賣者地獄 90
隔離世界 92
中有 94
不歸之國 98
憤怒者地獄 99
憤怒者平臺 99
幽域 100
貪饕者平臺 101
酆都 101
酆都三十六獄 102
酆都二十四獄 102
施暴者地獄 103
米克特蘭 104
無間地獄 104
幽冥界 107
黃泉之國 109
羅酆山 110
煉獄 110
煉獄前界 112
六道 112
海神之國 113

III. 神・裁判官

埃阿科斯 126
奧夫 126
阿努畢斯 126
阿努那基 127
昂拉・曼由 127
伊耶那美命 127
伊西斯 128
伊斯拉菲爾 128
瓦爾基里 128
厄里什基迦勒 129
閻魔王 129
大國主神 130
歐西里斯 130
奧丁 132
小野篁 132
華山府君 133
韓擒虎 133
克爾 134
五道將軍 134
崔府君 134
地藏菩薩 134
寂靜尊 135
十王 135
城隍神、土地神 139
須佐之男命 139
斯拉奧沙 139
祖魯旺 141
塞克 141
塞特 141
塞勒凱特 141
太乙救苦天尊 141
泰山府君 142
塔那托斯 142
搭模斯 143
道反之大神 143

池頭夫人 143
質怛囉笈多 143
狄斯 144
東嶽大帝 144
托特 144
特里普托勒摩斯 145
奈芙蒂斯 145
內爾格勒 145
黑帝斯 146
哈托霍爾 147
岐神 147
忿怒尊 148
普魯托 148
赫卡忒 148
赫爾 148
赫爾梅斯 149
卑利特塞利 149
普西芬妮 149
酆都大帝 151
北帝君 151
北斗星君、南斗星君 151
普西芬妮 151
荷魯斯四子 153
瑪亞特 153
密斯拉 153
米諾斯 153
摩賴 154
墨特 155
夜摩 155
黃泉大神 156
拉 156
拉什努 156
拉達曼提斯 157

IV. 守衛・居民

阿基里斯 162
撒旦 162

阿修羅王 162
阿斯卡拉弗斯 163
阿斯圖・維達特 163
亞當師傅 163
阿倍普 163
阿傍羅剎 164
阿梅米特 164
阿里 164
阿爾貝里戈 165
安泰奧斯 165
安菲阿拉奧斯 165
伊阿宋 166
伊克西翁 166
維沙魯夏 167
維吉爾 167
烏圖庫 167
凡尼・富奇 168
艾赫加 168
耶提姆 169
厄菲阿爾忒斯 169
厄里尼厄斯 169
閻魔卒 169
奧克諾斯 170
奧利安 170
卡 170
開比特 171
卡科斯 171
卡西烏 171
活無常、走無常 172
加圖 172
該亞法 172
卡戎 172
餓鬼 174
加魯姆 180
葛魯拉 181
庫 181
庫里奧 181
昆達 181

索引

圭多・達蒙特菲爾特羅 181
克爾貝羅斯 181
懸衣翁 182
肯陶洛斯 182
格里昂 183
魂、魄 184
獄卒 184
牛頭、馬面 184
惡魔 184
沙胡 185
西緒福斯 186
席農 186
詹尼・斯基吉 186
斯塔提烏斯 186
色克姆 187
坦塔羅斯 187
醍醐天皇 188
德弗 188
奪衣婆 188
奪魂鬼、奪精鬼、縛魄鬼 188
姐奈斯 188
提提奧斯 189
忒瑞西阿斯 189
忒修斯 189
納姆塔爾 190
尼茲赫古 190
尼古拉三世 190
寧錄 190
涅堤 190
哈爾皮埃 190
巴 191
皮耶羅・達美迪奇納 191
布魯圖 192
弗勒古阿斯 192
赫克頓蓋爾 192
貝特洪・德波恩 192
庇里托奧斯 192
鳳凰 193

穆罕默德 193
邪爪 193
米諾陶洛斯 194
密拉 194
莫斯卡 194
八雷神 194
夜摩之犬 194
休・卡佩 195
猶大 195
四眼犬 195
黃泉軍 196
黃泉醜女 196
連 196

V. 責罰・道具

阿布 202
巫沙布提 202
合併之山・樹木 202
衣領樹 202
生死簿 203
枉死城 203
醽忘台 203
不斷滾落的巨石 203
歐西里斯的法庭 203
沉重的十字架 205
生刀之路 205
巨大螻蟻地獄 205
巨大重石 205
逃開嘴巴的樹果與水 206
血污池 206
黑繩 206
最後審判 206
札庫姆樹 208
淨玻璃鏡 209
人頭提燈 209
衡量善惡的秤 210
無底柄杓 210

轉劫所 210

刀葉林、劍樹林 210

奈何橋 210

七大罪 211

鉛的外套 211

人類樹木 211

不停疾馳的四輪火焰車 211

聖彼得之門 211

忘卻之椅 212

望鄉台 212

命簿 212

門關樹 213

黃泉戶喫 213

輪迴轉生 213

六道錢 216

VI. 破地獄・下陰間

埃涅阿斯 220

耶穌基督 222

伊耶那岐命 223

伊什塔爾 226

伊南娜 226

以諾 228

厄耳 229

大國主神 231

奧德修斯 232

奧爾甫斯 234

智光法師 235

唐太宗 235

日藏上人 237

仁田四郎忠常 238

巴力 240

保羅 241

赫拉克勒斯 243

海爾默茲 245

目連 246

索引

■出處索引

【中國】

黃泉 53
韓擒虎 133
魂、魄 184
鳳凰 193
唐太宗 235

【日本】

火車 24
千引岩 28
黃泉比良坂 30
六道岔路 31
賽之河原 56
高天原 71
常世之國 79
根之國 88
根來神至 88
幽冥界 107
黃泉之國 109
海神之國 113
伊耶那美命 127
大國主神 130, 231
小野篁 132
須佐之男命 139
道反之大神 143
岐神 147
黃泉大神 156
閻魔卒 169
獄卒 184
醍醐天皇 188
八雷神 194
黃泉軍 196
黃泉醜女 196
黃泉戶喫 213
六道錢 216

伊耶那岐命 223
智光法師 235
日藏上人 237
仁田四郎忠常 238

【北歐】

究魯河 26
瓦爾哈拉 43
尼福爾海姆 86
瓦爾基里 128
奧丁 132
赫爾 148
艾赫加 168
加魯姆 180
尼茲赫古 190
海爾默茲 245

【伊斯蘭教】

一刀橋 24
哲哈南木 65
隔離世界 92
伊斯拉菲爾 128
最後審判 206
札庫姆樹 208
衡量善惡的秤 210

【印度教】

娑縛羅天 67
捺落迦 84
質怛囉笈多 143
夜摩 155
夜摩之犬 194
刀葉林、劍樹林 210
輪迴轉生 213

【西藏密教】

中有 94
寂靜尊 135
忿怒尊 148

索引

【佛教】

三途河 26
死出山 27
阿修羅道 42
餓鬼道 44
黑繩地獄 53
四門地獄 57
眾合地獄 58
焦熱地獄 61
地獄道 64
十六小地獄 65
十地獄 65
大叫喚地獄 72
大焦熱地獄 74
畜生道 76
等活地獄 77
捺落迦 84
八大地獄 89
八寒地獄 89
中有 94
無間地獄 104
六道 112
閻魔王 129
地藏菩薩 134
十王 135
阿修羅王 162
阿傍羅剎 164
餓鬼 174
懸衣翁 182
牛頭、馬面 184
獄卒 184
奪衣婆 188
奪魂鬼、奪精鬼、縛魄鬼 188
合併之山‧樹木 202
衣領樹 202
生死簿 203
巨大螻蟻地獄 205
生刀之路 205
逃開嘴巴的樹果與水 206
黑繩 206
淨玻璃鏡 209
刀葉林、劍樹林 210
衡量善惡的秤 210
人類樹木 211
命簿 212
門關樹 213
輪迴轉生 213
目連 246

【但丁《神曲》】

特韋雷河 29
罪惡之囊 38
異端者地獄 43
驕傲者平臺 54
嫉妒者平臺 57
地獄過道 64
邪淫者地獄 64
貪饕者地獄 70
懶惰者平臺 70
伊甸園 77
貪婪者、揮霍者平臺 82
貪婪者、揮霍者地獄 83
邪淫者平臺 86
出賣者地獄 90
狄斯之城 90
憤怒者平臺 99
憤怒者地獄 99
幽域 100
貪饕者平臺 101
施暴者地獄 103
煉獄 110
煉獄前界 112
米諾斯 153
摩賴 154
阿基里斯 162
撒旦 162
亞當師傅 163
阿里 164
安泰奧斯 165

安菲阿拉奧斯	165
阿爾貝里戈	165
伊阿宋	166
維吉爾	167
凡尼・富奇	168
厄菲阿爾忒斯	169
卡西烏	171
卡科斯	171
加圖	172
該亞法	172
圭多・達蒙特菲爾特羅	181
庫里奧	181
肯陶洛斯	182
格里昂	183
席農	186
斯塔提烏斯	186
詹尼・斯基吉	186
忒瑞西阿斯	189
尼古拉三世	190
哈爾皮埃	190
寧錄	190
皮耶羅・達美迪奇納	191
布魯圖	192
貝特洪・德波恩	192
邪爪	193
穆罕默德	193
米諾陶洛斯	194
密拉	194
莫斯卡	194
休・卡佩	195
猶大	195
沉重的十字架	205
人頭提燈	209
七大罪	211
人類樹木	211
不停疾馳的四輪火焰車	211
聖彼得之門	211
鉛的外套	211

【希臘】

阿佛納斯洞穴	24
阿刻戎河	24
科庫托斯河	26
斯提克斯河	27
泰那隆洞穴	28
弗列革呑河	30
勒忒河	31
阿刻盧西亞湖	41
水仙平原	42
埃律西昂平原	43
厄瑞玻斯	44
極樂島	57
塔爾塔羅斯	71
黑帝斯王國	89
埃阿科斯	126
克爾	134
塔那托斯	142
狄斯	144
特里普托勒摩斯	145
黑帝斯	146
普魯托	148
赫卡忒	148
普西芬妮	149
赫爾梅斯	149
拉達曼提斯	157
阿斯卡拉弗斯	163
伊克西翁	166
厄里尼厄斯	169
奧克諾斯	170
奧利安	170
卡戎	172
克爾貝羅斯	181
西緒福斯	186
坦塔羅斯	187
妲奈斯	188
忒修斯	189
提提奧斯	189
弗勒古阿斯	192

庇里托奧斯 192
赫克頓蓋爾 192
不斷滾落的巨石 203
生死簿 203
巨大重石 205
逃開嘴巴的樹果與水 206
無底柄杓 210
衡量善惡的秤 210
忘卻之椅 212
輪迴轉生 213
埃涅阿斯 220
厄耳 229
奧德修斯 232
奧爾甫斯 234
赫拉克勒斯 243

【美索不達米亞】

弗布魯河 30
不歸之國 98
阿努那基 127
厄里什基迦勒 129
搭模斯 143
內爾格勒 145
卑利特塞利 149
墨特 155
烏圖庫 167
耶提姆 169
葛魯拉 181
涅堤 190
納姆塔爾 190
命簿 212
伊什塔爾 226
伊南娜 226
巴力 240

【埃及】

尼羅河 30
阿門提 42
蘆葦平原 67
和睦平原 68

杜亞特 80
努恩 88
阿努畢斯 126
奧夫 126
伊西斯 128
歐西里斯 130
塞克 141
塞特 141
塞勒凱特 141
托特 144
奈芙蒂斯 145
哈托霍爾 147
荷魯斯四子 153
瑪亞特 153
拉 156
阿倍普 163
阿梅米特 164
卡 170
開比特 171
庫 181
沙胡 185
色克姆 187
巴 191
連 196
巫沙布提 202
阿布 202
歐西里斯的法庭 203
輪迴轉生 213

【馬雅】

米克特蘭 104

【基督教】

深淵 30
苦難之地 48
冥府 56
煉獄 110
米諾斯 153
摩賴 154
阿基里斯 162

惡魔 184
生死簿 203
最後審判 206
七大罪 211
耶穌基督 222
以諾 228
保羅 241

【猶太教】

深淵 30
苦難之地 48
冥府 56

【道教】

九幽地獄 44
叫喚地獄 45
三塗五苦 56
泰山 70
酆都 101
酆都二十四獄 102
酆都三十六獄 102
羅酆山 110
華山府君 133
韓擒虎 133
五道將軍 134
崔府君 134
十王 135
城隍神、土地神 139
太乙救苦天尊 141
泰山府君 142
池頭夫人 143
東嶽大帝 144
北斗星君、南斗星君 151
北帝君 151
酆都大帝 151
活無常、走無常 172
生死簿 203
枉死城 203
醧忘台 203
血污池 206

奈何橋 210
衡量善惡的秤 210
轉劫所 210
命簿 212
望鄉台 212

【瑣羅亞斯德教】

琴瓦特橋 28
惡思界、惡語界、惡行界、無始暗界 ... 38
中間地帶 90
昂拉・曼由 127
斯拉奧沙 139
祖魯旺 141
密斯拉 153
拉什努 156
阿斯圖・維達特 163
維沙魯夏 167
昆達 181
德弗 188
四眼犬 195
最後審判 206
衡量善惡的秤 210

【羅馬】

阿佛納斯洞穴 24
狄斯 144
埃涅阿斯 220

■中文筆劃排序索引

■一劃■

一刀橋　al-Sirat al-Mustaqeem　アッ＝スィーラト＝ル＝ムスタキーム 24,65

■二劃■

人道　Ren dao　人道 18,76,94,97,98,113,214
《人與巴的對話》　*The Dispute between a Man and his Ba*　生活に疲れた者と魂との対話
.... 191
八雷神　Yatsuikazsuchinokami　八雷神 110,194,225
十二苦差　The Twelve Labours　１２の功業 171,182,243
十王　Shihwang　十王 94,130,135-139,189,203,209,212,215,237
卜尼法斯八世　Bonifacius VIII　ボニファチオ８世 181,190

■三劃■

三途河　San tu he　三途河 26,27,30,56,64,136,182,189,202,210,216,240,246
三摩耶多羅　Taaraa　サマヤターラー 136
凡尼・富奇　Vanni di Fuccio de' Lazzeri　ヴァンニ・フッチ 168
千引岩　Chibikinoiwa　千引岩 28,108,110,128,143,225
大公會議　Ecumenical Councils　公会議 112
大國主神　Ookuninushinokami　大國主神 80,88,108,110,130,139,141,231-232
大衰　Dagon　ダゴン 48
大衛王　David　ダビデ王 54,101
小加圖／加圖　Marcus Procius Cato　小カトー 112,172
山南高盧　Cisalpine Gaul　ガリアキサルピナ 192
《工作與生活》　*Works and Days*　仕事と日 153

■四劃■

不空成就佛　Amoghasiddhi　アモーガシッディ 97,136
中有　Bardo　バルドゥ 75,94-98,135,136,148,215
《中有聞教解脱》　*Bardo Thotrol*　バルドゥ・トェ・ドル 95,135

中間地帶　Hamestaghan　ハマースタガーン 91

五道將軍　Wu dao jiang jyun　五道しょう軍 134,247

什法巴加那　Shvabhojanam　シュヴァバージャナ 85

什葉派　Shi'a　シーア派 165

內爾格勒　Nergal　ネルガル 99,129,145-146

《內爾格勒與厄里什基迦勒》　*Nergal and Ereshkigal*　ネルガルとエレシュキガル
.... 100,129,146

六道　Liou dao　六道 18,31,42,44,64,76,97,98,112-113,
135,138,162,174,214,215,237

厄耳　Er　エル 31,155,229-231

厄里什基迦勒　Ereshkigal　エレシュキガル 99,129,146,181,190,228

厄里尼厄斯　Erinyes　エリニュス 90,169,220

厄基德娜　Echidna　エキドナ 181

厄菲阿爾忒斯　Ephialtes　エピアルテス 71,91,165,169

厄瑞玻斯　Erebus　エレボス 44

厄爾布爾士山　Alburz Mountains　アルブルズ山 28

天主教／羅馬公教　Roman Catholicism　カトリック(カトリック教会) 57,112

天使（伊斯蘭教）　Mala'ika　マラーイカ 128

天道　Ten dao　天道 18,94,97,98,113,214,215

少彥名命　Sukunabikonanomikoto　少彦名命 80

尤里士修斯　Eurystheus　エウリュステウス 182,243,244,245

巴　Ba　バ 81,170,171,181,185,187,191,204

巴力　Baal　バアル 48,156,185,240-241

《巴力與阿娜特》　*Poems About Baal and Anat*　バアルとアナト 240

巴巴里恰　Barbariccia　バルバリッチャ 193

巴比倫尼亞　Babylonia　バビロンニア 30,98,101,127,129,146,150,167,169,181,190

巴別　Babel　バベル 55,91,191

巴埃達卡　BhEdaka　ヴェーダカ 85

戈爾究拉　Gorgyra　ゴルギュラ 163

戈爾貢　Gorgons　ゴルゴン 220,233,243

扎格列歐斯　Zagreus　ザグレウス 150

日藏上人　Nichizoushiyounin　にちぞうしょうにん 237-238

比布魯斯　Byblos　ビブロス 132

《比斯提蘇菲亞書》　*Pistis Sophia*　ピスティス・ソフィア 49

比蒙巨獸　Behemoth　ビヒモス 48

比遜　Phison　ピソン 242

水仙平原　Plain of Asphodel　アスポデロスの野 42,90,149,153,162,170

火車　Kashiya　かしゃ 24-26

牛頭、馬面　Gozu・Mezu　ごず.めず 24,26,58,169,184,247

■五劃■

以色列　Israel　イスラエル 30,101,205,222
以西結　Ezekiel　エゼキエル 242
以利亞　Elijah　エリヤ 223,241
以撒　Isaac　イサク 242
以諾　Enoch　エノク 223,228-229,241
《以諾書》　Book of Enoch　エノク書 228,229
以賽亞　Esaias　イザヤ 222,242,243
仙酒　Nektar　ネクタル 187
仙饌　Ambrosia　アムブロシア 166,187
出賣者地獄（神曲）　Treacherous（Divina Commedia）　反逆地獄 51, 90-92,
171,190,192,195
加略人　Iscariot　イスカリオテ 92,162
加魯姆　Garm　ガルム 89,180
卡　Ka　カ 170-171,187,191,197
卡厄斯　Chaos　カオス 44,71
卡瓦爾坎提　Cavalcanti　カヴァルカンティ 186
卡戎　Charon　カロン 24,64,89,99,172-173,216,220,234,243
卡西烏　Cassius　カシウス 92,162,171-172,192
卡里頓　Calydonian　カリュドン 243
卡亞佐　Cagnazzo　カニュッツォ 193
卡帕紐斯　Capaneus　カパネウス 103
卡拉卡魯　Charachar　カラカル 48
卡科斯　Cacus　カクス 168,171,183
卡得士　Cottus　コットス 192
卡喀　Kakka　カカ 146
卡爾卡布里納　Calcabrina　カルカブリーナ 193
卡諾卜罈　Canopic jar　カノプス壺 153,204
卡麗絲配　Callisto　カリスト 121
占乃提　Jannat　ジャンナ 65,94
司提反　Stephen　ステパノ 100
史威登保　Emanuel Swedenborg　スウェデンボルグ 51-52
史雷普尼爾　Sleipnir　スレイプニル 244
《失樂園》　Paradise Lost　失楽園 48,185
《奴紙草》　the Papyrus of Nu　ヌウのパピルス 68

尼古拉　Nicholas of Myra　ニッコロ 83

尼古拉三世　Nicholas Ⅲ　ニッコロ３世 39,190

尼克斯　Nyx　ニュクス 72,142

《尼苛德摩福音》　Gospel of Nicodemus　ニコデモ福音書 222

尼茲赫古　Nidhhoggr　ニーズホッグ 87,190

尼福爾海姆　Niflheim　ニブルヘイム 26,43,86-88,148,149,180,190,245,246

尼羅河　Nile　ナイル川 30,68,70,81,82,83,89,132,141,147,153

巨人族　Gigantes　ギガンテス 169

布托　Buto　ブト 132

布利格　Brighu Rishi　ブリグ 84

布里亞柔斯　Briareus　ブリアレオス 165,192

布魯圖　Marcus Junius Brutus　ブルトゥス 70,92,162,172,192

幼發拉底　Euphrates　ユフラテ 242

弗布魯　Ummu-Hubur　フブル 30,98

弗列革呑河（火川）　Phlegethon　ピュレゲトン川 24,30,38,71,89,103,182,222,233

弗利茲　Hriz　フリーズ 26

弗勒古阿斯　Phlegyas　プレギュアス 99,192

弗麗格　Frigga　フリッグ 245

本丟・彼拉多　Pontius Pilatus　ポンテオ・ピラト 222

本都　Pontos　ポントス 90

札庫姆　Zakkum　ザックーム 65,208

瓦爾哈拉　Valhalla　ヴァルホル 43,86,129,132,168,169

瓦爾格靈德　Valgrind　ヴァルグリンド 43

瓦爾基里　Valkyrie　ヴァルキリャ 128-129,132,169

《由誰梵書》　Jaiminiya-Brahmana　ジャイミニーヤ・ブラーフマナ 84

白衣母　Paa.n.daravaasinii　パーンダラヴァーシニー 136

皮耶羅・達美迪奇納　Pier da Medicina　ピエール・ダ・メディチーナ 191

皮格瑪利翁　Pygmalion　ピュグマリオン 83

皮斯托亞　Pistoia　ピストイア 168

目連　Mulian　目連 134,246-248

■六劃■

伊大卡　Ithaca　イタケ 232

伊什塔爾　Ishtar　イシュタル 129,144,226

伊西斯　Isis　イシス 48,128,130,131,132,145,146,204

伊克西翁　Ixion　イクシオン 71,166,211

《伊利昂紀》　Ilias　イーリアス 220

伊甸園　Eden　エデン／地上楽園 17,48,77,86,101,111,187,223,229

伊阿宋　Jason　イアソン 39,165

伊南娜　Inanna　イナンナ 100,129,144,226-228,241

《伊南娜下降冥界》　*Inana's Descent to the Netherworld*　イナンナの冥界下り
.... 98,167,226

伊耶那岐命　Izanaginomikoto　伊耶那岐命 ....
28,30,72,88,107,108,110,128,139,144,148,156,194,196,213,223-225

伊耶那美命　Izanaminomikoto　伊耶那美命 28,30,88,107,108,110,127-128,
139,150,156,194,196,213,223,224,225

伊格德拉西爾　Yggdrasil　ユッグドラシル 86,190

伊索爾特　Isolt　イズー 65

伊斯拉菲爾　Israfil　イスラフィール 95,128,208

伊斯蘭教　Islam　イスラム教 65,90,92,94,128,164,165,193,206,208,209

伊爾拉伽爾　Erragal　エルラガル 146

伊瑪　Yima　イマ 129,156

伊德　Ide　イデ 187

伊壁鳩魯　Epicurus　エピクロス 43

伐樓拏　Varuna　ヴァルナ 67

休・卡佩　Hugues Capet　ユーグ・カペー 83,195

休格魯拉　Shugurra　シュガルラ 226

休普諾斯　Hypnos　ヒュプノス 134,143,220

休路格　Sylgr　シュルグ 26

列姆諾斯　Lemnos　レムノス 39,166

列拉茲　Leradr　レーラズ 43

印度教　Hinduism　ヒンズー教 67,84,143,155,195,196,210,213

吉伯林黨　Ghibellino　ギベリン党 41,181,194

吉幾斯　Gyes　ギュエス 192

吉爾伽美什　Gilgamesh　ギルガメシュ 98,99

《吉爾伽美什史詩》　*Epic of Gilgamesh*　ギルガメシュ敘事詩 98

因陀羅　Indra　インドラ 67,156

地獄道　Diyu dao　地獄道 18,64,76,94,97,98,113,174,214,246

地藏菩薩　Ksitigarbha Bodhisattva　地藏菩薩 135,142,149

圭多・達蒙特菲爾特羅　Guido da Montefeltro　グイド・ダ・モンテフェルトロ 41,154,181

圭爾佛黨　Guelpho　ゲルフ党 181,194

多利梅界　Ptolomea　トロメーア 91,92,94,165

多姆泰夫　Duamutef　ドゥアムテフ 153

安忒諾爾　Antenor　アンテノル 92

安忒諾爾界　Antenora　アンテノーラ 91,92

安東尼　Marcus Antonius　アントニウス 64

安息　Parthia　パルティア 172

安格爾波達　Angrboda　アングルボザ 149

安泰奧斯　Antaeus　アンタイオス 91,165

安曼　Amman　アンモン 185

安基塞斯　Anchises　アンキセス 220,222

安菲阿拉奧斯　Amphiaraus　アンピアラオス 39,165-166

安蒂克蕾亞　Anticlea　アンティクレイア 233

托利那基耶　Thrinacian　トリナキエ 233

托特　Thoth　トト 128,130,132,144-145,156,203,204

托勒密　Ptolemaeus　プトレマイオス 101

死出山／死天山　Shidenoyama/Shitenoyama　死出山／死天山 27,136,189,213,240

池頭夫人　Chih tou fu ren　池頭夫人 144,206

百萬年之船　Barque of Millions of Years　数百万年の船 80,156

米克特蘭　Mictlan　ミクトラン 104

米克特蘭庫特利　Mictlantecuhtli　ミクトランテクートリ 104

米克特蘭詩瓦特露　Mictecacihuatl　ミクトランシワトル 12

米迦勒　Michael　ミカエル 223,241

米爾頓　John Milton　ミルトン 48,184

米德加爾德　Midgard　ミズガルズ 86,87,245

米諾陶洛斯　Minotaur　ミノタウロス 103,153,194,220

米諾斯　Minos　ミノス 65,105,146,147,153-154,157,165,233

自殺者之林　The Forest of Suicide　自殺者の森 50,103,190,211

色克姆　Sekhem　セケム 187

色雷斯　Thrace　トラキア 234

色薩利　Teselia　テッサリア 166

艾吉娜　Aegina　アイギナ 185

艾利斯　Eris　エリス 220

艾亞斯　Aias　アイアス 42,231

艾姆謝特　Imset　イムセト 153

艾阿　Ea　エア 99

艾雷方提斯　Elefantis　エレファンティス 30

艾爾克斯提斯　Alcestis　アルケスティス 143

艾赫加　Einheryar; Einherjar　エインヘリャル 43,129,168-169

行路神　Herma　ヘルマ 149

衣索比亞　Ethiopia　エチオピア 228

衣領樹　Yi ling shu　衣領樹 26,27,136,183,188,202,240

西方之主　Khentimentiu　ケンティ＝アメンティウ 13

西比爾　Sibyl　シビュレ 24,192,220,222

西西里島　Sicilia　シチリア島 150

西莫内・多納提　Simone Donati　ブオーゾ・ドナーティ 186

西凱奧斯　Sichaeus　シュカエウス 83

西塞羅　Cicero　キケロ 101

西緒福斯　Sisyphus　シシュポス 71,143,185-186,203,233

《西藏生死書》　The Tibetan Book of Living and Dying　チベットの死者の書 95,135,148

西藏密教　Tibetan Buddhism　チベット教 95,96,97,98,148,215

■七劃■

亨利二世　Henry II　ヘンリーⅡ 192

佛教　Buddhism　佛教 .... 8,18 - 19,38,42,44,64,65,72,74,76,77,79,84,89,94,95,
　　　　　　　　　　　　106,112,129,130,134,135,142,151,156,162,164,170,172,174,
　　　　　　　　　　　　182,184,188,202,203,205,206,210,211,212,213,214,215

佛眼母　Buddhalocani　ブッダローチャナー 136

佛部嘿嚕嘎　Buddha Heruka　ブッダヘールカ 97,148

佛提努斯　Fotin Photinus　フォティヌス 43

但丁　Dante　ダンテ 24,28,29,30,38,39,41,43,50,54,57,64,65,70,77,82,83,86,
　　　　　　　　　　　　90,99,100,101,103,105,111,147,154,163,165,166,167,168,169,171,172,173,
　　　　　　　　　　　　181,182,183,184,185,186,187,190,191,192,193,194,195,196,205,209,211,241

但以理　Daniel　ダニエル 101

伯羅奔尼撒　Peloponnesus　ペロポネソス 28,89,234,243

伯羅普斯　Pelops　ペロプス 187

克呂泰涅斯特拉　Clytemnestra　クリュタイムネストラ 169,233

克里特　Crete　クレタ島 86,153,188,194,233

克里密巴克夏　Krimibhaksha　クリミバクシャ 85

克林伊夏　Krimisa　クリミシャ 85

克洛諾斯　Cronus　クロノス 57,71,146,187,192

克倫　Chilon　ケロン 182

克勒俄斯　Keleos　ケレオス 145

克萊門特五世　Clement V　クレメンテ5世 190

克爾　Ker　ケル 134,142

克爾貝羅斯　Cerberus　ケルベロス 48,70,90,156,163,180,181-182,220,234,243

克爾凱　Circe　キルケ 24,232,233,234

克羅托　Clotho　クロト 154,231

克麗奧佩脱拉　Cleopatra　クレオパトラ 64

別西卜　Beelzebub　ベルゼブブ 48,51,147,162,184

利比亞　Libya　リュビア 165

努恩　Nun　ヌン 30,80,88

努特　Nut　ヌト 131

否定懺悔　Negative Confession　否定の告白 204

呂西亞　Lycia　リュキア 143

吠陀　Veda　ヴェーダ 42,84,162

岐神　Hunadonokami　岐神 108,110,128,139,143,147-148

巫沙布提　Ushabti　ウシャブティ 70,202

希西奧德　Hesiodos　ヘシオドス 57,148,153

希伯來人　Hebrews　ヘブライ 48

希拉克里亞　Heracleia　ヘラクレイア 89

希律　Herod　ヘデロ 242

希蒲西琵麗　Hypsipyle　ヒュプシピュレ 39,166

希羅多德　Herodotus　ヘロドトス 216

庇里托奧斯　Pirithous　ペイリトオス 101,189,192,212,244

庇里奧斯　Pylios　ピュリオス 243

我母　Maamakii　マーマキー 136

投生中有　Sipai Bardo　シパ・バルドゥ 95,98,148

杜木茲　Dumuzi　ドゥムジ 144,228

杜亞特　Duat　ドゥアト 13,30,43,80-82,89,126,130,141,146,156,163,204

沙古迪德　Sag-did　サグ・ディード 196

沙瓦布提　Shawabti　シャワブティ 202

沙胡　Sahu　サーフ 185

沙奧夏楊特　Saoshyant　サオシャヤント 206

沙羅摩　Sarama　サマラー 129

狄安娜　Diana　ディアナ 86

狄亞　Dia　ディア 166

狄斯　Dis　ディス 28,43,92,144,147,162

狄斯之城　The City of Dis　狄斯の町 90,99

狄奧尼索斯　Dionysus　ディオニソス 126,150,234

狄奧尼索斯教　Dionysism　ディオニソス教 213,215

狄奧涅斯　Deioneus　デイオネウス 166

狄奧梅得斯　Diomedes　ディオメデス 41

究魯河　Gioll　ギョッル川 26,88,245

貝特洪・德波恩　Betran de Born　ベルトラン・ド・ボルン 192,209

貝緹麗彩　Beatrice　ベアトリーチェ 77,167

辛梅里　Kimmerioi　キンメリオイ 233

邪爪　Malebranche　マレブアンケ 193

邪淫者平臺　The Level of Lust　肉欲の環道 86,111

邪淫者地獄（神曲）　Lust（Divina Commedia）　邪淫地獄 50,64-65,104,154,162

那伽　Naga　ナーガ 67

里底亞　Lydia　リュディア 187

忒拜　Thebes　テバイ 39,57,104,165,189,233

忒修斯　Theseus 28,89,103,153,189,192,194,212,220,244

忒提斯　Thetis　テティス 27

忒瑞西阿斯　Tiresias　テイレシアス 39,189,233

■八劃■

亞干　Achan　アカン 83

亞札塔　Yazata　ヤザタ 139,153,157,210

亞伯　Abel　アベル 91,101

亞伯拉罕　Abraham　アブラハム 101,222,242,243

亞希帕特拉　Asipatra　アシパトラヴァナ 85,210

亞里士多德　Aristotle　アリストテレス 101,167

亞里米努姆　Ariminus　アリミヌム 181

亞得里亞海　Adriatic Sea　アドリア海 181

亞斯文　Aswan　アスワン 30

亞瑟王　King Arthur　アーサー王 65

亞當　Adam　アダム 91,102,222,223

亞當師傅　Adamo　アダーモ 163

亞德奧姆庫哈　AdhOmukham　アドームクハ 85

亞歷山大大帝　Alexander the Great　アレキサンダー大王 103

佩皮　Pepy　ペピ 196

佩西斯特拉托斯　Pisistratus　ペイシストラトス 100

佩里格厄　Périgueux　ペリゴー 192

兩個真理之廳　Hall of the Two Truths　ふたつの真理の間 204

卑利特塞利　Beletseri　ベーリット・セーリ 99,149,213

和睦平原　Sekhet-Hetepet　セケト＝ヘテペト 67,68-70,83,130,164,171,
191,202,203,205

坦塔羅斯　Tantalus　タンタロス 71,187-188,206,233

夜摩　Yama　ヤマ 44,67,84,129,130,144,155-156,174,195

夜摩之犬　The Dog of Yama　夜摩之犬 155,194-195

奈芙蒂斯　Nephthys　ネフティス 130,131,132,145,204

妮歐貝　Niobe　ニオベ 55

孟卡爾　Munkar　ムンカル 208

宙斯　Zeus　ゼウス 27,28,57,71,86,103,143,146,150,163,
165,166,169,185,187,189,192,205,210,233

帕西法厄　Pasiphae　パシパエ 87,220

帕里斯　Paris　パリス 64,162

帕特洛克羅斯　Patroclus　パトロクロス 42

帕勒斯特里納　Palestrina　パレストリーナ 181

底比斯　Thebes　テーベ 68

底格里斯　Tigris　ティグリス 242

彼列　Belial　ベリアル 48,184

《彼得啓示録》　*Apocalypse of Peter*　ペテロの黙示録 49

忿怒尊　Fennu zun　忿怒尊 96,97,135148

所多瑪　Sodom　ソドム 86,104,242

拉　Ra　ラー 30,81-83,89,126,127,131,132,141,147,
153,156,163,164,181,202,203,204,209

拉什努　Rashnu　ラシュヌ 28,90,139,157,209

拉克西斯　Lachesis　ラケシス 154,231

拉庇泰　Lapithae　ラピテス 166,192,211

拉姆卡莫魯　Lamchamôr　ラムカモル 49

拉拉巴克夏　lAlAbhaksham　ラーラバクシャ 85

拉拉歐庫　Laraôch　ララオク 49

拉法那　LavaNam　ラヴァナ 85

拉法姆　Refaim　ラファイム 57

拉科尼亞　Laconia　ラコニア 234

拉斐爾　Raphael　ラファエル 229

拉達曼提斯　Rhadamanthus　ラダマンテュス 30,44,146,147,153,157,222

拉撒路　Lazarus　ラザロ 223

昆斯拉　Gunnthra　グンスラー 26

昆達　Kunda　クンダ 181

昂拉・曼由　Angra Mainyu　アンラ・マンユ 127,181,188,206

欣嫩子谷　Hinnom　ヒンノム 48

波斯　Persia　ペルシャ 8,12

波隆亞　Bologna　ボローニャ 165

波賽頓　Poseidon　ポセイドン 146,165,233

法比里克烏斯　Gaius Fabricius Luscinus　カイウス・ファブリキウス 83

法尼吉亞拉　VahnijvAlA　ヴァフニジュヴァーラ 85

法恩扎　Faenza　ファエンツァ 165

法塔里尼　VaitariNI　ヴァイタラニー 85

法魯奧哈　VilOha　ヴァモーハナ 85

肯陶洛斯人　Centaurs　ケンタウロス 40,102,103,166,171,182-183,220,243

肯提阿門提烏　Khentimentiu　ケンティ＝アメンティウ 43,80,81

芙蕾雅　Freya　フレイア 168

芬布魯思路　Fimbulpul　フィンブルスル 26

芬利路　Fenrir　フェンリル 149

金字塔銘文　Pyramid Text　ピラミッド・テキスト 185,187,196

金剛嘿嚕嘎　Vajra Heruka　ヴァジュラヘールカ 148

金剛薩埵　Vajrasattva　ヴァジュラサットヴァ 97,136

陀斐特　Tophet　トペト 48

阿卜蘇　Apsu　アプスー 30,98

阿及爾　Asiel　アシエル 48

阿比多斯　Abydos　アビドス 43,80,81

阿卡德　Akkad　アッカド 98,146

阿卡羅克　Acharôch　アンカロク 49

《阿尼紙草》　the Papyrus of Ani　アニのパピルス 68

阿布　Ab　アブ 202

阿多尼斯　Adonis　アドニス 144

阿托姆　Atum　アトゥム 156

阿米德伊　Amidei　アメデイ 194

阿佛納斯　Avernus　アウェルヌス 24,220

阿伽門農　Agamemnon　アガメムノン 42,44,71,169,220,233

阿克魯沙　Acherusa　アケロン 242

阿利克諾　Alichin　アリキーノ 193

阿努那基　Anunnaki　アヌンナキ 127

阿努畢斯　Anubis　アヌビス 126,128,130,132,145,204

阿里　Ali　アリー 41,164-165

阿里曼　Ahriman　アフリマン 127,206

阿里斯泰奧斯　Aristaeus　アリスタイオス 234

阿刻戎河（禍川）　Acheron　アケロン川 24,26,30,38,64,65,89,99,
100,103,163,173,205,216,220

阿刻盧西亞湖　Acherusian Cape　アケルシアス湖 41-42

阿拉克涅　Arachne　アラクネ 55

阿波羅　Apollo　アポロ 65,162,169,189,192,200

阿門提　Amenti　アメンティ 42-43

阿南克　Ananke　アナンケ 231

阿胡拉・瑪茲達　Afra Mazda　アフラ・マズダー 127,206

阿倍普　Apep　アペプ 81,82,141,156,163-164

阿修羅道　Asiouluo dao　阿修羅道 18,42,94,96,98,113,162,214

阿娜特　Anat　アナト 241
阿庫羅克魯　Achrôchar　アクロカル 49
阿拿斯塔斯　Anastasius　アタナシウス 43
阿特夫　Atfw　アテフ 130,204
阿特羅坡斯　Atropos　アトロポス 154,231
阿索坡斯　Asopos　アソポス 185
阿茲特克　Aztec　アステカ 12,106
阿勒克托　Alecto　アレクト 169
阿基里斯　Achilles　アキレウス 27,42,65,90,126,162,182,210,231,233
阿梅米特　Amemet　アメミット 127,164,202,204,209
阿傍羅剎　Abang Luocha　阿傍羅剎 164,169,184
阿傑爾　Azel　アルシェル 48
阿斯加爾德　Asgard　アスガルズ 43,86,129,132,169
阿斯卡拉弗斯　Askalaphos　アスカラポス 163,205,244
阿斯克勒庇奧斯　Asclepius　アスクレピオス 192
阿斯拉　Asura　アスラ 42,162
阿斯塔法・烏魯達　Astavat-ereta　アスタベト・エレタ 208
阿斯塔蒂　Astarte　アスタルテ 48
阿斯圖・維達特　Asto Vidatu　アストー・ウィザートゥ 163
阿瑞斯　Ares　アレス 192
阿爾戈　Argo　アルゴー 39,166,234
阿爾戈利斯　Argolis　アルゴリス 89
阿爾戈斯　Argos　アルゴス 149,243
阿爾卡　Arka　アルクァ 48
阿爾卡迪亞　Arcadia　アルカディア 28
阿爾貝戈特　Alberghetto　アルベルゲット 165
阿爾貝里戈　Alberigo　アルベリーゴ 165
阿爾忒彌斯　Artemis　アルテミス 86,170,189
阿瑪塔　Amata　アマータ 100
《阿維斯陀》　*Avester*　アヴェスター 28,129,141,155,196
阿德里安五世　Adriano V　アドリアーノ5世 83
阿德墨托斯　Admetus　アドメトス 143
阿摩司　Amos　アモス 242
阿撒瀉勒　Azazel　アザゼル 228
阿魯凱歐庫　Archeôch　アルケオク 49
阿彌陀佛　Amitabha　アミターバ 97,136
妲奈斯　Danais　ダナイス 71,188-189,210

■九劃■

保羅　Paulos　パウロ 241-243
《保羅啓示錄》　*Apocalypse of Paul*　パウロの黙示録 49,241
南納　Nanna　ナンナル 226
哈比　Hapi　ハピ 30
哈托霍爾　Hathor　ハトホル 147
哈里發　Caliph　カリフ 165
哈爾皮埃　Harpyiai　ハルピュイアイ 48,103,190-191,211
哈碧　Hapi　ハアピ 153
哈魯瑪羅庫　Xarmarôch　ハルマロク 49
奎師那　Krishna　クリシュナ 85
帝釋天　Dishihtian　帝釋天 42,162
幽域／地獄邊境（神曲）　Limbo（Divina Commedia）　辺獄 50,64,100-101,
167,172
思維魯　Svol　スヴァル 26
持明者　Vidyadhara　ヴィディヤーダラ 97
施暴者地獄（神曲）　Violent（Divina Commedia）　暴虐地獄 30,38,50,104,
182,190,194,211
柏拉圖　Plato　プラトン 41,101,153,155,167,213,215,229
柏德　Baldur　バルドル 244,245
派朵拉　Phaedra　パイドラ 220
洛基　Loki　ロキ 86,148,245
玻麗瑟娜　Polyxena　ポリュクセナ 64,162
科林斯　Korinthos　コリントス 166,185
科庫托斯　Cocytus　コキュトス 91-92
科庫托斯河（泣川）　Cocytus（或Cocytos）　コキュトス川 26,103,233
約伯　Job　ヨブ 242
《約伯記》　*Job*　ヨブ記 184
約書亞　Joshua　ヨシュア 83
約瑟　Joseph　ヨセフ 186,243
約爾姆加德　Jormungan　ヨルムンガンド 149
約翰　Ioannes　ヨハネ 101,222
約翰・威爾　Johann Weyer　ヨハネス・ヴァイアー 49,185
美狄亞　Medea 39,166
美索不達米亞　Mesopotamia　メソポタミア 98,143,146,213,226,241
耶利米　Jeremias　エレミヤ 242

耶利哥　Jericho　エリコ 83,92

耶提姆　Etemmu　エテンム 169

耶穌基督　Jesus Christ　イエス・キリスト 40,83,92,101,103,162,167,172,
195,205,222-223,241,243

苦難之地　Gehenna　ゲヘナ 48-53,57,65

迦太基　Carthage　カルタゴ 220

迦魯圖魯　Galatur　ガラトゥル 226

風息　Rlung　生命の風 96

《毘濕奴往世書》　*Vishnu-Purana*　ヴィシュヌ・プラーナ 84

毘廬遮那佛　Vairocana　ヴァイローチャナ 96,136

■十劃■

冥府：墓　Sheol　シェオール 56-57

剛則　Ganzer　ガンジル 98

哲哈南木　Jahannam　ジャハンナム 24,65,94,208

埃及　Egypt　エジプト 8,13,30,43,49,67,68,82,126,141,145,146,147,153,156,
164,171,181,185,187,191,196,202,203,204,209,216

埃古普托斯　Aegyptus　アイギュプトス 188

埃利法喀魯　Elivagar　エリヴァーガル 33

埃努　Anu　アヌ 146

埃里克　Erik　エイリーク 132

埃阿科斯　Aeacus　アイアコス 126,146,147,153,157

埃律西昂/埃律西昂平原　Elysium; Elysian Fields　エリュシオン 30,43-44,
57,90,153,157,222

埃流得尼爾　Eliudnis　エリューズニル 88,149

埃埃厄　Aeaea　アイアイエ 233,234

埃恩克托寧　Enchthonin　エンクトニン 49

埃涅阿斯　Aeneas　アイネイアス 64,70,102,173,191,220-222

《埃涅阿斯紀》　*Aeneis*　アエネアス 24,30,83,167,173,190,191

埃勒夫西斯　Eleusis　エレウシス 145,150,151,243

埃奧羅斯　Aeolus　アイオロス 143

埃爾克梅涅　Alkmene　アルクメネ 233

埃爾潘諾爾　Elpenor　エルペノル 233

夏拉　Shara　シャラ 228

夏娃　Eve　エバ 77

娑縛羅　天　Svarga　スワルガ 67

席農　Sinon　シノン 41,186

庫　Khu　クウ 181
庫列瑪歐魯　Chrêmaôr　クレマオル 50
庫克洛佩斯　Kyklops　キュクロプス 147
庫里奧　Gaius Scribonius Curio　クリオ 41,181
庫拉布　Kullab　クラブ 228
庫魯迦魯拉　Kurgarra　クルガルラ 226
庫邁　Cumae　クマエ 89,220
恩利爾　Enlil　エンリル 226
恩那　Enna　エンナ 150
恩奇杜　Enkidu　エンキドゥ 99
恩基　Enki　エンキ 226
挪威　Norway　ノルウェー 132
根之國　Nenokuni　根の國 88,109,111,128,139,156,231
根來神至　Nirai Kanai　ニライカナイ 88
桑達姆沙　Sandamsa　サンダンシャ 85
格里昂　Geryon　ゲリュオン 38,183-184
格里奧涅奧斯　Geryones　ゲリュオネウス 165
泰山　Taishan　泰山 70,102,138,139,142,144,210
泰山府君　Taishan Fujyun　泰山府君 130,138,142,144
泰伊絲　Thais　タイス 39
泰那隆　Tainaron　タイナロン 28,89,193,234,243
泰坦　Titans　ティタン 27,48,71,192
海帕涅斯特拉　Hypermnestra　ヒュペルムネストラ 188
海倫　Helena　ヘレネ 64,192
海茲倫　Heidrun　ヘイズルーン 43,169
海爾默茲　Hermodr　ヘルモーズ 89,245-246
海魔　Leviathan　レヴィアタン 48
浮屠　stûpa　卒塔婆 238
《涅布西尼紙草》　the Papyrus of Nebseni　ネブセニのパピルス 68
涅帕利亞　Nepalia　ネパリア 169
涅柔斯　Nereus　ネレウス 44
涅索斯　Nessus　ネッソス 183
涅堤　Neti　ネティ 98,191,226
涅盤　Nirvana　ニルヴァーナ 95
烈火的沙地　The Sand of Fire　熱砂の荒野 50,103
烏加列　Ugarit　ウガリット 155,240
烏加特　Udjat　ウジャト 81
烏弗休特·烏魯達　Ukhshyat-ereta　ウフシュトウルタ 206

烏弗休雅·特努瑪　Ukhshyat-nemah　ウフシュヤトヌマー 206

烏利耶魯　Uriel　ウリエル 229

烏阿契　Uatchit　ウアチ 81

烏奧普特　Upuaut　つウプアウト 127

烏圖庫　Utukku　ウトウク 167

烏瑪　Umma　ウンマ 228

特里斯坦　Tristan　トリスタン 65

特里普托勒摩斯　Triptolemus　トリプトレモス 145,153

特亞拉　TAla　ターラ 84

特拉羅肯　Tlalocan　トラロカン 104

特洛伊　Trojae　トロイア ... 42,55,57,64,92,134,143,149,162,186,210,220,231,232,233

特韋雷河　Tevere　ティベレ川 29-30,111,112

琉卡斯　Leukas　レウカス 89,149

琉肯烏斯　Lynceus　リュンケウス 189

畜生道　Chusheng dao　畜生道 18,76-77,94,97,98,113,174,214

祖魯旺　Zurwan　ズルワン神 141

《神曲》　*Divina Commedia*　神曲 24,28,29,30,38,39,41,43,50,54,57,64,65,70,77,
　82,83,84,86,90,99,100,101,103,105,111,147,154,163,165,166,167,168,169,171,172,
　173,181,182,183,184,185,186,187,190,191,192,193,194,195,196,205,209,211,241

納瓦族　Nawa　ナワ族 104

納吉爾　Nakir　ナキール 208

納姆塔爾　Namtar　ナムタル 99,146,167,190

《馬卡比傳上》　*Maccabees I*　マカベア前書 92

馬其頓　Macedonia　マケドニア 103

馬拉科達　Malacoda　マラコーダ 193

馬納薄其　Malebolge　マレボルジェ 38

馬雅　Maya　マヤ 104

高天原　Taksmagabara　高天原 71-72

《高爾吉亞篇》　*Gorgias*　ゴルギアス 153

高盧　Gallia　ガリア 181

■十一劃■

勒忒河（忘川）　Lethe　レテ川 31,79,89,216,231

勒納　Lerne　レルネ 31,189,220

曼弗瑞迪　Manfredi　マンフレード 165

曼非斯　Memphis　メンフィス 81

曼德斯　Mendes　メンデス 80

基甸　Gideon　ギデオン 101

基抹　Chemosh　ケモシ 48

基訓　Geon　ギボン 242

基督城　City of Christ　キリストの都 242

基督教：新教　Protestantism　プロテスタント（改革派） 16,30,48,49,50,57,87,90,101,
110,132,147,167,184,186,193,203,206,208,211,222

基邁拉　Chimaera　キマイラ 220

培利克琉梅諾斯　Periklymenos　ペリクリュメノス 165

婆羅門　Brahman　バラモン 84,246

寂靜尊　Jijing zun　寂靜尊 96,135,148

密拉　Myrrha　ミュラ 41,194

密特拉　Mitra　ミトラ 153

密斯拉　Mithra　ミスラ 28,90,139,153,157

密斯拉教　Mithraism　ミトラス教 153

常世之國　Tokoyonokuni　常世之國 79-80

得伊阿尼拉　Deianeira　デイアネイラ 182,243

得梅忒爾　Demeter　デメテル 145,146,148,149,150,163,188,205,213

捺落迦　Naraka　捺落迦 84-86,210

敘利亞　Syria　シリア 132

梯林斯　Tiryns　テュリンス 244

梵　Brahma　ブラフマー 213

梵穴　Brahmarandra　ブラフマンの穴 96

《梵書》　Brahmana　ブラーフマナ 84

梅杜莎　Medusa　メドォーサ 90

梅涅拉奧斯　Menelaus　メネラオス 44

梅塞克德特之船　Mesektet Boat　メセテクトの船 80,156

梅蓋拉　Megaera　メガイラ 169

梅羅普　Merope　メロペ 185

《梨俱吠陀》　Rg-Veda　リグ＝ヴェーダ 44,129,130,155,174,194,213

淫邪者平臺　The Level of Lust　肉欲の環道 17,87,111

深淵　Tehom　テホン 30

率兜天　Shuaidouten　率兜天 45

理想世界　Idea　イデア界 42

《理想國》　Republic　国家 155,215,229

畢舍遮　Pisaca　ピシャーチャ 98

畢達哥拉斯　Pythagoras　ピタゴラス 213,215

畢福羅斯特　Bifrost　ヴィブロスト 10

眼鏡蛇　Uraeus　ウラエノス 164

第勒尼安海　Tyrrhenian Sea　ティレニア海 29

莫斯卡　Mosca　モスカ 194

荷馬　Homerus　ホメロス 101,134,167,220

荷魯斯　Horus　ホルス 48,82,130,131,153,156,181,204,205

許德拉　Hydra　ヒュドラ 220

貪婪者、揮霍者地獄（神曲）　Greed（Divina Commedia）　貪婪乱費地獄 ... 50,83-84

貪婪者、揮霍者平臺　The Level of Avarice　貪欲の環道 17,82-83,111,186,195

貪饕者平臺　The Level of Gluttonous　飽食の環道 77,101,111

貪饕者地獄（神曲）　Gluttony（Divina Commedia）　貪饕者地獄 ... 17,50,70,113,182

連　Ren　レン 196

《陰間書》　*Amduat*　アム・ドゥアトの書 81

■十二劃■

傑佛瑞斯　Zephyrus　ゼピュロス 44

最後審判　Final Trial　最後の審判 24,38,43,49,51,65,95,127,128,206-208

凱布山納夫　Qebshenuf　ケベクセヌフ 153

凱布利　Khepri　ケプリ 82

凱撒　Caesar　カエサル 41,64,70,94,114,162,181,192,222

《創世紀》　*Genesis*　創世紀 77,91,94,190,228

博恩德爾蒙特　Buondelmonte de' Buondelmonti　ブオデルモンテ 194

提西福涅　Tisiphone　ティシポネ 169

提風　Typhon　テュポン 91,181

提提奧斯　Tityus　ティテュオス 91,189,233

提爾　Tyr　テュール 181

斯卡米里奧內　Scarmiglione　スカルミリオーネ 193

斯利茲　Slidr　スリーズ 26

斯拉奧沙　Sraosha　スラオシャ 28,90,139,157

斯庫拉　Scylla　スキュラ 48,220

斯特洛法迪斯　Strophades　ストロパデス 181

斯提克斯（女神）　Styx　ステュクス 27,90

斯提克斯河（誓川）　Styx　ステュクス川 24,27-28,30,
38,89,99,103,173,192,220,234,243

斯塔提烏斯　Stasius　スタティウス 77,83,111,186-187

普西芬妮　Presephone　ペルセポネ 90,144,146,148,149-151,
163,188,189,192,193,205,213,233,244

普里阿摩斯　Priamos　プリアモス 162

普洛克涅　Procne　プロクネ 100

普特西勞斯　Protesilaos　プロテシラオス 149

普魯托／普路同　Pluto　プルート 83,144,146

普羅米提烏斯　Prometheus　プロメテウス 185

智天使　Cherubim　ケルビン 228

無間地獄／阿鼻地獄　The Avici Hell　無間地獄 90,102,105-107,202,235,247

猶大　Judas　ユダ 92,162,195

猶大界　Judecca　ジュデッカ 91,92,94,195

猶太　Judaea　ユダヤ 172,184,185,222

猶太教　Judaism　ユダヤ教 30,48,56,57,65,184

琴瓦特橋／報應橋　Chinvat Peretum; Kinvad　チンワト橋 28,167,195

絕罰者之地　The Place of Excommunication　破門者の地 17,111,112

腓力斯人　Philistines　ペリシテ 185

腓尼基　Phoenicia　フェニキア 155,240

菲優魯姆　Fiorm　フィヨルム 26

虛空法界自在母　AAkaa'sadhaatii'svarii　アーカーシャダートゥヴィーシュヴァリー 96,136

費格爾米爾之泉　Hvergelmir　フヴェルゲルミルの泉 26,43,87,190

開比特　Khaibit　カイビト 81,171,181,204

雅各　Jacob　ヤコブ 242

雅典　Athens　アテナイ 39

雅典娜　Athena　アテネ 243

須世理毘　Suseribime　須世理毘売 88,141,232

須佐之男命　Susanoonomikoto　須佐之男命 88,110,128,139,156,226,231

須彌山　Meru　メール山 42,97,113,210,214

黃泉之國　Yomotsunokuni　よもつのくに 28,30,31,88,89,107,109-110,127,
139,140,143,147,148,156,194,196,213,223,224,225,231,232

黃泉戶喫　Yomotsuhegui　よもつへぐい 150,213,224

黃泉比良坂　Yomotsuhirasaka　よもつひらさか 28,30-31,88,
107,108,110,128,140,143,147,148,225,232

黃泉醜女　Yomatsusikome　よもつしこめ 110,196,225

黑帝斯　Hades　ハデス 8,28,48,57,71,89,90,143,144,146-
147,148,149,150,151,153,162,163,181,182,186,188,193,203,205,212,213,234,243

黑帝斯之殿　Hades　ハデスの館 154,212,222,233

黑帝斯王國　The Kingdom of Hades　ハデスの国 ... 8,28,42,57,89-90,162,193,212,243

■十三劃■

塞弗利姆尼魯　Sahrimnir　セーフリームニル 169

塞克　Seker　セケル 81,141

塞浦路斯　Cyprus　キプロス 194

塞特　Seth　セト 127,128,131,132,141,144,145

塞特（亞當之子）　Seth　セト 222

塞勒凱特　Selket　セルケト 141

塔布塔昆巴　TaptakuNdam　タプタクンバ 84

塔布塔羅哈　TaptalOha　タプタローハ 84

塔那托斯　Thanatos　タナトス 31,90,134,142-143,185,220

塔塔庫斯　Tartaruchus　タルタルクス 241

塔爾塔羅斯　Tartarus　タルタロス 30,41,57,71,90,143,153,163,166,
　　　　169,170,185,186,189,192,203,205,206,210,211,222,230,231,233,234

奧丁　Odin　オージン 43,88,128,132,169,245

奧夫　Auf　アウフ 80,126,156

奧古斯都　Augustus　アウグストゥス 222

奧托斯　Otus　オトス 71

奧克阿諾斯　Oceanus　オケアノス 28,44,57,89,90,149,233

奧克諾斯　Ocnus　オクノス 170

奧利安　Orion　オリオン 170

奧林帕斯　Olympus　オリュムポス 27,71,149,169

奧特福　Hautefort　オートフォル 192

奧瑞斯忒斯　Orestes　オレステス 169

《奧義書》　*Upanishad*　ウパニッシャド 84,213,214

奧爾甫斯　Orpheus　オルペウス 28,89,149,166,173,182,231,234-235

奧爾甫斯教　Orphism　オルフェウス教 213,215

《奧德修紀》　*Odysseia*　オデュッセイアー 24,42,44,89,90,162,170

奧德修斯　Odysseus　オデュッセウス ... 24,41,89,90,149,154,188,189,220,231,232-234

嫉妒者平臺　The Level of Envy　嫉妒羨望の環道 17,57,111

搭模斯　Tammuz　タンムズ 48,143,213,226

業　Karma　カルマ 95,213,215

極樂島　Macaron Nesoi　マカロン・ネソイ 57,90,153

煉獄　Purgatory　煉獄 16-17,30,50,54,57,77,82,99,110-111,172,186,187,195,211,212

瑜伽　Yoga　ヨーガ 95

罪惡之囊　Malebolge　惡の濠 14,38-41,51,91,154,163,165,166,
　　　　168,171,172,181,183,186,189,192,193,194,205,209,211

聖彼得之門　The Door of Petros　ペテロの門 17,71,83,100,111,112,211-212

聖雅科坡　San Iacopo　聖ヤコブ 168

蒂朵　Dido　ディド 64,83,220

葛斯汀安娜　Gestinanna　ゲシュティアンナ 228

葛魯拉　Galla　ガルラ 99,167,181,228

蛾摩拉　Gomorrah　ゴモラ 86,104,243

該亞法　Caiphas　カヤパ 40,172,205

該隱　Cain　カイン 57,92

該隱界　Caina　カイーナ 51,91-92

詹尼‧斯基吉　Gianni Schicchi　ジャンニ・スキッキ 186

路西法　Lucifer　ルシファー 48,51,147,162,184

道教　Taoism　道教 8,20,71,101,102,110,130,134,135,
138,139,141,144,145,151,172,203,206,209,212

達耳達諾斯　Dardanus　ダルダノス 220

達那奧斯　Danaus　タナオス 71,188

隔離世界　Barzakh　バルザフ 65,92-94,208

雷格那諾克（諸神的黃昏）　Ragnarok　ラグナレク 132,169,180,190

雷普特　Leiptr　レイプト 33

■十四劃■

圖拉真　Trajanus　トラヤヌス 55

圖爾諾斯　Turnus　トゥルヌス 100

奪衣婆　Duo yi po　奪衣婆 26,27,136,182,188,202,216,240

寧休布爾　Ninshubur　ニンシュブル 226,228

寧錄　Nimrod　ニムロデ 55,91,165,190

實相中有　Chonyi Bardo　チュエニ・バルドゥ 95,96,148

《歌者奧義書》　*Chandogya Upanishad*　チャーンドーグヤ＝ウパニッシャド 213

瑣羅亞斯德教　Zoroaster　ゾロアスター教 8,27,38,90,127,139,153,157,
163,167,181,188,195,206,208,210

瑪利亞　Maria　マリア 54,70,83,86,101,242

瑪亞特　Maat　マアト 153,156,202,204

瑪門　Mammon　マンモン 48

瑪哈吉瓦拉　MahAjwAlA　マハージュヴァーラ 85

瑪泰爾妲　Matelda　マテルダ 77

瑪魯克烏魯　Marchour　マルコウル 50

維吉爾　Publius Vergilius Maro　ウェルギリウス 24,38,50,71,91,101,147,162,165,
167,171,182,183,187,190,194

維沙魯夏　Vizaresha　ウィーザルシャ 29,163,167

維京　Viking　ヴァイキング 43

維夏沙那　Visasanam　ヴィシャサナ 85

維茲　Vid　ヴィーズ 26

翡冷翠　Firenze　フィレンツェ 168,181,186,194

蓋布　Geb　ゲブ 130,131

蓋亞　Gaia　ガイア 150,165

蓋美拉　Chimera　キマイラ 48

赫卡忒　Hecate　ヘカテ 90,148,150

赫克托爾　Hector　ヘクトル 210

赫克頓蓋爾　Hecatoncheir　ヘカトンケイル 71,192

赫利俄斯　Helios　ヘリオス 150,233

赫利奧波利斯　Heliopolis　ヘリオポリス 68,156

赫拉　Hera　ヘラ 71,166,189,243

赫拉克勒斯　Heracles　ヘラクレス 28,89,143,163,165,171,173,
182,183,184,190,193,212,233,243-245

赫爾　Hel　ヘル 10,26,86,87,148-149,180,245,246

赫爾之殿　Hell　ヘルの館 87,149,180

赫爾米歐涅　Hermione　ヘルミオネ 89

赫爾梅斯　Hermes　ヘルメス 42,89,149,150,187,220,243

赫麗凱　Helice　ヘレス 86

遜尼派　Sunni　スンニ派 165

魂　Daemon　ダイモーン 185

■十五劃■

德弗　Daeva　ダエーワ 167,188

德爾佛伊　Delphi　デルポイ 192

憤怒者平臺　The Level of Anger　憤怒の環道 17,99-100,111

憤怒者地獄（神曲）　Anger（Divina Commedia）　憤怒者地獄 28,50,99,192

摩西　Moses　モーセ 70,101,243

摩拉　Moira　モイラ 154

摩洛克　Moloch　モーロック 48,185

摩茲古茲　Modgud　モーズグズ 26,245

摩訶波羅多　Mahabharata　マハーバーラタ 129

摩賴　Moirai　モイライ 154-155,216,231

撒加利亞　Zacharias　ゼカリヤ 242

撒旦　Satan　サタン 41,50-51,55,92,147,162,171,184,185,192,196,222,223

敵　Diabolos　ディアボロス 185

樞卡拉　Sookaram　スーカラ 84

歐西里斯　Osiris　オシリス 30,43,48,67,69,80-83,126,127,128,130-132,
141,145,146,147,153,156,164,191,202,203,204,205,

歐西里斯的法庭　The Court of Osiris　オシリスの法廷 32,67,83,84,127,130,145,

146,153,156,164,202,203-204,209

歐呂蒂凱　Eurydice　エウリュディケ 149,182,234
歐里庇得斯　Euripides　エウリピデス 143
歐涅洛斯　Oneiros　オネイロス 142
歐幾里德　Euclid　ユークリッド 101
潘妮洛普　Penelope　ペネロペ 42,89,149
潘達雷奧斯　Pandareus　パンダレオス 187
緹羅　Tyro　テュロ 233
質怛囉笈多　Chitragupta　チトラグプタ 143-144,155
餓鬼　Eguei　餓鬼 174-180,188,209,211
餓鬼道　Eguei dao　餓鬼道 18,44,76,94,97,98,113,174,206,211,214,246,247,248
魯迪魯安達　RudhirAndha　ルディラーンダ 85
墨特　Mot　モト 155,240,240
墨勒阿格羅斯　Meleagros　メレアグロス 155,243
墨塔涅伊拉　Metaneira　メタネイラ 145

■十六劃■

憶潤　Eunoë　エウノエ 77
《歷史》　*Historiae*　歷史 216
盧比科河　Rubicon　ルビコン川 41,181
盧卡努斯　Marcus Annaeus Lucanus　ルカヌス 181
穆罕默德　Muhammed　マホメット 41,165,193
諾亞　Noah　ノア 30,101,228
諾斯底派　Gnosticism　グノーシス派 49
閻魔王／閻魔大王／閻羅王　Yama　閻魔王 27,31,44,71,75,97,98,103,111,
　　　　　　　　　　　　　　　　132,133,135,136,138,139,142,151,155,170,174,
　　　　　　　　　　　　　　　　184,188,203,209,212,215,235,237,246,247,248
閻魔卒　Enmasotsu　閻魔卒 169-170,184
醍醐天皇　Daigotennou　醍醐天皇 188,237,238

■十七劃■

優路格　Ylgr　ユルグ 26
彌迦　Micheas　ミカ 242
彌達斯　Midas　ミタズ 83
臨終中有　Chikai Bardo　チカエ・バルドゥ 95,96,148
臨終懺悔者之地　The Place of Repenting Believers　悔悛の遅れた者の地 17,111,112

謝米哈札　Shemihaza　シェミハザ 228
賽之河原　Sainokawabara　賽の河原 56,240

■十八劃■

薩耳珀冬　Sarpedon　サルペドン 143
雞蛇　Basilisk　バジリスク 49

■十九劃■

龐培　Pompeius　ポンペイウス 172,192
懶惰者平臺　The Level of Sloth　怠惰の環道 17,70,111,187
羅卡魯　Rhôchar　ロカル 49
羅拉法　Rouravam　ラウラヴァ 84
羅烏卡魯　Louchar　ロウカル 49
羅馬亞　Romagna　ロマーニャ 192
《羅馬書》　Epistle to the Romans　ローマ人への手紙 241
羅得　Lot　ロト 242
羅達　ROdha　ローダ 84
羅慕路斯　Romulus　ロムルス 220,222
麗配　Leto　レト 189

■二十劃以上■

寶生佛　Ratnasambhava　ラトナサムバヴァ 97,136
寶生嘿嚕嘎　Ratna Heruka　ラトナヘールカ 148
懸衣翁　Syuan yi wong　懸衣翁 26,27,136,182,188,202
蘆葦平原　Sekhet-Yalu　セケト＝イアル 67-68,156,202,205
蘇美　Sumer　シュメール 30,98,126,129,144,146,150,167,169,181,190,191,205,226
蘇格拉底　Socrates　ソクラテス 101,145,167
《蘇格拉底的申辯》　Apology　ソクラテスの弁明 145,153
贍部洲　Shanbujhou　贍部洲 18,19,44,113,129,214
酆都大帝　Fong dou da di　酆都大帝 102,111,151,206
驕傲者平臺　The Level of Pride　傲慢の環道 17,54-56,111
靈魂的嚮導　Psychopompos　プシュコポムポス 149
鷹獅　Grifon　グリフィン 77

■英文字母排序索引

■A■

Akaa'sadhaatii'svarii　虛空法界自在母　アーカーシャダートゥヴィーシュヴァリー 96,136
Ab　阿布　アブ 202
Abang Luocha　阿傍羅刹　阿傍羅刹 164,169,184
Abel　亞伯　アベル 91,101
Abraham　亞伯拉罕　アブラハム 101,222,242,243
Abydos　阿比多斯　アビドス 43,80,81
Achan　亞干　アカン 83
Acharôch　阿卡羅克　アンカロク 49
Acheron　阿刻戎河（禍川）　アケロン川 24,26,30,38,64,65,89,99,100,
103,163,173,205,216,220
Acherusa　阿克魯沙　アケロン 242
Acherusian Cape　阿刻盧西亞湖　アケルシアス湖 41-42
Achilles　阿基里斯　アキレウス 27,42,65,90,126,162,182,210,231,233
Achrôchar　阿庫羅克魯　アクロカル 49
Adam　亞當　アダム 91,102,222,223
Adamo　亞當師傅　アダーモ 163
AdhOmukham　亞德奧姆庫哈　アドームクハ 85
Admetus　阿德墨托斯　アドメトス 143
Adonis　阿多尼斯　アドニス 144
Adriano V　阿德里安五世　アドリアーノ5世 83
Adriatic Sea　亞得里亞海　アドリア海 181
Aeacus　埃阿科斯　アイアコス 126,146,147,153,157
Aeaea　埃埃厄　アイアイエ 233,234
Aegina　艾吉娜　アイギナ 185
Aegyptus　埃古普托斯　アイギュプトス 188
Aeneas　埃涅阿斯　アイネイアス 64,70,102,173,191,220-222
Aeneis　《埃涅阿斯紀》　アエネアス 24,30,83,167,173,190,191
Aeolus　埃奧羅斯　アイオロス 143
Afra Mazda　阿胡拉‧瑪茲達　アフラ‧マズダー 127,206
Agamemnon　阿伽門農　アガメムノン 42,44,71,169,220,233
Ahriman　阿里曼　アフリマン 127,206

索引

Aias　艾亞斯　アイアス 42,231

Akkad　阿卡德　アッカド 98,146

Alberghetto　阿爾貝戈特　アルベルゲット 165

Alberigo　阿爾貝里戈　アルベリーゴ 165

Alburz Mountains　厄爾布爾士山　アルブルズ山 28

Alcestis　艾爾克斯提斯　アルケスティス 143

Alecto　阿勒克托　アレクト 169

Alexander the Great　亞歷山大大帝　アレキサンダー大王 103

Ali　阿里　アリー 41,164-165

Alichin　阿利克諾　アリキーノ 193

Alkmene　埃爾克梅涅　アルクメネ 233

al-Sirat al-Mustaqeem　一刀橋　アッ＝スィーラト＝ル＝ムスタキーム 24,65

Amata　阿瑪塔　アマータ 100

Ambrosia　仙饌　アムブロシア 166,187

Amduat　《陰間書》　アム・ドゥアトの書 81

Amemet　阿梅米特　アメミット 127,164,202,204,209

Amenti　阿門提　アメンティ 42-43

Amidei　阿米德伊　アメデイ 194

Amitabha　阿彌陀佛　アミターバ 97,136

Amman　安曼　アンモン 185

Amoghasiddhi　不空成就佛　アモーガシッディ 97,136

Amos　阿摩司　アモス 242

Amphiaraus　安菲阿拉奧斯　アンピアラオス 39,165-166

Ananke　阿南克　アナンケ 231

Anastasius　阿拿斯塔斯　アタナシウス 43

Anat　阿娜特　アナト 241

Anchises　安基塞斯　アンキセス 220,222

Anger（Divina Commedia）　憤怒者地獄（神曲）　憤怒者地獄 28,50,99,192

Angra Mainyu　昂拉・曼由　アンラ・マンユ 127,181,188,206

Angrboda　安格爾波達　アングルボザ 149

Antaeus　安泰奧斯　アンタイオス 91,165

Antenor　安忒諾爾　アンテノル 92

Antenora　安忒諾爾界　アンテノーラ 91,92

Anticlea　安蒂克蕾亞　アンティクレイア 233

Anu　埃努　アヌ 146

Anubis　阿努畢斯　アヌビス 126,128,130,132,145,204

Anunnaki　阿努那基　アヌンナキ 127

Apep　阿倍普　アペプ 81,82,141,156,163-164

Apocalypse of Paul 　《保羅啓示録》　パウロの黙示録 49,241

Apocalypse of Peter 　《彼得啓示録》　ペテロの黙示録 49

Apollo　阿波羅　アポロ 65,162,169,189,192,200

Apology　《蘇格拉底的申辯》　ソクラテスの弁明 145,153

Apsu　阿卜蘇　アプスー 30,98

Arachne　阿拉克涅　アラクネ 55

Arcadia　阿爾卡迪亞　アルカディア 28

Archeôch　阿魯凱歐庫　アルケオク 49

Ares　阿瑞斯　アレス 192

Argo　阿爾戈　アルゴー 39,166,234

Argolis　阿爾戈利斯　アルゴリス 89

Argos　阿爾戈斯　アルゴス 149,243

Ariminus　亞里米努姆　アリミヌム 181

Aristaeus　阿里斯泰奧斯　アリスタイオス 234

Aristotle　亞里士多德　アリストテレス 101,167

Arka　阿爾卡　アルクァ 48

Artemis　阿爾忒彌斯　アルテミス 86,170,189

Asclepius　阿斯克勒庇奧斯　アスクレピオス 192

Asgard　阿斯加爾德　アスガルズ 43,86,129,132,169

Asiel　阿及爾　アシエル 48

Asiouluo dao　阿修羅道　阿修羅道 18,42,94,96,98,113,162,214

Asipatra　亞希帕特拉　アシバトラヴァナ 85,210

Askalaphos　阿斯卡拉弗斯　アスカラポス 163,205,244

Asopos　阿索坡斯　アソポス 185

Astarte　阿斯塔蒂　アスタルテ 48

Astavat-ereta　阿斯塔法・烏魯達　アスタベト・エレタ 208

Asto Vidatu　阿斯圖・維達特　アストー・ウィザートゥ 163

Asura　阿斯拉　アスラ 42,162

Aswan　亞斯文　アスワン 30

Atfw　阿特夫　アテフ 130,204

Athena　雅典娜　アテネ 243

Athens　雅典　アテナイ 39

Atropos　阿特羅坡斯　アトロポス 154,231

Atum　阿托姆　アトゥム 156

Auf　奧夫　アウフ 80,126,156

Augustus　奧古斯都　アウグストゥス 222

Avernus　阿佛納斯　アウェルヌス 24,220

Avester　《阿維斯陀》　アヴェスター 28,129,141,155,196

索引

Azazel　阿撒瀉勒　アザゼル 228

Azel　阿傑爾　アルシェル 48

Aztec　阿茲特克　アステカ 12,106

■B■

Ba　巴　バ 81,170,171,181,185,187,191,204

Baal　巴力　バアル 48,156,185,240-241

Babel　巴別　バベル 55,91,191

Babylonia　巴比倫尼亞　バビロンニア 30,98,101,127,129,146,150,167,169,181,190

Baldur　柏德　バルドル 244,245

Barbariccia　巴巴里恰　バルバリッチャ 193

Bardo　中有　バルドゥ 75,94-98,135,136,148,215

Bardo Thotrol　《中有聞教解脱》　バルドゥ・トェ・ドル 95,135

Barque of Millions of Years　百萬年之船　数百万年の船 80,156

Barzakh　隔離世界　バルザフ 65,92-94,208

Basilisk　雞蛇　バジリスク 49

Beatrice　貝緹麗彩　ベアトリーチェ 77,167

Beelzebub　別西卜　ベルゼブブ 48,51,147,162,184

Behemoth　比蒙巨獸　ビヒモス 48

Beletseri　卑利特塞利　ベーリット・セーリ 99,149,213

Belial　彼列　ベリアル 48,184

Betran de Born　貝特洪・德波恩　ベルトラン・ド・ボルン 192,209

BhEdaka　巴埃達卡　ヴェーダカ 85

Bifrost　畢福羅斯特　ヴィブロスト 10

Bologna　波隆亞　ボローニャ 165

Bonifacius VIII　卜尼法斯八世　ボニファチオ 8 世 181,190

Book of Enoch　《以諾書》　エノク書 228,229

Brahma　梵　ブラフマー 213

Brahman　婆羅門　バラモン 84,246

Brahmana　《梵書》　ブラーフマナ 84

Briareus　布里亞柔斯　ブリアレオス 165,192

Brighu Rishi　布利格　ブリグ 84

Buddha Heruka　佛部嘿嚕嘎　ブッダヘールカ 97,148

Buddhalocani　佛眼母　ブッダローチャナー 136

Buddhism　佛教　佛教 8,18-19,38,42,44,64,65,72,74,76,77,79,84,89,94,95,
106,112,129,130,134,135,142,151,156,162,164,170,172,174,182,184,188,202,203,
205,206,210,211,212,213,214,215

Buondelmonte de' Buondelmonti　博恩德爾蒙特　ブオデルモンテ 194
Buto　布托　ブト 132
Byblos　比布魯斯　ビブロス 132

■C■

Cacus　卡科斯　カクス 168,171,183
Caesar　凱撒　カエサル 41,64,70,94,114,162,181,192,222
Cagnazzo　卡亞佐　カニュッツォ 193
Cain　該隱　カイン 57,92
Caina　該隱界　カイーナ 51,91-92
Caiphas　該亞法　カヤパ 40,172,205
Calcabrina　卡爾卡布里納　カルカブリーナ 193
Caliph　哈里發　カリフ 165
Callisto　卡麗絲酡　カリスト 121
Calydonian　卡里頓　カリュドン 243
Canopic jar　卡諾卜罈　カノプス壺 153,204
Capaneus　卡帕紐斯　カパネウス 103
Carthage　迦太基　カルタゴ 220
Cassius　卡西烏　カシウス 92,162,171-172,192
Cavalcanti　卡瓦爾坎提　カヴァルカンティ 186
Centaurs　肯陶洛斯人　ケンタウロス 40,102,103,166,171,182-183,220,243
Cerberus　克爾貝羅斯　ケルベロス 48,70,90,156,163,180,181-182,220,234,243
Chandogya Upanishad　《歌者奧義書》　チャーンドーグヤ＝ウパニッシャド 213
Chaos　卡厄斯　カオス 44,71
Charachar　卡拉卡魯　カラカル 48
Charon　卡戎　カロン 24,64,89,99,172-173,216,220,234,243
Chemosh　基抹　ケモシ 48
Cherubim　智天使　ケルビン 228
Chibikinoiwa　千引岩　千引岩 28,108,110,128,143,225
Chih tou fu ren　池頭夫人　池頭夫人 144,206
Chikai Bardo　臨終中有　チカエ・バルドゥ 95,96,148
Chilon　克倫　ケロン 182
Chimaera　基邁拉　キマイラ 220
Chimera　蓋美拉　キマイラ 48
Chinvat Peretum; Kinvad　琴瓦特橋／報應橋　チンワト橋 28,167,195
Chitragupta　質怛囉笈多　チトラグプタ 143-144,155
Chonyi Bardo　實相中有　チュエニ・バルドゥ 95,96,148

Chrêmaôr　庫列瑪歐魯　クレマオル 50
Chusheng dao　畜生道　畜生道 18,76-77,94,97,98,113,174,214
Cicero　西塞羅　キケロ 101
Circe　克爾凱　キルケ 24,232,233,234
Cisalpine Gaul　山南高盧　ガリアキサルピナ 192
City of Christ　基督城　キリストの都 242
Clement V　克萊門特五世　クレメンテ5世 190
Cleopatra　克麗奧佩脫拉　クレオパトラ 64
Clotho　克羅托　クロト 154,231
Clytemnestra　克呂泰涅斯特拉　クリュタイムネストラ 169,233
Cocytus　科庫托斯　コキュトス 91-92
Cocytus（或Cocytos）　科庫托斯河（泣川）　コキュトス川 26,103,233
Cottus　卡得士　コットス 192
Crete　克里特　クレタ島 86,153,188,194,233
Cronus　克洛諾斯　クロノス 57,71,146,187,192
Cumae　庫邁　クマエ 90,220
Cyprus　塞浦路斯　キプロス 194

■D■

Daemon　魂　ダイモーン 185
Daeva　德弗　ダエーワ 167,188
Dagon　大衮　ダゴン 48
Daigotennou　醍醐天皇　醍醐天皇 188,237,238
Danais　妲奈斯　ダナイス 71,188-189,210
Danaus　達那奧斯　タナオス 71,188
Daniel　但以理　ダニエル 101
Dante　但丁　ダンテ 24,28,29,30,38,39,41,43,50,54,57,64,65,70,
77,82,83,86,90,99,100,101,103,105,111,147,154,163,165,166,167,168,
169,171,172,173,181,182,183,184,185,186,187,190,191,192,193,194,195,196,
205,209,211,241
Dardanus　達耳達諾斯　ダルダノス 220
David　大衛王　ダビデ王 54,101
Deianeira　得伊阿尼拉　デイアネイラ 182,243
Deioneus　狄奧涅斯　デイオネウス 166
Delphi　德爾佛伊　デルポイ 192
Demeter　得梅忒爾　デメテル 145,146,148,149,150,163,188,205,213
Dia　狄亞　ディア 166

Diabolos 敵 ディアボロス 185
Diana 狄安娜 ディアナ 86
Dido 蒂朶 ディド 64,83,220
Diomedes 狄奧梅得斯 ディオメデス 41
Dionysism 狄奧尼索斯教 ディオニソス教 213,215
Dionysus 狄奧尼索斯 ディオニソス 126,150,234
Dis 狄斯 ディス 28,43,92,144,147,162
Dishihtian 帝釋天 帝釋天 42,162
Diyu dao 地獄道 地獄道 18,64,76,94,97,98,113,174,214,246
Duamutef 多姆泰夫 ドゥアムテフ 153
Duat 杜亞特 ドゥアト 13,30,43,80-82,89,126,130,141,146,156,163,204
Dumuzi 杜木茲 ドゥムジ 144,228
Duo yi po 奪衣婆 奪衣婆 26,27,136,182,188,202,216,240

■E■

Ea 艾阿 エア 99
Echidna 厄基德娜 エキドナ 181
Ecumenical Councils 大公會議 公会議 112
Eden 伊甸園 エデン／地上楽園 17,48,77,86,101,111,187,223,229
Eguei 餓鬼 餓鬼 174-180,188,209,211
Eguei dao 餓鬼道 餓鬼道 18,44,76,94,97,98,113,174,206,211,214,246,247,248
Egypt 埃及 エジプト 8,13,30,43,49,67,68,82,126,141,145,146,147,153,156,
                          164,171,181,185,187,191,196,202,203,204,209,216
Einheryar; Einherjar 艾赫加 エインヘリャル 43,129,168-169
Elefantis 艾雷方提斯 エレファンティス 30
Eleusis 埃勒夫西斯 エレウシス 145,150,151,243
Elijah 以利亞 エリヤ 223,241
Eliudnis 埃流得尼爾 エリューズニル 88,149
Elivagar 埃利法喀魯 エリヴァーガル 33
Elpenor 埃爾潘諾爾 エルペノル 233
Elysium; Elysian Fields 埃律西昂／埃律西昂平原 エリュシオン 30,43-44,
                                                          57,90,153,157,222
Emanuel Swedenborg 史威登保 スウェデンボルグ 51-52
Enchthonin 埃恩克托寧 エンクトニン 49
Enki 恩基 エンキ 226
Enkidu 恩奇杜 エンキドゥ 99
Enlil 恩利爾 エンリル 226

Enmasotsu　閻魔卒　閻魔卒 169-170,184

Enna　恩那　エンナ 150

Enoch　以諾　エノク 223,228-229,241

Ephialtes　厄菲阿爾忒斯　エピアルテス 71,91,165,169

Epic of Gilgamesh　《吉爾伽美什史詩》　ギルガメシュ敘事詩 98

Epicurus　伊壁鳩魯　エピクロス 43

Epistle to the Romans　《羅馬書》　ローマ人への手紙 241

Er　厄耳　エル 31,155,229-231

Erebus　厄瑞玻斯　エレボス 44

Ereshkigal　厄里什基迦勒　エレシュキガル 99,129,146,181,190,228

Erik　埃里克　エイリーク 132

Erinyes　厄里尼厄斯　エリニュス 90,169,220

Eris　艾利斯　エリス 220

Erragal　伊爾拉伽爾　エルラガル 146

Esaias　以賽亞　イザヤ 222,242,243

Etemmu　耶提姆　エテンム 169

Ethiopia　衣索比亞　エチオピア 228

Euclid　歐幾里德　ユークリッド 101

Eunoë　憶潤　エウノエ 77

Euphrates　幼發拉底　ユフラテ 242

Euripides　歐里庇得斯　エウリピデス 143

Eurydice　歐呂蒂凱　エウリュディケ 149,182,234

Eurystheus　尤里士修斯　エウリュステウス 182,243,244,245

Eve　夏娃　エバ 77

Ezekiel　以西結　エゼキエル 242

■F■

Faenza　法恩扎　ファエンツァ 165

Fennu zun　忿怒尊　忿怒尊 96,97,135148

Fenrir　芬利路　フェンリル 149

Fimbulpul　芬布魯思路　フィンブルスル 26

Final Trial　最後審判　最後の審判 24,38,43,49,51,65,95,127,128,206-208

Fiorm　菲優魯姆　フィヨルム 26

Firenze　翡冷翠　フィレンツェ 168,181,186,194

Fong dou da di　酆都大帝　酆都大帝 102,111,151,206

Fotin Photinus　佛提努斯　フォティヌス 43

Freya　芙蕾雅　フレイア 168

Frigga　弗麗格　フリッグ 245

■G■

Gaia　蓋亞　ガイア 150,165
Gaius Fabricius Luscinus　法比里克烏斯　カイウス・ファブリキウス 83
Gaius Scribonius Curio　庫里奧　クリオ 41,181
Galatur　迦魯圖魯　ガラトゥル 226
Galla　葛魯拉　ガルラ 99,167,181,228
Gallia　高盧　ガリア 181
Ganzer　剛則　ガンジル 98
Garm　加魯姆　ガルム 89,180
Geb　蓋布　ゲブ 130,131
Gehenna　苦難之地　ゲヘナ 48-53,57,65
Genesis　《創世紀》　創世紀 77,91,94,190,228
Geon　基訓　ギボン 242
Geryon　格里昂　ゲリュオン 38,183-184
Geryones　格里奧涅奧斯　ゲリュオネウス 165
Gestinanna　葛斯汀安娜　ゲシュティアンナ 228
Ghibellino　吉伯林黨　ギベリン党 41,181,194
Gianni Schicchi　詹尼・斯基吉　ジャンニ・スキッキ 186
Gideon　基甸　ギデオン 101
Gigantes　巨人族　ギガンテス 169
Gilgamesh　吉爾伽美什　ギルガメシュ 98,99
Gioll　究魯河　ギョッル川 26,88,245
Gluttony（Divina Commedia）　貪饕者地獄（神曲）　貪饕者地獄 .. 17,50,70,113,182
Gnosticism　諾斯底派　グノーシス派 49
Gomorrah　蛾摩拉　ゴモラ 86,104,243
Gorgias　《高爾吉亞篇》　ゴルギアス 153
Gorgons　戈爾貢　ゴルゴン 220,233,243
Gorgyra　戈爾究拉　ゴルギュラ 163
Gospel of Nicodemus　《尼苛德摩福音》　ニコデモ福音書 222
Gozu・Mezu　牛頭、馬面　ごず,めず 24,26,58,169,184,247
Greed（Divina Commedia）　貪婪者、揮霍者地獄（神曲）　貪婪乱費地獄 ... 50,83-84
Grifon　鷹獅　グリフィン 77
Guelpho　圭爾佛黨　ゲルフ党 181,194
Guido da Montefeltro　圭多・達蒙特菲爾特羅　グイド・ダ・モンテフェルトロ 41,154,181
Gunnthra　昆斯拉　グンスラー 26

Gyes　吉幾斯　ギュエス 192

■H■

Hades　黑帝斯　ハデス 8,28,48,57,71,89,90,143,144,146-147,148,149,150,
　　　　　　　　　151,153,162,163,181,182,186,188,193,203,205,212,213,234,243
Hades　黑帝斯之殿　ハデスの館 154,212,222,233
Hall of the Two Truths　兩個真理之廳　ふたつの真理の間 204
Hamestaghan　中間地帶　ハマースタガーン 91
Hapi　哈比　ハピ 30
Hapi　哈碧　ハアピ 153
Harpyiai　哈爾皮埃　ハルピュイアイ 48,1031,90-191,211
Hathor　哈托霍爾　ハトホル 147
Hautefort　奧特福　オートフォル 192
Hebrews　希伯來人　ヘブライ 48
Hecate　赫卡忒　ヘカテ 90,148,150
Hecatoncheir　赫克頓蓋爾　ヘカトンケイル 71,192
Hector　赫克托爾　ヘクトル 210
Heidrun　海茲倫　ヘイズルーン 43,169
Hel　赫爾　ヘル 10,26,86,87,89,148-149,180,245,246
Helena　海倫　ヘレネ 64,192
Helice　赫麗凱　ヘレス 86
Heliopolis　赫利奧波利斯　ヘリオポリス 68,156
Helios　赫利俄斯　ヘリオス 150,233
Hell　赫爾之殿　ヘルの館 87,149,180
Henry II　亨利二世　ヘンリーII 192
Hera　赫拉　ヘラ 71,166,189,243
Heracleia　希拉克里亞　ヘラクレイア 89
Heracles　赫拉克勒斯　ヘラクレス 28,89,143,163,165,171,173,182,
　　　　　　　　　183,184,190,193,212,233,243-245
Herma　行路神　ヘルマ 149
Hermes　赫爾梅斯　ヘルメス 42,89,149,150,187,220,243
Hermione　赫爾米歐涅　ヘルミオネ 89
Hermodr　海爾默茲　ヘルモーズ 89,245-246
Herod　希律　ヘデロ 242
Herodotus　希羅多德　ヘロドトス 216
Hesiodos　希西奧德　ヘシオドス 57,148,153
Hinduism　印度教　ヒンズー教 67,84,143,155,195,196,210,213

Hinnom　欣嫩子谷　ヒンノム 48

Historiae　《歷史》　歷史 216

Homerus　荷馬　ホメロス 101,134,167,220

Horus　荷魯斯　ホルス 48,82,130,131,153,156,181,204,205

Hriz　弗利茲　フリーズ 26

Hugues Capet　休・卡佩　ユーグ・カペー 83,195

Hunadonokami　岐神　岐神 108,110,128,139,143,147-148

Hvergelmir　費格爾米爾之泉　フヴェルゲルミルの泉 26,43,87,190

Hydra　許德拉　ヒュドラ 220

Hypermnestra　海帕涅斯特拉　ヒュペルムネストラ 188

Hypnos　休普諾斯　ヒュプノス 134,143,220

Hypsipyle　希蒲西琵麗　ヒュプシピュレ 39,166

■I■

Ide　伊德　イデ 187

Idea　理想世界　イデア界 42

Ilias　《伊利昂紀》　イーリアス 220

Imset　艾姆謝特　イムセト 153

Inana's Descent to the Netherworld　《伊南娜下降冥界》　イナンナの冥界下り

.... 98,167,226

Inanna　伊南娜　イナンナ 100,129,144,226-228,241

Indra　因陀羅　インドラ 67,156

Ioannes　約翰　ヨハネ 101,222

Isaac　以撒　イサク 242

Iscariot　加略人　イスカリオテ 92,162

Ishtar　伊什塔爾　イシュタル 129,144,226

Isis　伊西斯　イシス 48,128,130,131,132,145,146,204

Islam　伊斯蘭教　イスラム教 65,90,92,94,128,164,165,193,206,208,209

Isolt　伊索爾特　イズー 65

Israel　以色列　イスラエル 30,101,205,222

Israfil　伊斯拉菲爾　イスラフィール 95,128,208

Ithaca　伊大卡　イタケ 232

Ixion　伊克西翁　イクシオン 71,166,211

Izanaginomikoto　伊耶那岐命　伊耶那岐命 28,30,72,88,107,108,
　　　　　　　　　　　　　　　　　110,128,139,144,148,156,194,196,213,223-225

Izanaminomikoto　伊耶那美命　伊耶那美命 28,30,88,107,108,110,127-128,
　　　　　　　　　　　　　　　　　139,150,156,194,196,213,223,224,225

■J■

Jacob　雅各　ャコブ 242

Jahannam　哲哈南木　ジャハンナム 24,65,94,208

Jaiminiya-Brahmana　《由誰梵書》　ジャイミニーヤ・ブラーフマナ 84

Jannat　占乃提　ジャンナ 65,94

Jason　伊阿宋　イアソン 39,165

Jeremias　耶利米　エレミヤ 242

Jericho　耶利哥　エリコ 83,92

Jesus Christ　耶穌基督　イエス・キリスト 40,83,92,101,103,162,167,172,
195,205,222-223,241,243

Jijing zun　寂靜尊　寂靜尊 96,135,148

Job　約伯　ヨブ 242

Job　《約伯記》　ヨブ記 184

Johann Weyer　約翰・威爾　ヨハネス・ヴァイアー 49,185

John Milton　米爾頓　ミルトン 48,184

Jormungan　約爾姆加德　ヨルムンガンド 149

Joseph　約瑟　ヨセフ 186,243

Joshua　約書亞　ヨシュア 83

Judaea　猶太　ユダヤ 172,184,185,222

Judaism　猶太教　ユダヤ教 30,48,56,57,65,184

Judas　猶大　ユダ 92,162,195

Judecca　猶大界　ジュデッカ 91,92,94,195

■K■

Ka　卡　カ 170-171,187,191,197

Kakka　卡喀　カカ 146

Karma　業　カルマ 95,213,215

Kashiya　火車　かしゃ 24-26

Keleos　克勒俄斯　ケレオス 145

Ker　克爾　ケル 134,142

Khaibit　開比特　カイビト 81,171,181,204

Khentimentiu　西方之主　ケンティ＝アメンティウ 13

Khentimentiu　肯提阿門提烏　ケンティ＝アメンティウ 43,80,81

Khepri　凱布利　ケプリ 82

Khu　庫　クウ 181

Kimmerioi　辛梅里　キンメリオイ 233
King Arthur　亞瑟王　アーサー王 65
Korinthos　科林斯　コリントス 166,185
Krimibhaksha　克里密巴克夏　クリミバクシャ 85
Krimisa　克林伊夏　クリミシャ 85
Krishna　奎師那　クリシュナ 85
Ksitigarbha Bodhisattva　地藏菩薩　地藏菩薩 135,142,149
Kullab　庫拉布　クラブ 228
Kunda　昆達　クンダ 181
Kurgarra　庫魯迦魯拉　クルガルラ 226
Kyklops　庫克洛佩斯　キュクロプス 147

■L■

Lachesis　拉克西斯　ラケシス 154,231
Laconia　拉科尼亞　ラコニア 234
lAlAbhaksham　拉拉巴克夏　ラーラバクシャ 85
Lamchamôr　拉姆卡莫魯　ラムカモル 49
Lapithae　拉庇泰　ラピテス 166,192,211
Laraôch　拉拉歐庫　ララオク 49
LavaNam　拉法那　ラヴァナ 85
Lazarus　拉撒路　ラザロ 223
Leiptr　雷普特　レイプト 33
Lemnos　列姆諾斯　レムノス 39,166
Leradr　列拉茲　レーラズ 43
Lerne　勒納　レルネ 31,189,220
Lethe　勒忒河（忘川）　レテ川 31,79,89,216,231
Leto　麗酡　レト 189
Leukas　琉卡斯　レウカス 89,149
Leviathan　海魔　レヴィアタン 48
Libya　利比亞　リュビア 165
Limbo（Divina Commedia）　幽域／地獄邊境（神曲）　辺獄 50,64,100-101,167,172
Liou dao　六道　六道 18,31,42,44,64,76,97,98,
112-113,135,138,162,174,214,215,237
Loki　洛基　ロキ 86,148,245
Lot　羅得　ロト 242
Louchar　羅烏卡魯　ロウカル 49
Lucifer　路西法　ルシファー 48,51,147,162,184

索引

Lust（Divina Commedia） 邪淫者地獄（神曲） 邪淫地獄 50,64-65,104,154,162
Lycia 呂西亞 リュキア 143
Lydia 里底亞 リュディア 187
Lynceus 琉肯烏斯 リュンケウス 189

■M■

Maamakii 我母 マーマキー 136
Maat 瑪亞特 マアト 153,156,202,204
Macaron Nesoi 極樂島 マカロン・ネソイ 57,91,154
Maccabees I 《馬卡比傳上》 マカベア前書 92
Macedonia 馬其頓 マケドニア 103
Mahabharata 摩訶波羅多 マハーバーラタ 129
MahAjwAlA 瑪哈吉瓦拉 マハージュヴァーラ 85
Malacoda 馬拉科達 マラコーダ 193
Mala'ika 天使（伊斯蘭教） マラーイカ 128
Malebolge 馬納薄其 マレボルジェ 38
Malebolge 罪惡之囊 悪の濠 14,38-41,51,91,154,163,165,166,168,171,
                                    172,181,183,186,189,192,193,194,205,209,211
Malebranche 邪爪 マレブアンケ 193
Mammon 瑪門 マンモン 48
Manfredi 曼弗瑞迪 マンフレード 165
Marchour 瑪魯克烏魯 マルコウル 50
Marcus Annaeus Lucanus 盧卡努斯 ルカヌス 181
Marcus Antonius 安東尼 アントニウス 64
Marcus Junius Brutus 布魯圖 ブルトゥス 70,92,162,172,192
Marcus Procius Cato 小加圖 / 加圖 小カトー 112,172
Maria 瑪利亞 マリア 54,70,83,86,101,242
Matelda 瑪泰爾妲 マテルダ 77
Maya 馬雅 マヤ 104
Medea 美狄亞 39,166
Medusa 梅杜莎 メドゥーサ 90
Megaera 梅蓋拉 メガイラ 169
Meleagros 墨勒阿格羅斯 メレアグロス 155,243
Memphis 曼非斯 メンフィス 81
Mendes 曼德斯 メンデス 80
Menelaus 梅涅拉奧斯 メネラオス 44
Merope 梅羅普 メロペ 185

Meru　須彌山　メール山 42,97,113

Mesektet Boat　梅塞克德特之船　メセテクトの船 80,156

Mesopotamia　美索不達米亞　メソポタミア 98,143,146,213,226,241

Metaneira　墨塔涅伊拉　メタネイラ 145

Michael　米迦勒　ミカエル 223,241

Micheas　彌迦　ミカ 242

Mictecacihuatl　米克特蘭詩瓦特露　ミクトランシワトル 12

Mictlan　米克特蘭　ミクトラン 104

Mictlantecuhtli　米克特蘭特庫特利　ミクトランテクートリ 104

Midas　彌達斯　ミダズ 83

Midgard　米德加爾德　ミズガルズ 86,87,245

Minos　米諾斯　ミノス 65,105,146,147,153-154,157,165,233

Minotaur　米諾陶洛斯　ミノタウロス 103,153,194,220

Mithra　密斯拉　ミスラ 28,90,139,153,157

Mithraism　密斯拉教　ミトラス教 153

Mitra　密特拉　ミトラ 153

Modgud　摩茲古茲　モーズグズ 26,245

Moira　摩拉　モイラ 154

Moirai　摩賴　モイライ 154-155,216,231

Moloch　摩洛克　モーロック 48,185

Mosca　莫斯卡　モスカ 194

Moses　摩西　モーセ 70,101,243

Mot　墨特　モト 155,240,240

Muhammed　穆罕默德　マホメット 41,165,193

Mulian　目連　目連 134,246-248

Munkar　孟卡爾　ムンカル 208

Myrrha　密拉　ミュラ 41,194

■N■

Naga　那伽　ナーガ 67

Nakir　納吉爾　ナキール 208

Namtar　納姆塔爾　ナムタル 99,146,167,190

Nanna　南納　ナンナル 226

Naraka　捺落迦　捺落迦 84-86,210

Nawa　納瓦族　ナワ族 104

Negative Confession　否定懺悔　否定の告白 204

Nektar　仙酒　ネクタル 187

Nenokuni 根之國 根の國 88,109,111,128,139,156,231
Nepalia 涅帕利亞 ネパリア 169
Nephthys 奈芙蒂斯 ネフティス 130,131,132,145,204
Nereus 涅柔斯 ネレウス 44
Nergal 內爾格勒 ネルガル 99,129,145-146
Nergal and Ereshkigal 《內爾格勒與厄里什基迦勒》 ネルガルとエレシュキガル
.... 100,129,146
Nessus 涅索斯 ネッソス 183
Neti 涅堤 ネティ 98,191,226
Nichizoushiyounin 日藏上人 にちぞうしょうにん 237-238
Nicholas Ⅲ 尼古拉三世 ニッコロ３世 39,190
Nicholas of Myra 尼古拉 ニッコロ 83
Nidhhoggr 尼茲赫古 ニーズホッグ 87,190
Niflheim 尼福爾海姆 ニブルヘイム 26,43,86-88,148,149,180,190,245,246
Nile 尼羅河 ナイル川 30,68,70,81,82,83,89,132,141,147,153
Nimrod 寧錄 ニムロデ 55,91,165,190
Ninshubur 寧休布爾 ニンシュブル 226,228
Niobe 妮歐貝 ニオベ 55
Nirai Kanai 根來神至 ニライカナイ 88
Nirvana 涅盤 ニルヴァーナ 95
Noah 諾亞 ノア 30,101,228
Norway 挪威 ノルウェー 132
Nun 努恩 ヌン 30,80,88
Nut 努特 ヌト 131
Nyx 尼克斯 ニュクス 72,142

■O■

Oceanus 奧克阿諾斯 オケアノス 27,44,57,89,90,149,233
Ocnus 奧克諾斯 オクノス 170
Odin 奧丁 オージン 43,88,128,132,169,245
Odysseia 《奧德修紀》 オデュッセイアー 24,42,44,89,90,162,170
Odysseus 奧德修斯 オデュッセウス 24,41,89,90,149,154,188,189,220,231,232-234
Olympus 奧林帕斯 オリュムポス 28,71,149,169
Oneiros 歐涅洛斯 オネイロス 142
Ookuninushinokami 大國主神 大國主神 80,88,108,110,130,139,141,231-232
Orestes 奧瑞斯忒斯 オレステス 169
Orion 奧利安 オリオン 170

Orpheus　奧爾甫斯　オルペウス 28,89,149,166,173,182,231,234-235

Orphism　奧爾甫斯教　オルフェウス教 213,215

Osiris　歐西里斯　オシリス 30,43,48,67,69,80-83,126,127,128,130-132,
　　　　　　　　　　　　　　　　141,145,146,147,153,156,164,191,202,203,204,205,

Otus　奧托斯　オトス 71

■P■

Paa.n.daravaasinii　白衣母　パーンダラヴァーシニー 136

Palestrina　帕勒斯特里納　パレストリーナ 181

Pandareus　潘達雷奧斯　パンダレオス 187

Paradise Lost　《失樂園》　失楽園 48,185

Paris　帕里斯　パリス 64,162

Parthia　安息　パルティア 172

Pasiphae　帕西法厄　パシパエ 87,220

Patroclus　帕特洛克羅斯　パトロクロス 42

Paulos　保羅　パウロ 241-243

Peloponnesus　伯羅奔尼撒　ペロポネソス 28,89,234,243

Pelops　伯羅普斯　ペロプス 187

Penelope　潘妮洛普　ペネロペ 42,89,149

Pepy　佩皮　ペピ 196

Périgueux　佩里格厄　ペリゴー 192

Periklymenos　培利克琉梅諾斯　ペリクリュメノス 165

Persia　波斯　ペルシャ 8,12

Phaedra　派朶拉　パイドラ 220

Philistines　腓力斯人　ペリシテ 185

Phison　比遜　ピソン 242

Phlegethon　弗列革呑河（火川）　ピュレゲトン川 24,30,38,71,89,103,182,222,233

Phlegyas　弗勒古阿斯　プレギュアス 99,192

Phoenicia　腓尼基　フェニキア 155,240

Pier da Medicina　皮耶羅・達美迪奇納　ピエール・ダ・メディチーナ 191

Pirithous　庇里托奧斯　ペイリトオス 101,189,192,212,244

Pisaca　畢舍遮　ピシャーチャ 98

Pisistratus　佩西斯特拉托斯　ペイシストラトス 100

Pistis Sophia　《比斯提蘇菲亞書》　ピスティス・ソフィア 49

Pistoia　皮斯托亞　ピストイア 168

Plain of Asphodel　水仙平原　アスポデロスの野 42,90,149,153,162,170

Plato　柏拉圖　プラトン 41,101,153,155,167,213,215,229

索引

Pluto　普魯托／普路同　プルート 83,144,146

Poems About Baal and Anat　《巴力與阿娜特》　バアルとアナト 240

Polyxena　玻麗瑟娜　ポリュクセナ 64,162

Pompeius　龐培　ポンペイウス 172,192

Pontius Pilatus　本丟‧彼拉多　ポンテオ‧ピラト 222

Pontos　本都　ポントス 90

Poseidon　波賽頓　ポセイドン 146,165,233

Priamos　普里阿摩斯　プリアモス 162

Presephone　普西芬妮　ペルセポネ 90,144,146,148,149-151,
163,188,189,192,193,205,213,233,244

Procne　普洛克涅　プロクネ 100

Prometheus　普羅米提烏斯　プロメテウス 185

Protesilaos　普特西勞斯　プロテシラオス 149

Protestantism　基督教：新教　プロテスタント（改革派） 16,30,48,49,50,57,87,90,
101,110,132,147,167,184,186,193,203,206,208,211,222

Psychopompos　靈魂的嚮導　プシュコポムポス 149

Ptolemaeus　托勒密　プトレマイオス 101

Ptolomea　多利梅界　トロメーア 91,92,94,165

Publius Vergilius Maro　維吉爾　ウェルギリウス 24,38,50,71,91,101,147,162,165,
167,171,182,183,187,190,194

Purgatory　煉獄　煉獄 16-17,30,50,54,57,77,82,99,110-111,172,186,187,195,211,212

Pygmalion　皮格瑪利翁　ピュグマリオン 83

Pylios　庇里奧斯　ピュリオス 243

Pyramid Text　金字塔銘文　ピラミッド‧テキスト 185,187,196

Pythagoras　畢達哥拉斯　ピタゴラス 213,215

■Q■

Qebshenuf　凱布山納夫　ケベクセヌフ 153

■R■

Ra　拉　ラー 30,81-83,89,126,127,131,132,141,147,153,
156,163,164,181,202,203,204,209

Ragnarok　雷格那諾克（諸神的黃昏）　ラグナレク 132,169,180,190

Raphael　拉斐爾　ラファエル 229

Rashnu　拉什努　ラシュヌ 28,90,139,157,209

Ratna Heruka　寶生嘿嚕嘎　ラトナヘールカ 148

Ratnasambhava　寶生佛　ラトナサムバヴァ 97,136

Refaim　拉法姆　ラファイム 57

Ren　連　レン 196

Ren dao　人道　人道 18,76,94,97,98,113,214

Republic　《理想國》　国家 155,215,229

Rg-Veda　《梨俱吠陀》　リグ＝ヴェーダ 44,129,130,155,174,194,213

Rhadamanthus　拉達曼提斯　ラダマンテュス 30,44,146,147,153,157,222

Rhôchar　羅卡魯　ロカル 50

Rlung　風息　生命の風 96

ROdha　羅達　ローダ 84

Romagna　羅馬亞　ロマーニャ 192

Roman Catholicism　天主教 / 羅馬公教　カトリック(カトリック教会) 57,112

Romulus　羅慕路斯　ロムルス 220,222

Rouravam　羅拉法　ラウラヴァ 84

Rubicon　盧比科河　ルビコン川 41,181

RudhirAndha　魯迪魯安達　ルディラーンダ 85

■S■

Sag-did　沙古迪德　サグ・ディード 196

Sahrimnir　塞弗利姆尼魯　セーフリームニル 169

Sahu　沙胡　サーフ 185

Sainokawabara　賽之河原　賽の河原 56,240

San Iacopo　聖雅科坡　聖ヤコブ 168

San tu he　三途河　三途河 26,27,30,56,64,136,182,189,202,210,216,240,246

Sandamsa　桑達姆沙　サンダンシャ 85

Saoshyant　沙奧夏楊特　サオシャント 206

Sarama　沙羅摩　サマラー 129

Sarpedon　薩耳珀冬　サルペドン 143

Satan　撒旦　サタン 41,50-51,55,92,147,162,171,184,185,192,196,222,223

Scarmiglione　斯卡米里奧内　スカルミリオーネ 193

Scylla　斯庫拉　スキュラ 48,220

Seker　塞克　セケル 81,141

Sekhem　色克姆　セケム 187

Sekhet-Hetepet　和睦平原　セケト＝ヘテペト 67,68-70,83,130,
164,171,191,202,203,205

Sekhet-Yalu　蘆葦平原　セケト＝イアル 67-68,156,202,205

Selket　塞勒凱特　セルケト 141

Seth　塞特　セト 127,128,131,132,141,144,145

Seth　塞特（亞當之子）　セト 222

Shanbujhou　贍部洲　贍部洲 18,19,44,113,129,214

Shara　夏拉　シャラ 228

Shawabti　沙瓦布提　シャワブティ 202

Shemihaza　謝米哈札　シェミハザ 228

Sheol　冥府：墓　シェオール 56-57

Shi'a　什葉派　シーア派 165

Shidenoyama/Shitenoyama　死出山／死天山　死出山／死天山 27,136,189,213,240

Shihwang　十王　十王 94,130,135-139,189,203,209,212,215,237

Shuaidouten　率兜天　率兜天 45

Shugurra　休格魯拉　シュガルラ 226

Shvabhojanam　什法巴加那　シュヴァバージャナ 85

Sibyl　西比爾　シビュレ 24,192,220,222

Sichaeus　西凱奧斯　シュカエウス 83

Sicilia　西西里島　シチリア島 150

Simone Donati　西莫内・多納提　ブオーゾ・ドナーティ 186

Sinon　席農　シノン 41,186

Sipai Bardo　投生中有　シパ・バルドゥ 95,98,148

Sisyphus　西緒福斯　シシュポス 71,143,185-186,203,233

Sleipnir　史雷普尼爾　スレイプニル 244

Slidr　斯利茲　スリーズ 26

Socrates　蘇格拉底　ソクラテス 101,145,167

Sodom　所多瑪　ソドム 86,104,242

Sookaram　樞卡拉　スーカラ 84

Sraosha　斯拉奧沙　スラオシャ 28,90,139,157

Stasius　斯塔提烏斯　スタティウス 77,83,111,186-187

Stephen　司提反　ステパノ 100

Strophades　斯特洛法迪斯　ストロパデス 181

stûpa　浮屠　卒塔婆 238

Styx　斯提克斯（女神）　ステュクス 27,90

Styx　斯提克斯河（誓川）　ステュクス川 24,27-28,30,38,89,99,
103,173,192,220,234,243

Sukunabikonanomikoto　少彥名命　少彥名命 80

Sumer　蘇美　シュメール 30,98,126,129,144,146,150,167,169,181,190,191,205,226

Sunni　遜尼派　スンニ派 165

Susanoonomikoto　須佐之男命　須佐之男命 88,110,128,139,156,226,231

Suseribime　須世理毘　須世理毘売 88,141,232

Svarga　娑縛羅　天　スワルガ 67

Svol　思維魯　スヴァル 26

Sylgr　休路格　シュルグ 26

Syria　敘利亞　シリア 132

Syuan yi wong　懸衣翁　懸衣翁 26,27,136,182,188,202

■T■

Taaraa　三摩耶多羅　サマヤターラー 136

Tainaron　泰那隆　タイナロン 28,89,193,234,243

Taishan　泰山　泰山 70,102,138,139,142,144,210

Taishan Fujyun　泰山府君　泰山府君 130,138,142,144

Taksmagabara　高天原　高天原 71-72

TAla　特亞拉　ターラ 84

Tammuz　搭模斯　タンムズ 48,143,213,226

Tantalus　坦塔羅斯　タンタロス 72,187-188,206,233

Taoism　道教　道教 8,20,71,101,102,110,130,134,135,138,
139,141,144,145,151,172,203,206,209,212

TaptakuNdam　塔布塔昆巴　タプタクンバ 84

TaptalOha　塔布塔羅哈　タプタローハ 84

Tartaruchus　塔塔庫斯　タルタルクス 241

Tartarus　塔爾塔羅斯　タルタロス 30,41,57,71,90,143,153,163,166,
169,170,185,186,189,192,203,205,206,210,211,222,230,231,233,234

Tehom　深淵　テホン 30

Ten dao　天道　天道 18,94,97,98,113,214,215

Teselia　色薩利　テッサリア 166

Tevere　特韋雷河　ティベレ川 29-30,111,112

Thais　泰伊絲　タイス 39

Thanatos　塔那托斯　タナトス 31,90,134,142-143,185,220

The Avici Hell　無間地獄／阿鼻地獄　無間地獄 90,102,105-107,202,235,247

The City of Dis　狄斯之城　狄斯の町 90,99

The Court of Osiris　歐西里斯的法庭　オシリスの法廷 32,67,83,84,127,130,145,
146,153,156,164,202,203-204,209

The Dispute between a Man and his Ba　《人與巴的對話》　生活に疲れた者と魂との対話
.... 191

The Dog of Yama　夜摩之犬　夜摩之犬 155,194-195

The Door of Petros　聖彼得之門　ペテロの門 17,71,83,101,111,112,211-212

The Forest of Suicide　自殺者之林　自殺者の森 50,103,190,211

索引

The Kingdom of Hades　黑帝斯王國　ハデスの国 ... 8,28,42,57,89-90,162,193,212,243

The Level of Anger　憤怒者平臺　憤怒の環道 17,99-100,111

The Level of Avarice　貪婪者、揮霍者平臺　貪欲の環道 17,82-83,111,186,195

The Level of Envy　嫉妒者平臺　嫉妒羨望の環道 17,57,111

The Level of Gluttonous　貪饕者平臺　飽食の環道 77,101,111

The Level of Lust　淫邪者平臺　肉欲の環道 17,87,111

The Level of Lust　邪淫者平臺　肉欲の環道 86,111

The Level of Pride　驕傲者平臺　傲慢の環道 17,54-56,111

The Level of Sloth　懶惰者平臺　怠惰の環道 17,70,111,187

the Papyrus of Ani　《阿尼紙草》　アニのパピルス 68

the Papyrus of Nebseni　《涅布西尼紙草》　ネブセニのパピルス 68

the Papyrus of Nu　《奴紙草》　ヌウのパピルス 68

The Place of Excommunication　絕罰者之地　破門者の地　17,111,112

The Place of Repenting Believers　臨終懺悔者之地　悔悛の遅れた者の地 17,111,112

The Sand of Fire　烈火的沙地　熱砂の荒野 50,103

The Tibetan Book of Living and Dying　《西藏生死書》　チベットの死者の書 95,135,148

The Twelve Labours　十二苦差　１２の功業 171,182,243

Thebes　忒拜（希臘）　テバイ 39,57,103,165,189,233

Thebes　底比斯（埃及）　テーベ 68

Theseus　忒修斯　テセウス 28,89,102,153,189,192,194,212,220,244

Thetis　忒提斯　テティス 27

Thoth　托特　トト 128,130,132,144-145,156,203,204

Thrace　色雷斯　トラキア 234

Thrinacian　托利那基耶　トリナキエ 233

Tibetan Buddhism　西藏密教　チベット教 95,96,97,98,148,215

Tigris　底格里斯　ティグリス 242

Tiresias　忒瑞西阿斯　テイレシアス 39,189,233

Tiryns　梯林斯　テュリンス 244

Tisiphone　提西福涅　ティシポネ 169

Titans　泰坦　ティタン 27,48,71,192

Tityus　提提奧斯　ティテュオス 91,189,233

Tlalocan　特拉羅肯　トラロカン 104

Tokoyonokuni　常世之國　常世の國 79-80

Tophet　陀斐特　トペト 48

Trajanus　圖拉真　トラヤヌス 55

Treacherous（Divina Commedia）　出賣者地獄（神曲）　反逆地獄 50,90-92,
171,190,192,195

Triptolemus　特里普托勒摩斯　トリプトレモス 145,153

Tristan　特里斯坦　トリスタン 65

Trojae　特洛伊　トロイア ... 42,55,57,64,92,134,143,149,162,186,210,220,231,232,233

Turnus　圖爾諾斯　トゥルヌス 100

Typhon　提風　テュポン 91,181

Tyr　提爾　テュール 181

Tyro　緹羅　テュロ 233

Tyrrhenian Sea　第勒尼安海　ティレニア海 29

■U■

Uatchit　烏阿契　ウアチ 81

Udjat　烏加特　ウジャト 81

Ugarit　烏加列　ウガリット 155,240

Ukhshyat-ereta　烏弗休特・烏魯達　ウフシュトウルタ 206

Ukhshyat-nemah　烏弗休雅・特努瑪　ウフシュヤトヌマー 206

Umma　烏瑪　ウンマ 228

Ummu-Hubur　弗布魯　フブル 30,98

Upanishad　《奧義書》　ウパニッシャド 84,213,214

Upuaut　烏奧普特　つウプアウト 127

Uraeus　眼鏡蛇　ウラエノス 164

Uriel　烏利耶魯　ウリエル 229

Ushabti　巫沙布提　ウシャブティ 70,202

Utukku　烏圖庫　ウトゥク 167

■V■

VahnijvAlA　法尼吉亞拉　ヴァフニジュヴァーラ 85

Vairocana　毘廬遮那佛　ヴァイローチャナ 96,136

VaitariNI　法塔里尼　ヴァイタラニー 85

Vajra Heruka　金剛嘿嚕嘎　ヴァジュラヘールカ 148

Vajrasattva　金剛薩埵　ヴァジュラサットヴァ 97,136

Valgrind　瓦爾格靈德　ヴァルグリンド 43

Valhalla　瓦爾哈拉　ヴァルホル 43,86,129,132,168,169

Valkyrie　瓦爾基里　ヴァルキリャ 128-129,132,169

Vanni di Fuccio de' Lazzeri　凡尼・富奇　ヴァンニ・フッチ 168

Varuna　伐樓拿　ヴァルナ 67

Veda　吠陀　ヴェーダ 42,84,162

Vid　維茲　ヴィーズ 26

Vidyadhara　持明者　ヴィディヤーダラ 97

Viking　維京　ヴァイキング 43

VilOha　法魯奧哈　ヴァモーハナ 85

Violent（Divina Commedia）　施暴者地獄（神曲）　暴虐地獄

　　... 30,38,50,104,182,190,194,211

Visasanam　維夏沙那　ヴィシャサナ 85

Vishnu-Purana　《毘濕奴往世書》　ヴィシュヌ・プラーナ 84

Vizaresha　維沙魯夏　ウィーザルシャ 29,163,167

■W■

Works and Days　《工作與生活》　仕事と日 153

Wu dao jiang jyun　五道將軍　五道しょう軍 134,247

■X■

Xarmarôch　哈魯瑪羅庫　ハルマロク 49

■Y■

Yama　夜摩　ヤマ 44,67,84,129,130,144,155-156,174,195

Yama　閻魔王／閻魔大王／閻羅王　閻魔王 27,31,44,71,75,97,98,103,111,
　　　　　　　　　　　　　　　　　　　132,133,135,136,138,139,142,151,155,170,174,
　　　　　　　　　　　　　　　　　　　184,188,203,209,212,215,235,237,246,247,248

Yatsuikazsuchinokami　八雷神　八雷神 110,194,225

Yazata　亞札塔　ヤザタ 139,153,157,210

Yggdrasil　伊格德拉西爾　ユッグドラシル 86,190

Yi ling shu　衣領樹*　衣領樹 26,27,136,183,188,202,240

Yima　伊瑪　イマ 129,156

Ylgr　優路格　ユルグ 26

Yoga　瑜伽　ヨーガ 95

Yomatsusikome　黃泉醜女　よもつしこめ 110,196,225

Yomotsuhegui　黃泉戶喫　よもつへぐい 150,213,224

Yomotsuhirasaka　黃泉比良坡　よもつひらさか 28,30-31,88,107,
　　　　　　　　　　　　　　　　　109-110,128,140,143,147,148,225,232

Yomotsunokuni　黃泉之國　よもつのくに 28,30,31,88,89,107,108,110,
　　　　　　　　　127,139,140,143,147,148,156,194,196,213,223,224,225,231,232

■Z■

Zacharias　撒加利亞　ゼカリヤ 242

Zagreus　扎格列歐斯　ザグレウス 150

Zakkum　札庫姆　ザックーム 65,208

Zephyrus　傑佛瑞斯　ゼピュロス 44

Zeus　宙斯　ゼウス 27,28,57,71,86,103,143,146,150,163,165,166,
169,185,187,189,192,205,210,233

Zoroaster　瑣羅亞斯德教　ゾロアスター教 8,27,38,90,127,139,153,157,163,
167,181,188,195,206,208,210

Zurwan　祖魯旺　ズルワン神 141

國家圖書館出版品預行編目資料

地獄事典／草野巧作; 林祥榮譯 - 初版 - 臺
北市：奇幻基地, 城邦文化出版：家庭傳
媒城邦分公司發行；民100. 01
　　面：公分 . - （聖典：33）
　譯自：地獄
　ISBN 978-986-6275-23-4（精裝）

1. 地獄　2. 陰間

215.7　　　　　　　　　　　　　99023067

JIGOKU
By KUSANO Takumi
Copyright © 1995 KUSANO Takumi
Illustrations © 1995 SHIBUYA Yuji
Originally published in Japan by Shinkigensha, Tokyo.
Chinese (in complex character only) translation rights
arranged with Shinkigensha, Japan through THE
SAKAI AGENCY.
Complex Chinese translation copyright © 2011 by
Fantasy Foundation Publication,a division of Cité
Publishing Ltd.
All Rights Reserved.

奇幻基地部落格：
http://ffoundation.pixnet.net/blog

城邦讀書花園
www.cite.com.tw

聖典 33
地獄事典

原 著 書 名／地獄
作　　　者／草野巧
繪　　　者／シブヤユウジ（SHIBUYA Yuji）
譯　　　者／林祥榮
企劃選書人／楊秀真
責 任 編 輯／王雪莉
行 銷 企 劃／周丹蘋
業 務 主 任／范光杰
行銷業務經理／李振東
總 編 輯／楊秀真
發 行 人／何飛鵬
法 律 顧 問／台英國際商務法律事務所　羅明通律師
出版／奇幻基地出版
　　　城邦文化事業股份有限公司
　　　台北市 104 民生東路二段 141 號 8 樓
　　　電話：(02)25007008　　傳真：(02)25027676
　　　網址：www.ffoundation.com.tw
　　　e-mail：ffoundation@cite.com.tw
發行／英屬蓋曼群島商家庭傳媒股份有限公司城邦分公司
　　　台北市 104 民生東路二段 141 號 11 樓
　　　書虫客服服務專線：(02)25007718‧(02)25007719
　　　24 小時傳真服務：(02)25170999‧(02)25001991
　　　服務時間：週一至週五09:30-12:00‧13:30-17:00
　　　郵撥帳號：19863813　　戶名：書虫股份有限公司
　　　讀者服務信箱 E-mail：service@readingclub.com.tw
　　　歡迎光臨城邦讀書花園　網址：www.cite.com.tw
香港發行所／城邦（香港）出版集團有限公司
　　　香港灣仔駱克道193號東超商業中心1樓
　　　電話：(852)25086231　　傳真：(852)25789337
　　　e-mail：hkcite@biznetvigator.com
馬新發行所／城邦（馬新）出版集團
　　　【Cite(M)Sdn. Bhd】
　　　41, Jalan Radin Anum, Bandar Baru Sri Petaling,
　　　57000 Kuala Lumpur, Malaysia.
　　　Tel: (603) 90578822□Fax:(603) 90576622
　　　email:cite@cite.com.my

封 面 設 計／李東記
排　　　版／浩瀚電腦排版股份有限公司
印　　　刷／高典印刷有限公司
■2011 年（民 100）1 月 6 日初版
■2020 年（民 109）3 月 16 日初版5.5刷
售價／420元

104台北市民生東路二段141號11樓

英屬蓋曼群島商家庭傳媒股份有限公司城邦分公司 收

請沿虛線對摺，謝謝

奇幻基地

每個人都有一本奇幻文學的啟蒙書

網　　　　站：http://www.ffoundation.com.tw
奇幻基地部落格：http://ffoundation.pixnet.net/blog

書號：1HR033C　　　書名：地獄事典

讀者回函卡

謝謝您購買我們出版的書籍！我們誠摯希望能分享您對本書的看法。請將您的書評寫於下方稿紙中（100字為限），寄回本社。本社保留刊登權利。一經使用（網站、文宣），將致贈您一份精美小禮。

姓名：＿＿＿＿＿＿＿＿＿＿＿＿＿＿＿＿＿＿＿＿＿＿＿＿＿＿＿＿ 性別：□男 □女

生日：西元＿＿＿＿＿＿＿＿年＿＿＿＿＿＿＿月＿＿＿＿＿＿＿日

地址：＿＿＿＿＿＿＿＿＿＿＿＿＿＿＿＿＿＿＿＿＿＿＿＿＿＿＿＿＿

聯絡電話：＿＿＿＿＿＿＿＿＿＿＿ 傳真：＿＿＿＿＿＿＿＿＿＿＿＿

E-mail：＿＿＿＿＿＿＿＿＿＿＿＿＿＿＿＿＿＿＿＿＿＿＿＿＿＿＿

您是否曾買過本作者的作品呢？□是 書名：＿＿＿＿＿＿＿＿＿＿＿＿＿ □否

您是否為奇幻基地網站會員？□是 □否（歡迎至http://www.ffoundation.com.tw免費加入）